64 O GYMRY ADNABYDDUS
YN RHANNU EU HOFF EMYN

HOFF EMYNAU'R CYMRY

Casglwyd gan
ROB NICHOLLS

Hoff Emynau'r Cymry © 2022 Cyhoeddiadau'r Gair

Golygydd iaith a thestun: Mair Jones Parry
Golygydd Cyffredinol: Aled Davies
Cynllun y clawr a chysodi: Rhys Llwyd

Mae'r cyhoeddwr yn cydnabod cymorth ariannol Cyngor Llyfrau Cymru.

Argraffwyd gan Wasg Gomer, Llandysul.

Cyhoeddwyd gan:
Cyhoeddiadau'r Gair
Ael y Bryn, Chwilog,
Pwllheli, Gwynedd
LL53 6SH.
www.ysgolsul.com

CYNNWYS

RHAGAIR

Buont hwy yn canu uwch fy nghrud,
Uwchben fy machgendod a'm hieuenctid,
Fel côr o adar Cristionogol ...

Dyna eiriau agoriadol Gwenallt yn ei gerdd 'Yr Hen Emynau', ac rwy'n siŵr bod llawer yn gallu tystio ac uniaethu â'r geiriau. Heb os, mae gan yr emyn a'r emyn-dôn le amlwg a blaenllaw yn ein traddodiad llenyddol a cherddorol fel cenedl, ac nid ystrydeb fyddai dweud ble bynnag y cwrdd Cymry â'i gilydd bydd canu emynau yn dilyn yn aml.

Mae poblogrwydd parhaol ein hemynau i'w weld o fewn *repertoire* ein corau niferus, ond gyda chynifer o gapeli ac eglwysi'n cau, a chyda lleihad sylweddol yn nifer y Cymanfaoedd Canu a gynhelir, beth fydd dyfodol ein canu cynulleidfaol yn yr unfed ganrif ar hugain tybed? Wrth gyfeirio at gyflwr canu cynulleidfaol yng Nghymru yn 1955, ysgrifennai John Hughes fel hyn yn ei ragair i adran y gerddoriaeth yn *Y Llawlyfr Moliant Newydd*:

> Ond daeth trai ar ymroddiad yr eglwysi, a chollwyd llawer o'r diddordeb a welwyd gynt ynglŷn â'r rhan hon o'r gwasanaeth crefyddol, ac aeth yr Ysgol Gân yn beth pur ddieithr yn yr eglwysi.

Os oedd hynny'n wir yn 1955, mae'r sefyllfa wedi gwaethygu'n enbyd erbyn hyn! Ond rhaid peidio â digalonni'n llwyr, a'n gwaith a'n dyletswydd yn wir yw ceisio cadw'r fflam ynghyn tra byddom yn bod. Brwydrwn i gadw, meithrin a diogelu y ddawn brin sydd gennym fel Cymry tuag at ganu cynulleidfaol, a thrwy hynny sicrhau parhad rhan bwysig, gyfoethog o'n hetifeddiaeth gerddorol a llenyddol i'r cenedlaethau a ddaw.

Wrth baratoi hanes a chefndir yr emynau a'r tonau a ddewiswyd, pwysais yn fawr ar waith ymchwil eraill. Hoffwn gydnabod defnydd helaeth o'r llyfrau canlynol: *Hanes Canu Cynulleidfaol Cymru*, R. D. Griffith (Caerdydd, 1948); *Emynau a'u Hawduriaid*, John Thickens (argraffiad diwygiedig

Gomer Roberts, Caernarfon, 1961); *Tonau a'u Hawduron* a *Rhagor am Donau a'u Hawduron*, Huw Williams (Caernarfon 1967 a 1969) ac yn arbennig felly *Cydymaith Caneuon Ffydd*, Delyth G. Morgans (Aberystwyth, 2006). Cewch weld dewis personol Delyth o'i hoff emyn o fewn cloriau'r gyfrol. Yn ogystal, bu'r Dr Rhidian Griffiths a'r Athro Dr E. Wyn James yn barod iawn eu cymwynas fel arfer yn rhannu o'u gwybodaeth helaeth yn y maes.

Rwy'n ddiolchgar i Aled Davies, Cyhoeddiadau'r Gair, am y gwahoddiad i lunio'r gyfrol hon ac am fod mor amyneddgar wrth ddisgwyl am ei hymddangosiad. Rwy'n ddyledus hefyd i Mair Jones Parry am ei gofal gyda'r testun. Diolch i bawb sydd wedi cyfrannu gyda'u hoff emyn a rhannu profiadau personol wrth wneud. Synnais at yr amrywiaeth o emynau a ddewiswyd; yn wir, ychydig iawn o 'ailadrodd' a gafwyd o gwbl, a phan ddigwyddodd hynny roedd stori ac atgof pawb wrth reswm yn wahanol ac yn unigryw iddyn nhw eu hunain. Gobeithio bod eu profiadau hwythau o ddiddordeb a bendith i'r sawl sy'n darllen. Braint yn bersonol oedd cael rhannu un o'm hoff emynau gan Williams Pantycelyn, a phwy'n well na'r Pêr Ganiedydd ei hun i grisialu'r dyhead o greu 'nef y nefoedd yn gân heb ddiwedd byth'.

Robert Nicholls
Llundain, Gorffennaf 2021

Robert Nicholls

'O tyred, Iôr tragwyddol'

Brodor o Benclawdd, addysgwyd yn Ysgol Tre-gŵyr a Choleg Prifysgol Cymru, Aberystwyth. Yn organydd ac yn arweinydd corawl adnabyddus yng Nghymru a thu hwnt, sefydlodd Gôr Meibion Taf yng Nghaerdydd yn 2004. Mae wedi arwain Cymanfa Ganu Genedlaethol Awstralia bum gwaith ac wedi ymddangos fel organydd swyddogol yn yr Eisteddfod Genedlaethol yn aml, gan gyfeilio i brif seremonïau'r Orsedd a'r Gymanfa Ganu Genedlaethol. Bu'n Olygydd Cynnwys Diwylliant S4C a Chyfarwyddwr Tŷ Cerdd – Music Centre Wales. Wedi iddo deimlo'r alwad i'w gyflwyno'i hun i'r Weinidogaeth Gristnogol, bellach, ers mis Tachwedd 2015, mae'n weinidog ar Eglwys Gymraeg Canol Llundain, eglwys gydenwadol sy'n cyfarfod yn Eastcastle Street, Oxford Circus.

Pan ofynnwyd i mi baratoi'r gyfrol hon ac fel rhan o'r broses cael cyfle i ddewis fy hoff emyn, rhaid cyfaddef fy mod wedi cael trafferth eithriadol a hynny'n bennaf oherwydd bod cynifer ohonynt! Mae'n debyg iawn i orfod dewis hoff ddarn o farddoniaeth neu gerddoriaeth, ac rwy'n siŵr bod llawer yn dibynnu ar deimladau personol ar y pryd – mae adegau o lawenydd, tristwch neu hiraeth yn gallu dylanwadu ar y dewis.

Wrth feddwl am ddyddiau plentyndod a'm magwraeth ym Mhenclawdd, un o'r emynau cyntaf i mi gofio ei ddysgu ar y cof oedd 'Dod ar fy mhen dy sanctaidd law, O dyner Fab y Dyn'. Roedd yn ffefryn mawr yn yr ysgol gynradd, yr Ysgol Sul a'r Gymanfa Ganu flynyddol adeg y Sulgwyn. Geiriau sy'n anodd i blentyn eu deall a'u dirnad, ond geiriau sydd wedi aros gyda mi ar hyd fy oes. Daw ambell linell o'r emyn yn ôl i'r cof o bryd i'w gilydd, a meddyliaf yn aml am linellau fel ' ... gwna fi yn hoff o wrando cwyn a hoff o faddau bai / ... fel bo i eraill drwof fi adnabod cariad Duw'. Yn sicr mae'r emyn hwn yn dwyn atgofion melys o ddyddiau Cymanfaoedd yn y tri chapel ym Mhenclawdd – Y Tabernacl, Bethel a Trinity.

Un arall a'm swynodd pan oeddwn yn yr ysgol uwchradd yn Nhre-gŵyr oedd yr emyn Saesneg 'He who would valiant be ... / Let him come hither', a'r pennill hwnnw sy'n sôn am 'Hobgoblin nor foul fiend' yn peri syndod a rhyfeddod bob amser! Daw eraill i'r cof yn syth megis 'Hoff yw'r Iesu o blant bychain' ac 'O! rwyf yn hoffi canu, Canu â chalon iach' gyda'r gytgan swynol yn newid amseriad o 2/2 i 6/8 'Canaf, mi ganaf, Hosanna a seiniaf, Yr Iesu a folaf hyd derfyn fy oes'.

Mae cymaint o emynau yn dwyn atgofion am resymau amrywiol; yn aml mae'r dôn yn apelio'n fwy na'r geiriau, a sôn am 'hoff dôn' fyddwn ni'n aml yn hytrach na hoff emyn rwy'n siŵr. Ond mae un emyn a thôn yn dal i atseinio yn fy meddwl o hyd, ac rwy'n cofio eu canu ym Methesda Abertawe a'r Tabernacl Penclawdd – y ddau gapel a fu cymaint o ddylanwad arnaf yn ystod blynyddoedd fy ieuenctid, a hwnnw yw'r emyn 'O tyred, Iôr Tragwyddol, mae ynot ti dy hun fwy moroedd o drugaredd nag a feddyliodd dyn'. Y geiriau gan Williams Pantycelyn a'r dôn 'Whitford' gan John Ambrose Lloyd. Y ddau yn cynrychioli'r gorau o'n traddodiad emynyddol a cherddorol yn fy marn i.

Rwy'n cofio hefyd clywed datganiad eneiniedig o'r emyn a'r dôn ar hen record finyl 'Great Hymns of The Welsh Revival' a recordiwyd yng Nghapel Penuel, Llanllechid gyda Dr Terry James yn arwain, a'r Pregethwr a'r Prifardd William Morris yn rhoi anerchiad byr ar y cychwyn yn sôn am ei brofiad personol ef o ddiwygiad crefyddol 1904. Canu gwych ac ysbrydoledig yn wir!

O tyred, Iôr tragwyddol,
  mae ynot ti dy hun
fwy moroedd o drugaredd
  nag a feddyliodd dyn:
os deui at bechadur,
  a'i godi ef i'r lan,
ei galon gaiff, a'i dafod,
  dy ganmol yn y man.

Gwaredu'r saint rhag uffern
  a phechod drwg ei ryw,
o safn y bedd ac angau,
  a'u dwyn i fynwes Duw,
eu harwain dros fynyddoedd,
  a thrwy yr anial chwith,
a grea nef y nefoedd
  yn gân heb ddiwedd byth.

William Williams, 1717–91
Caneuon Ffydd, 316

Emyn: 'O tyred, Iôr tragwyddol'

Rhan o gerdd hir William Williams Pantycelyn (gweler adran Yr Emynwyr), *Bywyd a Marwolaeth Theomemphus*, oedd yr emyn hwn yn wreiddiol a gyhoeddwyd am y tro cyntaf yn 1764.

Tôn: 'Whitford'

Cyfansoddwyd y dôn gan John Ambrose Lloyd (gweler adran Y Cyfansoddwyr) a'i chyhoeddi am y tro cyntaf yn ei gasgliad o donau *Aberth Moliant* (1873). Pentref yn Sir y Fflint, sir enedigol Ambrose Lloyd, yw Chwitffordd. Roedd yn hoff o enwi tonau ar ôl pentrefi a threfi ei ardal enedigol ynghyd ag ardaloedd eraill, e.e. Abergele, Wyddgrug, Bryn-teg a Wynnstay.

Siôn Aled

'Mi glywaf dyner lais'

Ganwyd Siôn Aled ym Mangor, â'i wreiddiau yn Ynys Môn. Bu'n astudio yn Aberystwyth a Bryste ac yn darlithio yn Sarawak a Glasgow cyn gwasanaethu fel cyd-weinidog Eglwys Gymraeg Melbourne, Awstralia. Mae'n awdur un ar bymtheg o emynau a chyfieithiadau yn *Caneuon Ffydd* ac yn parhau i gyfansoddi emynau, yn enwedig ar gyfer achlysuron arbennig megis dathlu pedwar canmlwyddiant cyhoeddi Beibl 1620 yn ddiweddar. Enillodd ddoethuriaeth gan Brifysgol Birmingham am draethawd ar Ddiwygiad Crefyddol 1904–06 yng Nghymru, a doethuriaeth gan Brifysgol Bangor am ymchwil i ddefnydd cymdeithasol plant ysgol o'r Gymraeg. Ers 2004 bu'n gweithio fel cyfieithydd (testun ac ar y pryd) llawrydd, gan arbenigo mewn gwaith creadigol a chrefyddol. Yn 2021 fe'i penodwyd yn Diwtor Diwinyddiaeth Gymreig yn Athrofa Padarn Sant.

Yr anhawster i mi (ac i lawer un arall, mae'n siŵr) wrth geisio dewis hoff emyn yw bod yr 'hoff emyn' yn newid o ddydd i ddydd ac weithiau o awr i awr! Os yw honno'n awr ddwys bydd un o hoff emynau fy nhad, 'Mae 'nghyfeillion adre'n myned', ar dôn wylofus 'Lausanne' yn o agos at fy nghalon, a byddaf yn cofio dysgu ei chanu drwy'r sol-ffa ar hen harmoniwm fy nhaid (a fu farw'r flwyddyn cyn fy ngeni) yn nhŷ Nain yn Llannerch-y-medd. Os byddaf yn teimlo rywfaint yn fwy llawen a hyderus fy myd 'Marchog Iesu' fydd hi, ar 'Hyfrydol', ac adeg y Nadolig mae 'Wele'n gwawrio' ac 'Ar gyfer heddiw'r bore' yn cystadlu'n frwd am frig fy siart! Ac o ran tonau'n benodol, rwy'n hoff iawn o'r alaw Eidalaidd y daethom i'w hadnabod wrth yr enw 'Dwyfor' – tôn nad oes digon o ganu arni o bell ffordd yn fy marn fach i.

Ond pe byddai raid i mi ddewis yr emyn sydd fwyaf cyson ar y brig, yna 'Gwahoddiad' fyddai honno (sori, dwi'n gwybod mai gwrywaidd yw cenedl emyn yn safonol, ond dwi jest yn methu dweud 'hwnnw'!) – 'Mi glywaf dyner lais'. Alla i ddim cofio pryd y clywais yr emyn gyntaf – ond rhaid ei bod yn gynnar iawn, achos rwy'n cofio fy nhad yn ei chanu pan oeddem yn byw yn Ffordd Belmont, Bangor, a rhaid bod hynny cyn fy mod yn bum mlwydd oed.

Mae'r dôn yn gallu esblygu'n rhyfeddol drwy gwrs yr emyn, o dynerwch y pennill cyntaf hyd fuddugoliaeth yr olaf, ac mae'r geiriau'n cyfleu taith y Cristion o glywed y 'tyner lais' am y tro cyntaf hyd at orfoleddu yn y gogoniant bythol, a hynny nid drwy draethu athrawiaeth ond yn iaith profiad unigolyn – 'Mi glywaf', 'fy ngwadd', 'fel yr wyf'. Mae'n emyn ar gyfer pob achlysur – o fedydd, hyd briodas hyd angladd – ond mae'n llwyddo i osgoi'r ystrydebu barddonllyd sy'n nodweddu nifer o emynau eraill o'r un cyfnod.

Daw'r geiriau gwreiddiol ynghyd â'r dôn o America wrth gwrs, er mai prin y clywir y geiriau Saesneg 'I hear thy welcome voice' bellach yr ochr hon i'r Pwll – er ein bod yn eu canu'n rheolaidd ym Melbourne gynt. A, plîs, cadwch at 'canna f'enaid yn y gwaed' yn hytrach na 'golch fi'n burlan ...' yn y gytgan – mae'r 'cannu' yna gymaint grymusach! Grymus hefyd yw'r cyffyrddiad tafodieithol yn 'i faeddu 'mhechod cas'.

Ni fedraf ddweud bod yr emyn yn gysylltiedig ag unrhyw un achlysur neu atgof i mi – mae hi jest wedi bod yno, o bryd i'w gilydd, ar hyd y daith. Bu hynny'n wir am sawl emyn arall, wrth gwrs, ond mae hon wedi golygu rhywbeth, a rhywbeth tipyn bach yn wahanol, ar bob un o'r adegau hynny. Diolch i Ieuan Gwyllt am sicrhau bod yr estrones hon, yn emyn a thôn, wedi dod bellach yn rhan annatod o'n treftadaeth emynyddol ninnau.

Mi glywaf dyner lais
yn galw arnaf fi
i ddod a golchi 'meiau i gyd
yn afon Calfarî.

Arglwydd, dyma fi
ar dy alwad di,
canna f'enaid yn y gwaed
a gaed ar Galfarî.

Yr Iesu sy'n fy ngwadd
i dderbyn gyda'i saint
ffydd, gobaith, cariad pur a hedd
a phob rhyw nefol fraint.

Yr Iesu sy'n cryfhau
o'm mewn ei waith drwy ras;
mae'n rhoddi nerth i'm henaid gwan
i faeddu 'mhechod cas.

Gogoniant byth am drefn
y cymod a'r glanhad;
derbyniaf Iesu fel yr wyf
a chanaf am y gwaed.

Lewis Hartsough, 1828–1919
cyf. Ieuan Gwyllt, 1822–77
Caneuon Ffydd, 483

Emyn: 'Mi glywaf dyner lais'

Cyfieithiad Ieuan Gwyllt (gweler adran Yr Emynwyr) o emyn Saesneg Lewis Hartsough, 'I hear thy welcome voice, that calls me, Lord, to Thee'. Roedd Ira D. Sankey ar ymgyrch cenhadu ym Mhrydain yn 1872, ac anfonodd Lewis Hartsough gopi o'r emyn a'r dôn ato. O ganlyniad, cynhwysodd Ira Sankey y ddau yn ei gyhoeddiad adnabyddus a phoblogaidd *Sacred Songs and Solos*. Yn 1874 cyhoeddodd Ieuan Gwyllt ran gyntaf ei gyfrol *Sŵn y Juwbili* sef trosiad Cymraeg o gyfrol Sankey yn cynnwys yr emyn hwn ynghyd â llawer eraill a ddaeth yn dra phoblogaidd. Yn sicr, dyma un o emynau mwyaf poblogaidd Cymru, ac yn ffefryn mawr gyda chorau meibion â threfniant John Davies, Rhosllannerchrugog, 'Gwahoddiad'.

Tôn: 'Gwahoddiad'

Cyfansoddwyd y dôn gan Lewis Hartsough (gweler adran Y Cyfansoddwyr) ar gyfer ei emyn, 'I hear thy welcome voice, that calls me, Lord, to Thee'. Ymddangosodd am y tro cyntaf yn 1872 pan oedd Hartsough yn arwain cyfarfodydd efengylu yn Epworth, Iowa yn yr Unol Daleithiau, a'i chynnwys yn y cylchgrawn *Guide to Holiness*.

Ifor ap Glyn

'Tydi a wnaeth y wyrth, O Grist, Fab Duw'

Cymro Llundain sy'n byw bellach yng Nghaernarfon. Symudodd y teulu o gapel Charing Cross i Willesden Green ac yna i Harrow. Mae Ifor bellach yn aelod yn Salem, Caernarfon. Graddiodd mewn Cymraeg a Hanes Cymru yng Ngholeg Prifysgol Cymru, Caerdydd a chyfarfod ei wraig Bethan yno cyn treulio'r rhan fwyaf o'i yrfa ym myd teledu fel cynhyrchydd a chyflwynydd. Yr emyn Cymraeg oedd testun un o'r rhaglenni cyntaf iddo ei chynhyrchu, yn ôl yn 1994, a honno'n cynnwys cyfweliad gydag arweinydd cymanfaoedd ifanc, sef golygydd y gyfrol bresennol, Robert Nicholls! Mae Ifor hefyd yn Fardd Cenedlaethol Cymru ers 2016.

Un o drysorau pennaf fy nhad oedd tystysgrif mewn ffrâm oedd yn anrhydeddu fy hen dad-cu am 70 mlynedd o wasanaeth fel arweinydd y gân yng nghapel Pontrhydfendigaid.

Byddai 'nhad yn sôn am y trafodaethau fyddai dros ginio dydd Sul ynghylch rhagoriaeth tonau neilltuol a chyflymdra priodol i'r canu. Ar ochr fy mam wedyn, roedd Nain a Taid yn rhan o bedwarawd plygain, a 'nhaid yn chwarae'r organ yng nghapel Cae Person yn Llanrwst. Felly teg dweud bod caniadaeth y cysegr yn rhan o 'nghefndir; ond nid mewn capel y gwnes i ymserchu go iawn mewn emynau. Mae arna' i fwy o ddyled i ddydd Sadwrn na'r Sul.

Byddai 'nhad yn cadw tâp o emyn-donau Caradog Roberts yn y car, ac ar ein ffordd i wylio rygbi bydden ni'n cydganu â'r tâp – yntau'n canu tenor, a minnau'n canu bas. Os byddwn i weithiau'n ansicr o lein y bas, byddai'n arwyddo hefo'i law p'un ai yn is ynteu'n uwch oedd y nodyn a geisiwn (hyn oll tra'n gyrru drwy strydoedd prysur Llundain, cofiwch!)

Ar ôl y gêm yn Old Deer Park byddai'r ysgol gân yn parhau, ac yn y Bowls Club gerllaw y cofiaf gyfaill hŷn yn tynnu fy sylw at brydferthwch geiriau W. Rhys Nicholas, wrth inni forio Pantyfedwen:

Tydi yw haul fy nydd, O Grist y groes,
yr wyt yn harddu holl orwelion f'oes;
lle'r oedd cysgodion nos mae llif y wawr,
lle'r oeddwn gynt yn ddall 'rwy'n gweld yn awr.

A dyna fy nenu i ddysgu'r geiriau. Mae'r emyn yn cynnig profiad aml-synhwyrol wrth ddathlu'r 'blas ar fyw', 'gweld yr harddwch sy'n parhau' a 'theimlo'r ddwyfol ias', ac rydym yn clywed 'melodïau'r crëad'. Mae'r emynydd yn ein llethu, bron, drwy bentyrru'i brofiad o'r dwyfol; mae 'na elfen swreal yn hyn, a hefyd yn ei ddatganiad yn y pennill olaf:

yr wyt yn llanw'r gwacter drwy dy air,
daw'r pell yn agos ynot, O Fab Mair.

(Cofier fod Rhys Nicholas wedi ei eni yn yr un flwyddyn â'r arch-swrealydd Dylan Thomas, er iddo gysegru ei ddawn farddol i gyfeiriad tra gwahanol.) Ond priodas tôn a geiriau sy'n gwneud emyn, ac mae Pantyfedwen yn cynnig nid un uchafbwynt cerddorol ond dau. Mae *crescendo* bendigedig ar ddiwedd pob pedwaredd linell –

... ni allaf tra bwyf byw ond canu'r gân ...
... lle'r oeddwn gynt yn ddall 'rwy'n gweld yn awr ...

yn ogystal â'r uchafbwynt gogoneddus yn y cwpled olaf:

mae'r Halelwia yn fy enaid i,
a rhoddaf, Iesu, fy mawrhad i ti.

Dyna'r geiriau sydd ar fedd fy nhaid, ond mae'r modd y mae'r emyn yn cyplysu gorfoledd hefo urddas yn golygu bod modd ei ddewis ar gyfer gwasanaeth priodas yn ogystal ag angladd (fel yr ydym wedi gwneud droeon fel teulu). Ond nid dyna'r unig gysylltiadau teuluol â'r emyn. Mae'r enw Pantyfedwen yn ein dwyn yn ôl i Bontrhydfendigaid wrth gwrs. Roedd fy nhad-cu dipyn yn iau na Syr David James ond byddai'n rhoi pàs adref iddo o gapel Charing Cross i'w fflat yn Oxford Street. Ac yn un o 'eisteddfodau Pantyfedwen' wrth gwrs y gwobrwywyd tôn Eddie Evans yn 1968.

Ond efallai bydd ambell un yn gwaredu i mi gyfaddef fy mod wedi dysgu fy hoff emyn (a sawl un arall petai'n dod i hynny) mewn tafarn, ac yn teimlo na ddylid halogi ein hemynau drwy eu canu mewn llefydd felly. Efallai eu bod nhw'n iawn. Ond mae'n digwydd. Ac os yw'r emyn wedi ymestyn o fyd y capel i fyd canu gwerin – wel, dau fyd sydd wedi gorgyffwrdd erioed ydynt, a byddai Pantycelyn ei hun yn benthyg tonau o'r byd seciwlar. Yn ddiau, bydd llawer yn canu geiriau emyn yn ddigon difeddwl a di-hid wrth ei morio hi mewn tafarn – ond hoffwn feddwl bod ambell un o leia yn cael ei gyffwrdd, nid yn unig gan rym y tonau ond hefyd gan rym y geiriau, a'u neges. Lle roeddynt 'gynt yn ddall ... yn gweld yn awr'.

Tydi a wnaeth y wyrth, O Grist, Fab Duw,
tydi a roddaist imi flas ar fyw:
fe gydiaist ynof drwy dy Ysbryd Glân,
ni allaf tra bwyf byw ond canu'r gân;
'rwyf heddiw'n gweld yr harddwch sy'n parhau,
'rwy'n teimlo'r ddwyfol ias sy'n bywiocáu;
mae'r Halelwia yn fy enaid i,
a rhoddaf, Iesu, fy mawrhad i ti.

Tydi yw haul fy nydd, O Grist y groes,
yr wyt yn harddu holl orwelion f'oes;
lle'r oedd cysgodion nos mae llif y wawr,
lle'r oeddwn gynt yn ddall 'rwy'n gweld yn awr;
mae golau imi yn dy Berson hael,
penllanw fy ngorfoledd yw dy gael;
mae'r Halelwia yn fy enaid i,
a rhoddaf, Iesu, fy mawrhad i ti.

Tydi sy'n haeddu'r clod, ddihalog Un,
mae ystyr bywyd ynot ti dy hun;
yr wyt yn llanw'r gwacter drwy dy air,
daw'r pell yn agos ynot, O Fab Mair;
mae melodïau'r cread er dy fwyn,
mi welaf dy ogoniant ar bob twyn;
mae'r Halelwia yn fy enaid i,
a rhoddaf, Iesu, fy mawrhad i ti.

W. Rhys Nicholas, 1914–96
Caneuon Ffydd, 791

Emyn: 'Tydi a wnaeth y wyrth, O Grist, Fab Duw'

Geiriau buddugol cystadleuaeth llunio emyn yn Eisteddfod flynyddol Rhys Thomas James (Pantyfedwen), Llanbedr Pont Steffan, 1967 gan W. Rhys Nicholas (gweler adran Yr Emynwyr). Beirniaid y gystadleuaeth oedd y Parchedigion E. Gwyndaf Evans a Gwilym R. Tilsley.

Yn ôl tystiolaeth yr awdur ei hun, ysbrydolwyd yr emyn wedi iddo bregethu ar yr adnod, 'Un peth a wn i, lle yr oeddwn i yn ddall, yr wyf fi yn awr yn gweled.' (Ioan 9:25) Teimlai fod rhywbeth ar goll gyda diweddglo'r emyn, ac awgrymodd ei briod Beti fod angen mwy o 'Haleliwia' yn y geiriau, ac o ganlyniad ychwanegodd y cwpledi clo ym mhob pennill.

Yn fuan, daeth yr emyn a'r dôn yn boblogaidd gyda chynulleidfaoedd gan ymddangos mewn rhaglenni cymanfaoedd canu ledled Cymru (gan gynnwys *Detholiad* y ddau gyfundeb Methodistaidd yn 1974–75) cyn eu cyhoeddi mewn casgliad am y tro cyntaf yn 1980, yn *Caniedydd yr Ifanc*.

Mae'r emyn wedi'i gyfieithu i'r Saesneg gan J. H. Griffiths, 'You did this mighty deed, O Christ, God's Son' (rhif 908 yn *Caneuon Ffydd*), a cheir cyfieithiadau Sbaeneg a Siapanaeg hefyd.

Tôn: 'Pantyfedwen'

Cyfansoddwyd y dôn gan M. Eddie Evans (gweler adran Y Cyfansoddwyr), a gwobrwywyd y dôn yn Eisteddfod flynyddol Rhys Thomas James (Pantyfedwen), Llanbedr Pont Steffan, yn 1968 mewn cystadleuaeth cyfansoddi tôn ar gyfer geiriau buddugol W. Rhys Nicholas y flwyddyn gynt. Mae'n ddiddorol nodi mai'r ail wobr a ddyfarnwyd i'r dôn yn wreiddiol gan y beirniad, Yr Athro Ian Parrott, Prifysgol Cymru, Aberystwyth. Yn ôl yr hanes, roedd yr wythawd oedd i ganu'r dôn fuddugol yn teimlo ei bod yn anaddas ar gyfer cynulleidfa pedwar llais ac yn anghanadwy o'r herwydd. Perswadiwyd y beirniad i wobrwyo'r ail, a dyna ddechreuad y briodas annatod rhwng emyn a thôn sydd wedi profi'n hynod boblogaidd hyd heddiw.

Arfon Haines Davies

'Arglwydd Iesu, dysg im gerdded'

Ganwyd Arfon yng Nghaernarfon yn fab i weinidog Wesle. Symudodd y teulu i Aberystwyth a mynychodd Ysgol Gymraeg Aberystwyth ac Ysgol Ramadeg Ardwyn yn y dref. Symudodd eto i Dreffynnon a chwblhaodd ei addysg uwchradd yn Ysgol Glan Clwyd. Hyfforddodd yng Ngholeg y Drindod Caerfyrddin a'r Central School of Speech and Drama yn Llundain. Cafodd swydd cyhoeddwr gyda HTV yn 1975 tra oedd yn dal yn y coleg a pharhaodd yn y swydd am yr 18 mlynedd nesaf. Yn ogystal, mae Arfon wedi cyflwyno nifer o raglenni teledu yn Saesneg ac yn Gymraeg a daeth yn un o wynebau mwyaf cyfarwydd ITV. Ar S4C, cyflwynodd raglenni fel *Pacio* a *Pen-blwydd Hapus* a chymerodd ran mewn cyfres o *Y Briodas Fawr*. Yn 2000, cyflwynodd y gyfres *Cledrau Coll* yn edrych ar hanes rhai o reilffyrdd Cymru. Mae hefyd yn arwerthwr sy'n arbenigo mewn gwaith celf.

Dwi am fod yn onest reit o'r cychwyn. Dwi'n hoff iawn o emynau mewn gwasanaeth ond dwi ddim yn hoff o gwbl o Gymanfaoedd Canu! Mae gen i reswm arbennig o dda (cawn anghofio'r ffaith nad ydw i'n gallu cynnal nodyn, sy'n hollol wir). Y prif reswm ydi pan oeddwn yn blentyn yn Aberystwyth roedd Cymanfa'r Plant a oedd yn cael ei chynnal yn flynyddol naill ai yn St Paul's, Aberystwyth neu Y Tabernacl, Machynlleth yn digwydd syrthio ar y pnawn Sadwrn cyntaf ym Mai. Yn anffodus, digwyddiad arall oedd yn arfer bod ar y pnawn cyntaf ym Mai oedd y Cup Final! Nôl yn y 1950au a dechrau'r 1960au dyna oedd yr unig gêm bêl-droed roedd rhywun yn gallu ei gwylio yn fyw ar y teledu. Wrth gwrs roedd yn rhaid i fab y Mans fod yn y Gymanfa. Gallaf eich sicrhau pe bawn wedi cael dewis rhwng 'Rwyf innau'n filwr bychan' a Spurs v Leicester (1961) does dim gwobr am ddyfalu pa un y byddwn wedi ei ddewis!

Er hyn, rhaid cyfaddef bod emynau wedi chwarae rhan bwysig yn fy mywyd. Mae'n siŵr mai fy 'claim to fame' emynyddol ydi'r hyn a ddigwyddodd nôl yn y 1950au yn Ysgol Gymraeg Aberystwyth. Cofiaf yn iawn un gwasanaeth boreol a'r prifathro Hywel D. Roberts yn cyflwyno gwestai arbennig, neb llai na Nantlais ei hun. Yr ysgol i gyd wedyn yn ymuno i ganu 'Dowch blant bychain'. Er nad oeddwn ond rhyw saith neu wyth oed roedd y ffaith fod awdur yr emyn yn sefyll o'n blaen yn dipyn o 'big deal'.

Mae dewis hoff emyn yn dasg anodd, ac i wneud pethau hyd yn oed yn anoddach i mi fy hun dwi wedi cynnwys carolau hefyd. Dwi wedi llunio rhestr fer a rhestr fer, fer! Yn yr ail safle mae'r garol 'Clywch lu'r nef' ac mae'r neges yn glir reit o'r cychwyn:

> Clywch lu'r nef yn seinio'n un,
> henffych eni Ceidwad dyn

Mae yna wahoddiad i ymuno yn y dathlu, ond nid rhyw ddathliad tawel. Yn sicr nid yn y cyfieithiad Cymraeg. Yn lle 'with angelic host proclaim' Charles Wesley, mae Pedr Fardd yn ein gorchymyn, 'bloeddiwch oll â llawen drem!' Dwi hefyd yn hoff iawn o'r dôn, cyfle i organyddion wneud tipyn o 'showboating' yn enwedig gyda'r pennill olaf. Dros y blynyddoedd dwi wedi bod yn ffodus iawn i gael gwahoddiad i arwain Cyngherddau Nadolig Elusennol yn Eglwys Gadeiriol Llandaf. Byddaf wrth fy modd yn tynnu coes yr organydd David Geoffrey Thomas a'i orchymyn i dynnu pob 'stop' ar gyfer y pennill olaf!

Mi fuasai fy nhad yn cyflwyno fy hoff emyn fel 'un o emynau MAWR Elfed':

> Arglwydd Iesu, dysg im gerdded
> drwy y byd yn ôl dy droed;

Dwi'n cofio flynyddoedd yn ôl gwneud cyfweliad ar gyfer cylchgrawn. Gofynnwyd y cwestiwn i mi a fyddwn yn galw fy hun yn Gristion. Fy ateb oedd 'Na' ond fy mod yn ymdrechu yn galed i fod. Doedd hyn ddim wedi plesio fy nhad o gwbl, teimlai y dylwn fod wedi bod yn llawer mwy positif. I mi mae dwy linell gyntaf yr emyn yn adleisio fy nheimladau. Gweddi yn gofyn am gymorth ac arweiniad i fod yn Gristion.

Un peth nad oeddwn yn ei ddeall yn iawn yn yr emyn oedd pan mae Elfed yn sôn am 'ganlyn' ac yna 'mae yn olau ond cael gweld dy ŵyneb di'. Sut mae'n bosib gweld wyneb os ydach chi'n ei ddilyn! Ar ôl prynu copi o gyfrol Emlyn Jenkins am Elfed (ar Ebay o bobman!) mae'r ateb yn glir ac yng ngeiriau Elfed hefyd.

Mae'n sôn am ddilyn ei dad adref ar ôl gwasanaeth gweddi hwyrol. Roedd y llwybr yn gul a serth, ond o bryd i'w gilydd mi fyddai ei dad yn troi a byddai Elfed yn gweld ei wyneb.

'Gydag un golwg ar ei wyneb, ni theimlwn mor lluddedig; ymhoewai fy ngham drachefn, ac nid oedd y rhiw mor galed i'w dringo.'

Ydy, mae'r rhiw weithiau yn gallu bod 'yn galed i'w dringo' ond gallaf ddweud yn hollol ddidwyll bod emynau yn gallu bod yn gysur ffyddlon.

Arglwydd Iesu, dysg im gerdded
  drwy y byd yn ôl dy droed;
'chollodd neb y ffordd i'r nefoedd
  wrth dy ganlyn di erioed:
    mae yn olau
  ond cael gweld dy ŵyneb di.

Araf iawn wyf fi i ddysgu,
  amyneddgar iawn wyt ti;
mae dy ras yn drech na phechod –
  aeth dy ras â'm henaid i;
    paid rhoi 'fyny
  nes im gyrraedd trothwy'r drws.

Ar fy ngyrfa dysg im weithio
  gwaith y nef, wrth olau ffydd,
nes im ddyfod yn gyfarwydd
  â gorchwylion gwlad y dydd;
    dysgu'r anthem
  cyn cael telyn yn y côr.

Dysg im siarad yn fwy nefol,
  fel preswylwyr pur y wlad;
dysg im feddwl, fel yr angel,
  yn fwy annwyl am fy Nhad:
    wedi'r dysgu,
  ti gei'r mawl a'r enw byth.

Elfed, 1860–1953
Caneuon Ffydd, 710

Emyn: 'Arglwydd Iesu, dysg im gerdded'

Un o emynau mwyaf poblogaidd Elfed (gweler adran Yr Emynwyr) a ymddangosodd am y tro cyntaf yn Y *Caniedydd Cynulleidfaol* (1895).

Tôn: 'Rhondda'

Cyfansoddwyd y dôn gan M. O. Jones (gweler adran Y Cyfansoddwyr), a'i chyhoeddi am y tro cyntaf yn Y *Salmydd* (1892), cyfrol y bu yntau yn gyd-olygydd arni. Treuliodd M. O. Jones ran helaethaf ei fywyd yn Nhreherbert yn y Rhondda Fawr sy'n esboniad digon amlwg am y dewis o enw.

Cennydd Davies

'Ti yr hwn sy'n fôr o gariad'

Brodor o Ynysmeudwy, Cwm Tawe yw Cennydd. Addysgwyd ef yn Ysgol Ystalyfera a Phrifysgol Aberystwyth. Mae'n wyneb a llais cyfarwydd i wylwyr S4C a gwrandawyr Radio Cymru fel un o'n prif sylwebyddion rygbi. Yn flaenor yng Nghapel Salem, Canton, Caerdydd, mae'n briod ag Angharad a chanddynt dair o ferched.

Pan ofynnwyd i mi gan olygydd y gyfrol i ddewis fy hoff emyn roedd yr ymateb yn gymysgedd o ansicrwydd ac o grafu pen – dwi'n meddwl mai'r union eiriau oedd, 'Bois bach, sut mae modd gwneud?' – hynny yw, sut mae dechrau gwneud rhestr fer hyd yn oed ac yna dewis ffefryn o'r holl drysorau cerddorol a llenyddol sydd gennym fel cenedl? Ond bwrw ati i ffurfio rhestr fer oedd y nod i ddechrau a does dim syndod bod nifer o fy hoff emynau i'w clywed yr un mor amlwg ar y terasau chwaraeon ag ydynt yn ein capeli Anghydffurfiol.

Y man amlwg i ddechrau wrth gwrs yw emyn-dôn anfarwol John Hughes 'Cwm Rhondda' – efallai mai'r gytgan 'Bread of Heaven' yw'r geiriau (neu'r unig eiriau) mae cefnogwyr rygbi yn ymwybodol ohonynt bellach, ond i eraill mae 'Wele'n sefyll rhwng y myrtwydd' yn fwy trawiadol ac ysbrydol. Yr un modd mae clywed yr emyn-dôn 'Rachie' yn corddi'r emosiynau ac yn dod ag atgofion melys yn ôl wedi gweld Cymru'n cipio Camp Lawn arall a hen dafarn y Mochyn Du yng Nghaerdydd wedi'i hysgwyd i'w seiliau gan seiniau 'I bob un sy'n ffyddlon'. Byth a beunydd byddai cefnogwyr yr ymwelwyr yn rhyfeddu at ansawdd y sain. 'What time did the concert start?' fyddai ymateb nifer ac yn rhyfeddu wedyn wrth glywed mai cefnogwyr rygbi oedd y rhain wedi ymgynnull er mwyn gwylio digwyddiad chwaraeon ac yn gallu harmoneiddio mewn pedwar llais mor ddidrafferth, ac mae hynny yn y bôn yn portreadu'n glir bod y ffiniau rhwng Anghydffurfiaeth yng Nghymru a'r meysydd chwarae ar hyd yr oesau wedi croesi.

I newid cyfeiriad am y tro, ac un arall ddaeth yn agos i'r brig oedd yr emyn-dôn 'Pantyfedwen', ond mae'n emyn sydd wastad wedi gadael rhyw ôl chwerw-felys i mi'n bersonol er ei fod yn ffefryn teuluol ac yn aml wedi ei ganu mewn priodasau. Dwi yn ei gofio fwyfwy gan mai dyma oedd yr emyn i'w ganu i ddweud ffarwel wrth Mam-gu a Tad-cu – a'r emosiwn yn aml yn cyrraedd uchafbwynt wrth glywed 'Mae'r Haleliwia yn fy enaid i, a rhoddaf, Iesu, fy mawrhad i ti'.

Mae'r emynau uchod yn rhai dwi'n siŵr bod eraill yn y gyfrol yma wedi'u dewis ac maent yn cymryd eu lle priodol ar restr emynau gorau Cymru, ond yr emyn-dôn dwi wedi'i dewis fel ffefryn ohonynt i gyd yw yr enwog 'Blaenwern'.

Yr atgof cyntaf o glywed yr emyn-dôn yma yn ei holl ogoniant oedd yn nathliad chwarter canrif Ysgol Gyfun Ystalyfera yng Nghapel y Tabernacl Treforys oedd o dan ei sang a'r geiriau 'Tyred Iesu i'r anialwch' yn atseinio – a hynny'n addas o ystyried mai cyn-organydd y capel anferthol William Penfro Rowlands a gyfansoddodd y dôn yn ystod y Diwygiad Crefyddol. Yr eironi wrth gwrs yw bod unrhyw weithgareddau hamdden a chwaraeon yn ystod y cyfnod hwnnw bron wedi'u gwahardd yn llwyr – bellach rydym yr un mor gyfarwydd â'i chlywed i eiriau enwog 'Calon Lân' gan gefnogwyr ledled Cymru. Campwaith y dôn yw'r ffaith y gellir ei defnyddio mewn amryw o achlysuron gwahanol ac mae hi o bwys personol i mi gan mai dyma oedd yr emyn-dôn ar adeg fy mhriodas yn Eglwys Llangyfelach, Abertawe (i gyfeiliant golygydd y gyfrol hon ar yr organ!) 'Ti yr hwn sy'n fôr o gariad ac yn galon fwy na'r byd, ar y ddau a blethodd gwlwm boed dy fendith di o hyd.'

Ti yr hwn sy'n fôr o gariad
  ac yn galon fwy na'r byd,
ar y ddau a blethodd gwlwm
  boed dy fendith di o hyd:
bydd yn gwmni yn eu hymyl,
  bydd yn gysgod drwy eu hoes,
ac ar lwybrau dyrys bywyd
  nertha'r ddau i barchu'r groes.

Yn yr haul ac yn yr awel
  pan fo'r byd i gyd yn gân,
dan demtasiwn dydd o hawddfyd,
  cadw'r ddau yn bur a glân;
a phe chwalai storm a chorwynt
  wynfyd dau yn deilchion trist,
tyn hwy'n nes o hyd mewn cariad
  o dan gariad Iesu Grist.

J. Eirian Davies, 1918–98
Caneuon Ffydd, 657

Emyn: 'Ti yr hwn sy'n fôr o gariad'

Emyn gan J. Eirian Davies (gweler adran Yr Emynwyr) a ymddangosodd gyntaf yn *Y Goleuad*, papur wythnosol yr Eglwys Bresbyteraidd yng Nghymru, ar 27 Mehefin 1979. Cynhwyswyd flwyddyn yn ddiweddarach yn *Caniedydd yr Ifanc* gan yr Annibynwyr.

Tôn: 'Blaenwern'

Cyfansoddwyd y dôn gan W. Penfro Rowlands (gweler adran Y Cyfansoddwyr), a'i chyhoeddi am y tro cyntaf yng nghyfrol H. Haydn Jones, *Cân a Moliant* (1916). Bu'n boblogaidd iawn adeg Diwygiad 1904–05. Mae'r dôn wedi profi'n boblogaidd iawn tu hwnt i Gymru hefyd, ac yn adnabyddus fel tôn ar eiriau Saesneg Charles Wesley, 'Love divine, all loves excelling'. Mae'r enw 'Blaenwern' yn cyfeirio at fferm ger Tufton, Sir Benfro, lle bu Tom, unig fab William Penfro, yn aros pan oedd yn blentyn yn gwella o niwmonia.

Huw Llywelyn Davies

'Tyrd atom ni, O Grëwr pob goleuni'

Darlledwr yw Huw Llywelyn Davies ac yn fab i Eic Davies a oedd yn arloeswr wrth drafod a bathu termau chwaraeon yn y Gymraeg ar y radio. Fe'i ganwyd ym Merthyr Tudful, ac aeth i Ysgol Gynradd Gwaun-Cae-Gurwen, Ysgol Ramadeg Pontardawe a Choleg y Brifysgol Caerdydd. Bu'n athro ac yn bennaeth yr Adran Gymraeg yng Ngholeg Llanymddyfri o 1969 tan 1974. Ymunodd â HTV yn 1974 fel cyflwynydd ar raglen newyddion *Y Dydd* o dan arweiniad Gwilym Owen. Ymunodd â'r BBC yn 1979 gan weithio i BBC Radio Cymru i ddechrau cyn dechrau gweithio yn yr adran chwaraeon. Daeth yn enwog fel sylwebydd rygbi yn y Gymraeg a Saesneg a hefyd yn gyflwynydd y gyfres deledu *Dechrau Canu Dechrau Canmol*. Roedd hefyd yn cyflwyno rhaglenni teledu y BBC o'r Eisteddfod Genedlaethol yn flynyddol.

Bois bach! Dyna beth yw her! Mae yna 873 o emynau Cymraeg yn *Caneuon Ffydd*, a nifer yn rhagor sy'n dal yn y cof ond heb eu cynnwys. A'r dasg yw dewis un o'r rheini fel hoff emyn. Mae mor gymhleth i ddechrau – y geiriau neu'r dôn, neu asiad o'r ddau? Ac yn naturiol, mae gwahanol emynau yn berthnasol mewn gwahanol gyfnodau mewn bywyd, yn adlewyrchu teimladau a phrofiadau'r cyfnod hwnnw, boed y rheiny'n atgofion hapus a llawen neu'n drist a gofidus.

Capel Siloh, Gwaun-Cae-Gurwen – capel yr Hen Gorff, y Methodistiaid Calfinaidd – oedd ein capel ni gartre. Mam oedd y gapelwraig, achlysurol iawn fydde 'nhad yno, gan fwyaf pan fydde Bethan, fy (niweddar) chwaer a finne'n mentro ar ganu deuawd yn y cwrdd chwarter! Dai Morgan yr ironmonger oedd wrthi'n dysgu'r sol-ffa i ni yn yr ysgol gân, i baratoi ar gyfer y Gymanfa ddydd Llun y Pasg.

Cyfaddawd oedd y diwrnod yn ein tŷ ni. Cymanfa'r plant yn y bore, a sain rhai o'r ffefrynnau yn dal i ganu – 'Dring i fyny yma' a 'Plant bach Iesu Grist ydym ni bob un', lawr i gae rygbi Sain Helen yn Abertawe yn y prynhawn i wylio'r All Whites yn erbyn y Barbariaid ar yr amod y byddwn i nôl mewn da bryd ar gyfer Cymanfa'r nos! Dyddie da.

Beth wedyn am weddi hwyrol 'Nefol Dad mae eto'n nosi' oedd yn rhan o'r epilog bob nos yng Ngwersyll Glan-llyn i gofio'r hafau hyfryd hynny ar lan Llyn Tegid? Ond, yn y pegwn arall, a ninnau fel teulu wedi dioddef sawl ergyd yn sgil salwch a salwch meddwl, mae geiriau Elfed 'Rho im yr hedd na ŵyr y byd amdano' ar y dôn 'Rhys' wedi bod yn gysur mawr ar brydiau. Hefyd, a finne wrth fy modd gydag Amen fawr y corau meibion, mae 'Mi glywaf dyner lais' a'r dôn fawreddog 'Gwahoddiad' yn agos ati, yn enwedig gan i drefniant gwych Jeff Howard ohoni fod yn rhan o *repertoire* Côr y Mochyn Du pan enillodd wobr y Corau Pensiynwyr yn y Genedlaethol am y tro cynta! Dylswn sôn am 'Y Delyn Aur' hefyd a finne wedi cael y fraint a'r pleser o gyflwyno *Dechrau Canu Dechrau Canmol* ar S4C am ddegawd a mwy, a bydde emyn mawr Lewis Valentine 'Dros Gymru'n Gwlad' ar y dôn 'Finlandia' gan Sibelius yn gwbwl addas hefyd ar y brig ac yn rhoi cydbwysedd i'm magwraeth gartre ar y Waun – y gwladgarol a'r crefyddol yno gyda'i gilydd.

Ond yn y diwedd rydw i wedi mynd am gyfuniad tawel, teimladwy dau o gewri emynyddol Cymru, cerddoriaeth Caradog Roberts a geiriau W. Rhys Nicholas. 'Tyrd atom ni, O Grëwr pob goleuni' ar y dôn 'Berwyn' sy'n mynd â hi, ac mae fy ngwraig Carol yn cytuno!

Tyrd atom ni, O Grëwr pob goleuni,
   tro di ein nos yn ddydd;
pâr inni weld holl lwybrau'r daith yn gloywi
   dan lewyrch gras a ffydd.

Tyrd atom ni, O Luniwr pob rhyw harddwch,
   rho inni'r doniau glân;
tyn ni yn ôl i afael dy hyfrydwch
   lle mae'r dragwyddol gân.

Tyrd atom ni, Arweinydd pererinion,
   dwg ni i ffordd llesâd;
tydi dy hun sy'n tywys drwy'r treialon,
   O derbyn ein mawrhad.

Tyrd atom ni, O Dad ein Harglwydd Iesu,
   i'n harwain ato ef;
canmolwn fyth yr hwn sydd yn gwaredu,
   bendigaid Fab y nef.

W. Rhys Nicholas, 1914–96
Caneuon Ffydd, 222

Emyn: 'Tyrd atom ni, O Grëwr pob goleuni'

Bu'r Parch. W. Rhys Nicholas (gweler adran Yr Emynwyr) yn ysgrifennydd i fwrdd golygyddion Y *Caniedydd* (1960) er nad yn aelod swyddogol ohono, ac ar gais y golygyddion fe luniodd yr emyn hwn yn benodol ar gyfer y dôn 'Berwyn' gan Caradog Roberts.

Yn ôl yr hanes, roedd y Parch. Peter H. Lewis, un o olygyddion cerddorol *Y Caniedydd*, ar ei wyliau yng Ngwlad yr Haf yn 1950, a mynychodd oedfa yn eglwys yr Annibynwyr Saesneg yn Taunton ble clywodd y dôn 'Berwyn' yn cael ei chanu gan y gynulleidfa. Awgrymodd y dylid cynnwys y dôn yn Y *Caniedydd*, ond oherwydd mesur anghyffredin y gerddoriaeth doedd dim geiriau addas yn y Gymraeg. Canodd y pwyllgor eiriau Horatius Bonar, 'Light of the world, for ever, ever shining' arni a chomisiynwyd W. Rhys Nicholas i ysgrifennu geiriau Cymraeg ar ei chyfer. Er nad yw'r emyn yn gyfieithiad o'r Saesneg roedd Rhys Nicholas yn barod iawn i gydnabod dylanwad Bonar ar naws a mynegiant ei eiriau ef. O blith ei emynau i gyd, mae'n debyg taw hwn oedd ffefryn ei briod, Beti.

Tôn: 'Berwyn'

Ymddangosodd y dôn 'Berwyn' gan Caradog Roberts (gweler adran Y *Cyfansoddwyr*) am y tro cyntaf yn y *Congregational Hymnary* (1916) a'i phriodi â geiriau Horatius Bonar, 'Light of the world, for ever, ever shining, there is no change in Thee'. Gweler uchod am hanes ei chynnwys yn Y *Caniedydd* (1960) a llunio emyn Cymraeg gan W. Rhys Nicholas ar ei chyfer.

Joy Amman Davies

'Mi glywaf dyner lais'

Ganwyd Joy yng Nglanaman, ac fe'i haddysgwyd yn Ysgol Dyffryn Aman, Coleg y Brifysgol Bangor a Choleg y Drindod Llundain. Bu'n gyfeilydd swyddogol yn yr Eisteddfod Genedlaethol ac Eisteddfod Genedlaethol yr Urdd, a bu'n ymddangos mewn cyngherddau gyda nifer o unawdwyr blaenllaw megis Bryn Terfel, Rebecca Evans, Katherine Jenkins a Gwyn Hughes Jones. Bu'n unawdydd consierto piano gyda Cherddorfa Siambr Cymru, ac ar ôl cyfeilio i Gôr Orpheus Treforys am 16 mlynedd fe'i hapwyntiwyd yn Gyfarwyddwr Cerdd yn 2007.

Mae hi'n dipyn o sialens i mi ddewis un hoff emyn o'r holl gyfoeth ohonynt sydd yn bodoli. Pan oeddwn i'n ferch fach yn mynd i'r Ysgol Sul ac i'r oedfa foreol yng Nghapel Gellimanwydd Rhydaman, ges i'r profiad boddhaol o ganu yn y gynulleidfa i gyfeiliant organydd ardderchog o'r enw Trefor Rees. Dwi'n cofio fel petai'n ddoe canu 'Pe bawn i yn seren fach loyw lân ...' i staccato cyffrous ac atmosfferig ei gyfeiliant e ymysg emynau eraill wrth gwrs.

O'n i'n lwcus iawn i gael dwy fam-gu a gafodd ddylanwad enfawr ar fy mywyd i'n gerddorol. Roedd mam fy nhad (Motty) yn dysgu sol-ffa i mi wrth fynd trwy'r emynau yn y *Caniedydd* ar ôl ysgol, a Nanna (Lallie Puntan) oedd yn byw yng Nghwmtwrch yn fy ysbrydoli gyda'i chanu angerddol hi – 'Nearer my God to Thee' oedd un o'n i'n ei chlywed yn canu'n aml.

Dwi'n ymfalchïo yn y ffaith fy mod i'n arwain un o gorau meibion enwocaf Cymru, Côr Orpheus Treforys, ac wedi teithio'n helaeth i berfformio ar lwyfannau mwyaf ysblennydd y byd. Mae 'Gwahoddiad' yn sefyll mas fel un o fy hoff emynau yn *repertoire* eang y côr, trefniant John Tudor

Davies i eiriau Ieuan Gwyllt. Mae'r geiriau gwreiddiol yn Saesneg, ond mae'r cyfieithiad Cymraeg cymaint gwell. Mae'r dôn hiraethus yn lliwio'r geiriau teimladwy'n berffaith. Dwi wedi profi sawl datganiad ohono mewn cyngherddau ac angladdau cyn-aelodau'r côr dros y blynyddoedd. Serch y ffaith fy mod i wedi ei glywed e droeon, mae e'n dal yn fy nghyffwrdd i.

Wna i byth anghofio angladd fy ewythr Dorian a fu farw yn 42 mlwydd oed, tristwch mawr i fy nheulu ar y pryd. Dwi'n cofio pobl yn sôn am y canu angerddol o'r emyn ar lan y bedd ym mynwent Bethel, Cwmtwrch, ac fe gafodd argraff enfawr arna i'n blentyn.

Mae 'Gwahoddiad' yn boblogaidd iawn gyda'n cynulleidfaoedd. Dwi wedi cael y fraint o'i harwain mewn sawl eglwys gadeiriol, ond mae un yn sefyll mas yn arbennig yn fy nghof. Yr oedd cyngerdd elusennol wedi'i drefnu yn Eglwys Gadeiriol Lichfield ar 10 Mai 2013. Y bore hwnnw fe wnaethom ni dderbyn y newyddion trist iawn am farwolaeth Robby Harrison, un o'n 'Top Tenors' oedd wedi bod yn aelod o'r côr ers 50 mlynedd. Ar ôl cyrraedd Lichfield, fe wnaeth tenor arall o'r enw Salvatore di Lulio gwympo'n sâl jyst cyn yr ymarfer ac fe gafodd ei gludo i'r ysbyty lleol ble y bu farw, cawsom gadarnhad o hyn ar ddiwedd y cyngerdd. Roedd perfformiad 'Gwahoddiad' y noson honno'n emosiynol dros ben wrth i ni feddwl am y ddau denor hoffus a gwerthfawr.

Y prif reswm dros fy newis o 'Gwahoddiad' yw ei fod yn f'atgoffa o anwyliaid sydd wedi golygu cymaint i mi ar hyd fy mywyd.

Mi glywaf dyner lais
yn galw arnaf fi
i ddod a golchi 'meiau i gyd
yn afon Calfarî.

Arglwydd, dyma fi
ar dy alwad di,
canna f'enaid yn y gwaed
a gaed ar Galfarî.

Yr Iesu sy'n fy ngwadd
i dderbyn gyda'i saint
ffydd, gobaith, cariad pur a hedd
a phob rhyw nefol fraint.

Yr Iesu sy'n cryfhau
o'm mewn ei waith drwy ras;
mae'n rhoddi nerth i'm henaid gwan
i faeddu 'mhechod cas.

Gogoniant byth am drefn
y cymod a'r glanhad;
derbyniaf Iesu fel yr wyf
a chanaf am y gwaed.

Lewis Hartsough, 1828–1919
cyf. Ieuan Gwyllt, 1822–77
Caneuon Ffydd, 483

Emyn: 'Mi glywaf dyner lais'

Cyfieithiad Ieuan Gwyllt (gweler adran Yr Emynwyr) o emyn Saesneg Lewis Hartsough, 'I hear thy welcome voice, that calls me, Lord, to Thee'. Roedd Ira D. Sankey ar ymgyrch cenhadu ym Mhrydain yn 1872, ac anfonodd Lewis Hartsough gopi o'r emyn a'r dôn ato. O ganlyniad, cynhwysodd Ira Sankey y ddau yn ei gyhoeddiad adnabyddus a phoblogaidd *Sacred Songs and Solos*. Yn 1874 cyhoeddodd Ieuan Gwyllt ran gyntaf ei gyfrol *Sŵn y Juwbili* sef trosiad Cymraeg o gyfrol Sankey yn cynnwys yr emyn hwn ynghyd â llawer eraill a ddaeth yn dra phoblogaidd. Yn sicr, dyma un o emynau mwyaf poblogaidd Cymru, ac yn ffefryn mawr gyda chorau meibion â threfniant John Davies, Rhosllannerchrugog, 'Gwahoddiad'.

Tôn: 'Gwahoddiad'

Cyfansoddwyd y dôn gan Lewis Hartsough (gweler adran Y Cyfansoddwyr), ar gyfer ei emyn, 'I hear thy welcome voice, that calls me, Lord, to Thee'. Ymddangosodd am y tro cyntaf yn 1872 pan oedd Hartsough yn arwain cyfarfodydd efengylu yn Epworth, Iowa yn yr Unol Daleithiau, a'i chynnwys yn y cylchgrawn *Guide to Holiness*.

Gwawr Edwards

'Glân gerwbiaid a seraffiaid'

Magwyd Gwawr ar fferm yng nghanol Sir Geredigion yng Ngorllewin Cymru. Enillodd Ysgoloriaeth i astudio yng Ngholeg Brenhinol Cerdd a Drama Cymru, Caerdydd, ac yn 2009 graddiodd gyda gradd Meistr Dosbarth Cyntaf o'r Guildhall School of Music and Drama, Llundain. Llwyddodd mewn nifer o gystadlaethau dros y blynyddoedd ac yn Awst 2010 cyrhaeddodd rownd derfynol Cystadleuaeth Radio 2 y Fonesig Kiri Te Kanawa – cystadleuaeth i ddarganfod seren opera'r dyfodol. Mae hi hefyd wedi ennill Ysgoloriaeth W. Towyn Roberts, Rhuban Glas Llanbed, Ysgoloriaeth Osborne Roberts a Gwobr Violet Mary Davies am y Soprano fwyaf addawol yn Eisteddfod Genedlaethol Cymru. Daeth hefyd yn fuddugol yn y cystadlaethau unawd yn Eisteddfod Gydwladol Llangollen ac Eisteddfod Genedlaethol yr Urdd. Mae Gwawr wedi teithio yn eang iawn i berfformio i gynulleidfaoedd ledled y byd, o gyfandiroedd America i'r Dwyrain Pell. Mae hi hefyd yn ymddangos yn gyson ar deledu a radio ac wedi perfformio fel unawdydd yn y Royal Albert Hall, Canolfan y Mileniwm a'r CIA, Caerdydd, Cadogan Hall, Theatre Royal Drury Lane, Neuadd Bridgewater, Manceinion, Neuadd Symffoni Birmingham, Royal Concert Hall, Glasgow a Stadiwm Wembley.

Mae'n rhaid cyfaddef, roedd dewis fy hoff emyn yn dasg go anodd! Yr un mor anodd â phetawn yn gorfod dewis fy hoff gân – mae 'na sawl 'ffefryn', ac am nifer o resymau gwahanol. Maent yn dod ag atgofion o wahanol adegau yn ystod fy mywyd – i fi, mae hynny'n rhywbeth emosiynol iawn, ac o ganlyniad mae'r gân neu'r emyn sy'n cynrychioli'r digwyddiad penodol hwnnw yn dod yn 'ffefryn'.

Fy nghyflwyniad cyntaf i emynau fel plentyn bach oedd yn Ysgol Sul Bwlchllan a chanu mewn cyrddau diolchgarwch. Dwi'n cofio canu emynau fel 'Dod ar fy mhen' a 'Luned'. Doedd 'na ddim ffefryn fel petai yr adeg honno, ond mae'r dôn 'Dod ar fy mhen' wrth gwrs yn un sydd wastad yn fy atgoffa o'r Ysgol Sul – fel sawl plentyn arall dwi'n siŵr.

Yn ogystal â'r Ysgol Sul, roedd tyfu i fyny mewn cartref cerddorol wrth reswm wedi dylanwadu ar fy chwaeth gerddorol, a dau emyn sy'n fy atgoffa'n fawr o adref a dyddiau fy mhlentyndod yw 'Lausanne' – 'Iesu, Iesu, rwyt ti'n ddigon', roedd hon yn ffefryn mawr gan Dad i ganu mewn cyngherddau, a 'Mor fawr wyt Ti' a oedd yn un o'r deuawdau cyntaf i mi ganu gyda Dad wrth i mi ddechrau canu mewn cyngherddau gydag ef yn fy arddegau cynnar.

Wrth dyfu i fyny a phrofi profiadau bywyd fel priodasau ac angladdau roedd geiriau emynau yn ogystal â'r dôn yn dechrau golygu llawer mwy i mi. Mae'r geiriau 'Os gwelir fi, bechadur' ar yr emyn-dôn 'Clawdd Madog' yn un na alla i wrando arni na'i chanu heb ddagrau oherwydd iddi fod yn ffefryn i ffrind agos iawn a fu farw rai blynyddoedd yn ôl ac a ganwyd yn ei hangladd. Mae 'Ellers' yn un arall oherwydd iddi fod yn ffefryn fy mam-gu.

Roedd priodas fy ngŵr a minnau yn fwy fel Cymanfa oherwydd ein dewis helaeth o emynau, gyda 'Rachie', 'Blaenwern', 'Mor fawr wyt Ti' a 'Tydi a Roddaist' yn rhai ohonynt, sydd wrth gwrs yn ffefrynnau mawr mewn sawl achlysur cymdeithasol i ni'r Cymry oherwydd mawredd y dôn a theimlad y geiriau. Ar y cyfan, mae'r rhan fwyaf o'm ffefrynnau yn y lleddf – dwi'n siŵr bod hynny'n rhywbeth nodweddiadol i ni fel Cymry – ac mae 'Craig yr Oesoedd', 'In Memoriam' yn bendant yn un arall dwi wrth fy modd yn ei morio.

Ond, os oes rhaid dewis, dwi'n meddwl taw'r emyn-dôn 'Sanctus' a'r geiriau 'Glân gerwbiaid a seraffiaid' sy'n dod i'r brig (o drwch blewyn!) Mae canu hon mewn capel gorlawn, a chlywed y pedwar llais yn atseinio, yn rhoi rhyw ias i lawr fy asgwrn cefn, a chyrraedd y pinacl 'rhodder iti fythol foliant, sanctaidd, sanctaidd, sanctaidd Iôr' yn siŵr o sicrhau gwefr anfarwol wrth ei chanu – does 'na ddim teimlad tebyg!

Glân gerwbiaid a seraffiaid
   fyrdd o gylch yr orsedd fry
mewn olynol seiniau dibaid
   canant fawl eu Harglwydd cu:
"Llawn yw'r nefoedd o'th ogoniant,
   llawn yw'r ddaear, dir a môr;
rhodder iti fythol foliant,
   sanctaidd, sanctaidd, sanctaidd Iôr."

Fyth y nef a chwydda'r moliant,
   uwch yr etyb daear fyth:
"Sanctaidd, sanctaidd, sanctaidd," meddant,
   "Dduw y lluoedd, Nêr di-lyth!
Llawn yw'r nefoedd o'th ogoniant,
   llawn yw'r ddaear, dir a môr;
rhodder iti fythol foliant,
   sanctaidd, sanctaidd, sanctaidd Iôr."

Gyda'r seraff gôr i fyny,
   gyda'r Eglwys lân i lawr,
uno wnawn fel hyn i ganu
   anthem clod ein Harglwydd mawr:
"Llawn yw'r nefoedd o'th ogoniant,
   llawn yw'r ddaear, dir a môr;
rhodder iti fythol foliant,
   sanctaidd, sanctaidd, sanctaidd Iôr."

Richard Mant, 1776–1848
cyf. Alafon (Owen Griffith Owen), 1847–1916
Caneuon Ffydd, 30

Emyn: 'Glân gerwbiaid a seraffiaid'

Ymddangosodd cyfieithiad Alafon (gweler adran Yr Emynwyr) o eiriau Richard Mant yn *Llyfr Hymnau a Thônau y Methodistiaid Calfinaidd* yn 1897. Mae'r emyn Saesneg gwreiddiol, 'Bright the vision that delighted / Round the Lord in glory seated' yn hŷn o lawer ac wedi'i gyhoeddi am y tro cyntaf yn *Ancient Hymns from the Roman Breviary* (1837).

Tôn: 'Sanctus'

Cyhoeddwyd y dôn 'Sanctus' gan John Richards (gweler adran Y Cyfansoddwyr) am y tro cyntaf yn 1890 yn *Ail-Attodiad i Lyfr Tonau Cynulleidfaol Ieuan Gwyllt*. Mae'r berthynas rhwng y dôn a geiriau Alafon yn anwahanadwy bellach, gyda'r dôn yn adleisio pwyslais a phwysigrwydd yr ailadrodd o'r gair 'sanctaidd' ar ddiwedd pob pennill.

Huw Edwards

'Enynnaist ynof dân'

Ganwyd Huw ym Mhen-y-bont ar Ogwr ond cafodd ei fagu er pan oedd yn bedair blwydd oed yn Llangennech, Llanelli. Cafodd ei addysg yn Ysgol Ramadeg y Bechgyn Llanelli a derbyniodd radd Dosbarth Cyntaf mewn Ffrangeg o Brifysgol Caerdydd yn 1983. Fel prif ddarllenydd newyddion cenedlaethol y BBC, ef sy'n cyflwyno'r rhaglen newyddion fwyaf poblogaidd, *BBC News at Ten*. Mae wedi cyhoeddi dwy gyfrol ar hanes capeli Cymru – un yn ymwneud â Llanelli a'r llall â chapeli Cymraeg Llundain.

Dewiswch eich 'hoff emyn' – dyna'r cais afrealistig a ddaeth i law. Mae'r peth bron yn amhosibl, fel gofyn i ryw druan ddewis y gorau o blith Bach, Handel a Mozart. Nid oes imi ond ufuddhau er hynny, ac felly dyma gyflwyno tusw o emynau sy'n bwysig iawn i mi am resymau gwahanol. Ceisiaf ddewis un blodeuyn o'u plith – bron ar hap, rhaid cyfaddef – ar derfyn hyn o arolwg.

Flynyddoedd maith yn ôl, a minnau'n ddisgybl blwyddyn gyntaf yn Ysgol Ramadeg Llanelli, daeth galwad ffôn un amser te yn gofyn imi ruthro i'n capel ni – sef Bryn Seion, Llangennech – gan nad oedd organydd ar gael ar gyfer cyfarfod o Henaduriaeth De Myrddin. Dyma fynd ar y beic yn fy ngwisg ysgol a chyrraedd yn fyr o anadl. Doedd gen i ddim syniad beth i'w ddisgwyl. Roedd y capel bron yn llawn ac fe sylweddolais eu bod yn aros – braidd yn ddiamynedd – i'r organydd setlo yn ei le. Gwelais ar y bwrdd emynau fod y rhifau wedi eu dewis eisoes! Nid oedd angen pyslo ynghylch yr emyn cyntaf: rhif 59 yn *Llyfr Emynau a Thonau y Methodistiaid* (1929), sef 'Rhagluniaeth fawr y nef' ar y dôn gyhyrog 'Builth'. Rhyddhad! Un o'm ffefrynnau. Nid wyf erioed wedi anghofio'r wefr o glywed cynulleidfa enfawr yn ei chanu yn Horeb, Mynydd-y-garreg, mewn gwasanaeth ordeinio blaenoriaid ym 1972.

Roedd fy nhad yn un o'r garfan a godwyd i'r Sêt Fawr y dydd hwnnw. Dyma briodas berffaith rhwng emyn-dôn ysgubol David Jenkins, un o ddisgyblion Joseph Parry, a geiriau nerthol David Charles, Caerfyrddin. Mae clywed Cymraeg hardd Sir Gaerfyrddin – 'yn drefen glir' – yn eisin ar y gacen.

> Ei thwllwch dudew sydd
>   Yn olau gwir;
> Ei dryswch mwyaf, mae
>   Yn drefen glir:

Rhoes y cyhoeddiad hwnnw ym Mryn Seion strôc o lwc go iawn i mi: eisteddai'r annwyl Joe Lloyd yn y gynulleidfa, blaenor yn y Capel Newydd, Llanelli, ac athro mathemateg yn yr ysgol. Diolchodd imi yn gynnes wrth adael y gwasanaeth, ac fe brofodd yn athro caredig a chynghorwr doeth gydol fy nyddiau fel disgybl.

Roedd Joe Lloyd yn un o uwch-athrawon yr ysgol, ac yn rhinwedd ei statws fe arweiniai y gwasanaeth boreol yn rheolaidd. Un o'i hoff emynau sydd gen i nesaf, sef 'Efengyl tangnefedd, O! rhed dros y byd'. Eifion Wyn piau'r geiriau. Yn y capel arferem ddefnyddio'r dôn 'Richmond Hill', ond 'Joanna' yw'r dewis naturiol i mi. Roedd clywed cannoedd o fechgyn yn canu'n egnïol yn brofiad braf bob amser, a gallaf glywed y lleisiau yn y neuadd fawr hyd at heddiw. Ar y llwyfan gwelem Joe Lloyd a'i gyd-athrawon – y Parch. Ddr Leonard Hugh, Maelgwyn Thomas, Myrddin Rees a'r prifathro R. I. Denis Jones – yn mwynhau'r canu. Gweddi dros heddwch sydd dan sylw, gan fardd â'i ffocws ar arswyd y Rhyfel Mawr:

> Fel na byddo mwyach na dial na phoen,
> Na chariad at ryfel, ond rhyfel yr Oen.

Un arall o athrawon yr ysgol oedd y Parch. W. Esger James, gweinidog Lloyd Street, y capel Annibynnol lle dysgais chwarae'r organ bib. Roeddwn wrth fy modd yno, a chofiaf fy ngwasanaethau cyntaf yn ystod haf cynnes 1976. Fe gefais wers ychwanegol o ran newid diwylliant enwadol: i mi, roedd Y *Caniedydd* yn ddetholiad gwell o lawer na chasgliad emynau yr Hen Gorff, ac yn rhagori yn glir o ran diwyg ac ansawdd. Buasai fy athro piano,

Idris Griffiths, yn aelod o'r panel ymgynghorol cyn cyhoeddi'r *Caniedydd* ym 1960, ac ef oedd organydd Lloyd Street ar y pryd. Un o hoff emynau'r gynulleidfa yno oedd 'Caned nef a daear lawr' – emyn mawr Edward Parry sydd yn cyfleu hanfod y Testament Newydd, sef bod gobaith o waredigaeth i bob pechadur heb eithriad:

> Hon yw'r ffynnon sy'n glanhau
> > Yr aflana';
> Yn dragywydd mae'n parhau:
> > Haleliwia!

Cenir hon fel arfer yng nghapeli'r Methodistiaid ar y dôn 'Gwalchmai' gan J. D. Jones, tôn arbennig o effeithiol sy'n cynnal y geiriau yn gampus. Ond 'Llanfair' oedd dewis yr Annibynwyr, ac mae'n rhaid cyfaddef bod y briodas rhwng tôn Robert Williams a'r geiriau hyd yn oed yn fwy trawiadol. Mae sain yr 'Haleliwia' mawr olaf yn aros yn y cof bob amser.

O bryd i'w gilydd cawn brofiad ysgytwol wrth wrando ar ganu cynulleidfaol o'r radd orau. Mae'r ddau flodeuyn olaf yn y categori hwn. Profiad bythgofiadwy oedd clywed y gynulleidfa fawr yng nghapel gorlawn Bethesda, Llangennech, yn y cyfarfod coffa a gynhaliwyd ddeufis ar ôl marwolaeth fy nhad. Mae'n amheus gennyf a fydd unrhyw un a oedd yn y cyfarfod hwnnw yn anghofio sain dyrchafol 'Côr Caersalem', ond i mi y trysor mwyaf oedd clywed 'Cofia'n gwlad, Benllwydd tirion' ar y dôn fendigedig 'Rheidol' gan John Roberts. Yr oedd Dad yn hoff iawn o'r emyn gwladgarol hwn, ac er bod geiriau Elfed yn cyd-fynd yn urddasol gyda 'Gweddi Wladgarol' Caradog Roberts, 'Rheidol' oedd ei ddewis ef bob amser. A gwae i'r sawl a fentrai ddewis 'Groeswen' – tôn ddigon dymunol gan John Ambrose Lloyd, ond tôn gwbl anaddas yn yr achos hwn! Y mae i 'Rheidol' ei nerth a'i thensiwn cynyddol, a chwpled olaf pob pennill yn benllanw anorchfygol.

> Rhag pob brad, nefol Dad,
> Taena d'adain dros ein gwlad.

Aros yn glir yn y cof, hefyd, mae'r gymanfa ganu a gynhaliwyd ym 1999 i gyhoeddi Eisteddfod Genedlaethol Llanelli 2000. Yng Nghapel Seion, capel mwyaf eang y Bedyddwyr yn y dref, a chapel y mae iddo draddodiad cyfoethog iawn, y recordiwyd y gymanfa. Eifion Thomas oedd yn arwain, ac Allan Fewster wrth yr organ: dau feistr wrth y llyw, felly. Yr oedd y canu yn gwbl ysgubol, ac fe werthwyd pob copi o'r CD a gynhyrchwyd.

Anodd dewis yr emyn gorau o'r gymanfa honno, ond rhaid sôn am y dehongliad angerddol o 'Enynnaist ynof dân', un o gampweithiau Pantycelyn. Y mae'r emyn hwn yn gyfansoddiad sy'n wenfflam ei effaith o'r sill cyntaf i'r olaf. A phan gyfunir y geiriau gyda'r dôn wych 'Faenol' gan William Propert – yntau yn arweinydd y gân ym Methel, Llanelli, dros gyfnod maith – cawn ganlyniad cwbl ysblennydd. Camp ddihafal Eifion, Allan a'r gynulleidfa fawr honno ym 1999 oedd cyrraedd pinacl ysbrydol trwy gyfrwng eu canu. Nid oes gennyf ond canmoliaeth fawr iddynt. A'm dewis anochel, felly, ar ôl hyn o arolwg, yw Pantycelyn a Propert.

> Enynnaist ynof dân,
>   perffeithiaf dân y nef,
> ni all y moroedd mawr
>   ddiffoddi mono ef;
> dy lais, dy wedd, a gweld dy waed,
> sy'n troi 'ngelynion dan fy nhraed.
>
> Mae caru 'Mhrynwr mawr,
>   mae edrych ar ei wedd
> y pleser mwya' nawr
>   sy i'w gael tu yma i'r bedd:
> O gariad rhad, O gariad drud,
> sydd fil o weithiau'n fwy na'r byd.
>
> Wel dyma'r gwrthrych cun,
>   a dyma'r awr a'r lle
> cysegraf fi fy hun
>   yn gyfan iddo fe;
> ffarwél, ffarwél bob eilun mwy,
> mae cariad Iesu'n drech na hwy.

William Williams, 1717–91
Caneuon Ffydd, 314

Emyn: 'Enynnaist ynof dân'

Ymhlith casgliadau niferus o emynau gan William Williams Pantycelyn (gweler adran Yr Emynwyr), ymddangosodd *Ffarwel Weledig, Groesaw Anweledig Bethau* mewn tair rhan rhwng 1763 a 1769. Mae'r emyn 'Enynnaist ynof dân' yn rhan o'r ail gasgliad yn 1766, casgliad sy'n cynnwys nifer o enghreifftiau gwych o'i ddawn fel emynydd. Roedd pedwar pennill i'r emyn yn wreiddiol, gyda defnydd Williams o iaith lafar ei fro enedigol yn Sir Gaerfyrddin yn amlwg yn y cwpled olaf: 'Ond llawer mwy nag fedd y Nef / sy o bleser yn ei gwmp'ni ef.'

Tôn: 'Y Faenol'

Cyfansoddwyd y dôn 'Y Faenol' gan William Propert, Llanelli (gweler adran Y Cyfansoddwyr), a'i chyhoeddi yn *Detholiad o Emynau a Thonau y Bedyddwyr* (1949), er iddi ymddangos mewn rhaglenni Cymanfaoedd Canu Bedyddwyr Llanelli cyn hynny. Cynhwyswyd y dôn mewn casgliad enwadol cyflawn am y tro cyntaf yn *Y Llawlyfr Moliant Newydd* (1955).

Prydwen Elfed-Owens

'Ar fôr tymhestlog teithio 'rwyf'

Ganwyd Prydwen yn Nhregeiriog yn 1946 yn unig blentyn i Huw David a Gwyneth Mary Williams. Gan fod ei thad yn weinidog Wesle symudodd o le i le bob pum mlynedd hyd ei farwolaeth yn 1967 gan gynnwys Bwlchgwyn, Rhyd-y-foel, Treorci a Ferndale. Derbyniodd ei haddysg gynradd yn Ysgol Gwynfryn ac Ysgol Eglwys Abergele a'i haddysg uwchradd yn Ysgol Howells' Dinbych ac Ysgol Ramadeg y Merched, Y Porth. Graddiodd mewn Addysg a'r Gymraeg o Goleg y Drindod, Caerfyrddin ac M.Add. o Brifysgol Glyndŵr. Yn 1996, enillodd M.A. a doethuriaeth o Brifysgol Llundain. Bu'n athrawes mewn pum ysgol cyn mynd yn Ymgynghorydd Addysg yn Sir Clwyd ac yna ar ad-drefniad Awdurdodau Lleol i Sir Conwy. Bu'n Arolygydd Arweiniol Ysgolion i Estyn (Cymru) am chwarter canrif ac i OFSTED (Lloegr) am chwe blynedd. Gwasanaethodd fel Cadeirydd Cymdeithas Ddawns Werin Cymru (1997–2005) a hi oedd y ferch gyntaf i wasanaethu fel Llywydd y Llys a Chadeirydd Bwrdd Rheoli Eisteddfod Genedlaethol Cymru (2009–2013). Bellach mae hi wedi ymgartrefu'n ôl i Drefnant i ymddeol a throi ei bryd at gyhoeddi llyfrau: *Hanes Gwobr Goffa Lady Herbert Lewis* (2019); *Na Ad Fi'n Angof – Byw â Dementia* (2020); *Gwawr Wedi Hirnos: Fy Nhad sydd wrth y Llyw* (2021) a *Malwan Bach Fel Fi ... Cloddio am Aur* (2022).

Bu farw fy nhad, Y Parch. Huw D. Williams yn 53 mlwydd oed cyn cinio bore Mercher 13 Medi 1967. Cyflawnodd hunanladdiad. Yn ddiarwybod i Mam a minnau, roedd yn dioddef o salwch meddwl.

Llefarodd ei eiriau olaf wrthyf o dan goeden geirios ar gampws Coleg y Drindod, Caerfyrddin amser te pnawn Mawrth 12 Medi 1967. Dymunodd yn dda i mi ar ddechrau fy mlwyddyn olaf gan ychwanegu, 'Byddi ar ben dy hun rŵan.' Ni wyddwn beth fyddai arwyddocâd nac effaith y chwe gair hynny ar fy mywyd ymhen llai na phedair awr ar hugain.

Ysgrifennodd ei eiriau olaf i mi yn fy llythyr ffarwél – gadawodd gyfanswm o bump ar hugain ar y gwely yn y llofft gefn: Gobeithio y bydd y Duw wyt ti a mi yn credu cymaint ynddo yn maddau i mi.

Gadawodd dri cherdyn post a phennill emyn gwahanol wedi ei deipio ar ei deipiadur arferol mewn inc du:

Dod i mi galon well bob dydd
   a'th ras yn fodd i fyw
fel bo i eraill drwof fi
   adnabod cariad Duw.

> *Eifion Wyn, 1867–1926*
> Caneuon Ffydd, 681

Ehanga 'mryd a gwared fi
   rhag culni o bob rhyw,
rho imi weld pob mab i ti
   yn frawd i mi, O Dduw.

> *E. A. Dingley, 1860–1948*
> *cyf. Nantlais, 1874–1959*
> Caneuon Ffydd, 805

Wedi'r holl dreialon,
   wedi cario'r dydd,
cwrdd ar Fynydd Seion,
   O mor felys fydd.

> *Watcyn Wyn, 1844–1905*
> Caneuon Ffydd, 29

Cyflwynais *Gwawr Wedi Hirnos: Fy Nhad sydd wrth y Llyw* (2021) yn deyrnged i fy nhad, a'r tair emyn yw conglfeini'r gyfrol. Fy nhad a'm helpodd i adeiladu sylfaen y gallwn sefyll arni'n gadarn i ba bynnag ffordd y byddai'r gwynt yn chwythu weddill fy mywyd. Dewisodd y prif deitl – *Gwawr Wedi Hirnos* – ei hun, mewn ffordd. Fe syrthiodd yr isdeitl – *Fy Nhad sydd wrth y Llyw* (*Caneuon Ffydd*, 167) – hefyd i'w le yn ddiffwdan. Rwy'n dehongli Fy Nhad fel fy nhad bedydd (Dad) a'm Tad Nefol (Duw) – y naill â'i ddylanwad ar 'fy nghalon ddynol' a'r llall ar 'fy nghalon ddwyfol'. Er sioc salwch meddwl a marwolaeth fy nhad, gadawodd etifeddiaeth amhrisiadwy i mi trwy ei gariad, ei arweiniad ysbrydol, a'i athroniaeth bywyd. Trysoraf fy etifeddiaeth – fy ffydd a fy 'man cadarn' – uwchlaw popeth arall.

Fy Nhad oedd – ac sydd – wrth y llyw. Felly o'r emynau oll, os dewis un emyn hon yw fy newis.

Ar fôr tymhestlog teithio 'rwyf
  i fyd sydd well i fyw,
gan wenu ar ei stormydd oll:
  fy Nhad sydd wrth y llyw.

Trwy leoedd geirwon, enbyd iawn,
  a rhwystrau o bob rhyw
y'm dygwyd eisoes ar fy nhaith:
  fy Nhad sydd wrth y llyw.

Er cael fy nhaflu o don i don,
  nes ofni bron cael byw,
dihangol ydwyf hyd yn hyn:
  fy Nhad sydd wrth y llyw.

Ac os oes stormydd mwy yn ôl,
  ynghadw gan fy Nuw,
wynebaf arnynt oll yn hy:
  fy Nhad sydd wrth y llyw.

A phan fo'u hymchwydd yn cryfhau,
  fy angor, sicir yw;
dof yn ddiogel drwyddynt oll:
  fy Nhad sydd wrth y llyw.

I mewn i'r porthladd tawel, clyd,
  o sŵn y storm a'i chlyw
y caf fynediad llon ryw ddydd:
  fy Nhad sydd wrth y llyw.

Ieuan Glan Geirionydd, 1795–1855
Caneuon Ffydd, 167

Emyn: 'Ar fôr tymhestlog teithio 'rwyf'

Ymddangosodd y geiriau gan Ieuan Glan Geirionydd (gweler adran Yr Emynwyr) am y tro cyntaf mewn casgliad o'i donau o'r enw *Y Seraph* yn 1838. Pump pennill a geir yn yr emyn pan gynhwyswyd yn *Y Llawlyfr Moliant Newydd* (1955), pedwar yn unig yn *Y Caniedydd* (1960) a chwech yn *Caneuon Ffydd* (2001).

Tôn: 'Penmachno'

Cyhoeddwyd y dôn hon gan T. Hopkin Evans (gweler adran Y Cyfansoddwyr) am y tro cyntaf yn Hydref 1919 a hynny mewn rhifyn o'r cylchgrawn *Cymru*. Yn ei gyfrol *Tonau a'u Hawduron*, dywed Huw Williams fod T. Hopkin Evans wedi cyfansoddi'r dôn er cof am Cadwaladr Jones, blaenor ac arweinydd y gân yng nghapel Rhyd-y-meirch, a bod y nodau cerddorol a osodwyd ar gyfer y geiriau 'Fy Nhad' yn llinell olaf pob pennill yn adleisio'r un seiniau yn union a glywodd Hopkin Evans yng ngoslef Cadwaladr Jones pan oedd ar ei liniau yn gweddïo.

Hefin Elis

'Arglwydd, gad im dawel orffwys'

Ganwyd Hefin ym Mhont-rhyd-y-fen yng nghanol y ganrif ddiwethaf yn fab i rieni o Sir Feirionnydd. Aeth i Ysgol Gynradd Gymraeg y pentref ac yna i Ysgol Gyfun Sandfields ym Mhort Talbot. Wedi pedair blynedd ym Mhrifysgol Aberystwyth dywed iddo gael gradd dila yn y Gymraeg a thystysgrif athro ac iddo wedyn fod yn athro aflwyddiannus am dair blynedd cyn cael swydd ddelfrydol fel cynhyrchydd staff i gwmni recordiau Sain yn Llandwrog ger Caernarfon. Yn ystod ei gyfnod yn Aberystwyth bu'n aelod o sawl grŵp, ac yn 1972 plannu hedyn Edward H. Dafis gyda Dewi 'Pws' Morris. Bu'n byw yng nghyffiniau Caernarfon ers 1975 ac yn briod â Marian ers 1981, yn dad i ddwy o ferched, Manon a Catrin a bellach yn daid balch i bump o wyrion a wyresau. Bu'n gyfarwyddwr cerdd ar nifer o raglenni teledu ar ddechrau'r 1980au ac yna yn gynhyrchydd rhaglenni. Erbyn hyn mae'n treulio'i amser yn cyfieithu ac yn gweithio ar fersiynau Cymraeg o gartwnau pan nad yw'n gwylio pêl-droed neu rygbi.

Fel ambell un a gafodd wahoddiad i enwi ei hoff emyn mae'n siŵr, roedd yn dasg bron yn amhosib i mi ddewis un gan fod cymaint ohonynt wedi creu argraff dros y blynyddoedd. Bu emynau ac emyn-donau yn rhan annatod o'm magwraeth ym Mhont-rhyd-y-fen a Phort Talbot gan fod fy nhad yn weinidog gyda'r Bedyddwyr ac yna'n bregethwr lleyg, ac er nad oedd yn darllen cerddoriaeth mae gen i gof plentyn ohono'n gwneud ei orau glas i chwarae'r tonau ar y piano ond yn cael yr harmonïau'n anghywir! Roedd gwrando ar raglen *Caniadaeth y Cysegr* ar y radio yn rhan annatod o bob prynhawn Sul rhwng mynychu oedfaon y capel. Roedd bod yn rhan o gynulleidfaoedd mawr y pumdegau yn morio'r emynau yn rhoi gwefr, a hefyd cawsom ysgogiad gan ein prifathro yn Ysgol Gymraeg Pont-rhyd-y-fen, y diweddar annwyl Alwyn Samuel, i ganu emynau fel 'Chwifiwn ein baneri', 'Dod ar fy mhen dy sanctaidd law', 'Dring i fyny' a llawer mwy.

Wedi cyrraedd Prifysgol Aberystwyth ddiwedd y chwedegau roedd emynau poblogaidd yn rhan bwysig o *repertoire* y myfyrwyr ym mar cefn y Llew Du, a finnau'n cael y fraint o gyfeilio ar y piano. Yn Aberystwyth hefyd y deuthum ar draws emyn trawiadol Ehedydd Iâl, 'Y nefoedd uwch fy mhen', gan mai'r geiriau yma oedd y darn i barti cerdd dant ar gyfer rhyw Eisteddfod Ryng-golegol. Mae'r geiriau yma'n dal i roi gwefr ac mae'n drueni mai dim ond dau bennill sydd yn y rhan fwyaf o lyfrau emynau – mae'r pum pennill yn haeddu'u lle. Yn ddiweddarach, ar ôl dechrau gweithio i gwmni recordiau Sain, byddwn yn aml yn cael pleser o recordio corau ac unigolion yn canu emynau, ac un record hir o 1977 rydw i'n hynod falch o fod wedi cael gweithio arni yw Cantorion Cynwrig o dan arweiniad yr athrylith Brian Hughes yn canu emynau ar donau Caradog Roberts, a'r ffefryn yw geiriau W. Rhys Nicholas, 'Tyrd atom ni' ar y dôn 'Berwyn'.

Mae llawer iawn o'n hemynau wrth reswm yn gampweithiau llenyddol ynddynt eu hunain, ond yr hyn sy'n codi rhai uwchlaw eraill i mi yw'r briodas rhwng geiriau gafaelgar a thôn arbennig, a dyna pam mai fy hoff emyn i yw 'Arglwydd, gad im dawel orffwys' ar y dôn 'Arwelfa'. Geiriau'r bardd-bregethwr o Borthmadog, William Ambrose (Emrys) ar dôn y cerddor dawnus o Rosllannerchrugog, John Hughes. Mae cyfuniad y geiriau a'r dôn yn gwbl arbennig, yn enwedig yn y pennill olaf wrth i daith bywyd dynnu tua'i therfyn. Mae'r 'awel dyner' i'w theimlo yn yr alaw, ac mae'r 'traed yn sengi' ar uchafbwynt y dôn. Syfrdanol!

Arglwydd, gad im dawel orffwys
   dan gysgodau'r palmwydd clyd
lle yr eistedd pererinion
   ar eu ffordd i'r nefol fyd,
lle'r adroddant dy ffyddlondeb
   iddynt yn yr anial cras
nes anghofio'u cyfyngderau
   wrth foliannu nerth dy ras.

O mor hoff yw cwmni'r brodyr
   sydd â'u hŵyneb tua'r wlad
heb un tafod yn gwenieithio,
   heb un fron yn meithrin brad;
gwlith y nefoedd ar eu profiad,
   atsain hyder yn eu hiaith;
teimlant hiraeth am eu cartref,
   carant sôn am ben eu taith.

Arglwydd, dal ni nes mynd adref,
   nid yw'r llwybyr eto'n faith;
gwened heulwen ar ein henaid
   wrth nesáu at ben y daith;
doed y nefol awel dyner
   i'n cyfarfod yn y glyn
nes in deimlo'n traed yn sengi
   ar uchelder Seion fryn.

Emrys, 1813–73
Caneuon Ffydd, 617

Emyn: 'Arglwydd, gad im dawel orffwys'

Ymddangosodd yr emyn hwn gan Emrys (gweler adran Yr Emynwyr) am y tro cyntaf yn *Aberth Moliant* (1873), casgliad o emynau a thonau dan olygyddiaeth Emrys ei hun a Gwilym Hiraethog. Wedi hynny, fe'i cyhoeddwyd yn gyson mewn casgliadau enwadol eraill, ac ers ei briodi â thôn John Hughes 'Arwelfa' yn *Y Llawlyfr Moliant Newydd* yn 1955, ar y dôn honno y clywir yr emyn fel arfer.

Tôn: 'Arwelfa'

Bu'r dôn hon gan John Hughes (gweler adran Y Cyfansoddwyr) yn boblogaidd iawn mewn cymanfaoedd canu ers ei chyhoeddi am y tro cyntaf yn 1926 yn Rhaglen Cymanfa Ganu Bedyddwyr Treorci a'r Cylch yn y flwyddyn honno. Cynhwyswyd hi am y tro cyntaf mewn casgliad enwadol yn *Y Llawlyfr Moliant Newydd* (1955) dan olygyddiaeth John Hughes ei hun, ac ers hynny mae wedi ennill ei phoblogrwydd ymhlith cynulleidfaoedd Cymru.

Gillan Elisa

'Dwy law yn erfyn sydd yn y darlun'

Daeth Gillian Elisa yn adnabyddus am chwarae Sabrina yn *Pobol y Cwm* ac am ei chymeriadau comedi. Fe'i ganwyd yng Nghaerfyrddin a'i magu yn Llanbedr Pont Steffan lle mynychodd yr Ysgol Gyfun leol yno, cyn astudio yng Ngholeg Cerdd a Drama Cymru yng Nghaerdydd. Fel actores, mae wedi ymddangos mewn sawl cyfres deledu ar S4C gan gynnwys *Dinas*, *Minafon*, *Yr Heliwr*, *Glan Hafren* ac *Iechyd Da*. Bu hefyd yn chwarae cymeriadau mewn rhaglenni comedi Cymraeg fel *Ma' Ifan 'Ma* ac *Eric*. Yn y Saesneg, cafodd rannau amlwg mewn cyfresi megis *Mortimer's Law*, *Forever Green*, *A Mind to Kill* a *Belonging*. Mae hefyd yn adnabyddus am ei pherfformiadau comedi ar raglenni adloniant fel *Noson Lawen*, ac yn arbennig am ei chymeriad unigryw 'Mrs OTT'. Yn 2004 perfformiodd y cymeriad yn rhan o sioe un-fenyw yng Ngŵyl Caeredin. Bu'n dirprwyo ar gyfer rhan Grandma yn sioe gerdd *Billy Elliot* yn West End Llundain, ac yn Ionawr 2015 cymerodd y brif ran wedi i Ann Emery ymddeol o'r sioe. Fel cantores, mae wedi rhyddhau sawl albwm yn ogystal â chyfrannu at recordiadau eraill.

Yr emyn sydd yn dod i fy meddwl yn syth yw 'Y Darlun' ac fe ges i'r siawns i'w gynnwys yn fy CD diweddara, gyda Siân James yn harmoneiddio a chyfeilio ar y delyn.

Y rheswm dw i wedi dewis yr emyn bach yma yw achos ei fod e'n emyn syml, ac yn fy ngorfodi i fynd reit nôl at fy mhlentyndod. Y tro cynta' i mi glywed 'Y Darlun' roeddwn i'n rhyw bedair oed, ac roeddwn i'n gallu uniaethu'n syth â'r geiriau ac yn hoff iawn o'r alaw – y ddau yn gweddu i'w gilydd ac yn hawdd i'w cofio'n reddfol.

Mae'r llinellau cynta' yn gwneud i mi deimlo'n agos at Dduw. 'Dwy law yn erfyn sydd yn y darlun wrth ymyl fy ngwely i ...' Mae'r geiriau a'r alaw yn fy llonyddu a'm tawelu, nes i mi deimlo fy mod i'n gweddïo'n uniongyrchol ar fy Nuw, sydd yn gwneud i mi gamu mâs o fy hunan er mwyn i mi syllu ar y darlun.

Mae rhywbeth ysbrydol yn y geiriau, rhywbeth hudolus, rhywbeth dw i'n methu cael gafael arno, ac yr un pryd mae'r dôn yn deimladwy iawn ac yn gwneud i mi hiraethu am fy mam a nhad ac am fy mrawd Alun. Ie, dyddiau hapus fy mhlentyndod pan oedd plygu lawr ar eich pengliniau i ddweud eich pader yn digwydd yn gyson, ac roedd canu'r pader yma yn nosbarth cynta'r ysgol fach yn Ffynnonbedr Llanbed, heb gyfeiliant y piano, yn f'arwain at heddwch a llonyddwch pur sydd wedi sefyll gyda fi hyd heddiw pan dwi'n ei chanu hi.

Roedd awdur yr emyn, T. Rowland Hughes yn flaenllaw iawn hefyd yn y BBC yn cyfarwyddo dramâu ar gyfer y radio. Dychwelodd i Gymru i gymryd swydd fel cynhyrchydd rhaglenni nodwedd gyda'r BBC yn Park Place yng Nghaerdydd yn y 1940au lle roedd fy modryb Margaret Thomas (chwaer fy nhad) yn gweithio yn yr un adeilad fel ysgrifenyddes i Mai Jones a oedd yn gynhyrchydd i'r rhaglen adloniant ysgafn mwyaf poblogaidd yn y wlad ar y pryd o'r enw *Welsh Rarebit* nôl yn yr un cyfnod. Mae'n siŵr iddi gwrdd ag e ryw bryd.

Felly, tra'n twrio i fewn i hanes 'Y Darlun' gwnes i ddarganfod bod yr emyn yma'n un allweddol iawn i mi yn fy mywyd ac yn fy ngyrfa ymhob ystyr o'r gair. Dw i'n gallu uniaethu â'r geiriau ac yn medru gweld 'Y Darlun'. Mae hyn yn elfen unigryw ac yn hanfodol mewn sgriptiau a dramâu ar gyfer y radio, teledu a'r llwyfan.

Mae'n rhaid fy mod i wedi synhwyro yn fy isymwybod yn reddfol pan oeddwn i'n canu'r emyn yma am y tro cynta' yn yr ysgol fach fy mod i'n dod o'r un cae â'r awdur, hynny yw, roedd gen i'r un boddhad wrth greu cymeriadau, fi fel actor a T. Rowland Hughes fel bardd a nofelydd ... er wrth gwrs pan oeddwn i'n blentyn doeddwn i ddim wedi deall hyn o bell ffordd, sef y rheswm pam yn union roeddwn i'n hoff iawn o ganu 'Y Darlun'.

Dwy law yn erfyn sydd yn y darlun
    wrth ymyl fy ngwely i;
bob bore a nos mae'u gweddi'n un dlos,
    mi wn er na chlywaf hi.

Pan af i gysgu, mae'r ddwy law hynny
    wrth ymyl fy ngwely i
mewn gweddi ar Dduw i'm cadw i'n fyw,
    mi wn er na chlywaf hi.

A phan ddaw'r bore, a'r wawr yn ole
    wrth ymyl fy ngwely i,
mae'r weddi o hyd yn fiwsig i gyd,
    mi wn er na chlywaf hi.

Rhyw nos fach dawel fe ddwg yr awel
    o ymyl fy ngwely i
y weddi i'r sêr, fel eos o bêr,
    a minnau'n ei chlywed hi.

T. Rowland Hughes, 1903–49
Caneuon Ffydd, 139

Emyn: 'Dwy law yn erfyn sydd yn y darlun'

Darlun enwog Albrecht Dürer, 'Dwylo' fu'n ysbrydoliaeth i T. Rowland Hughes (gweler adran Yr Emynwyr) lunio'r emyn hwn. Ymddangosodd mewn casgliad enwadol am y tro cyntaf gyda'r Annibynwyr yn *Y Caniedydd* (1960).

Tôn: 'Y Darlun'

Cyfansoddwyd y dôn gan Davey Davies (gweler adran Y Cyfansoddwyr) a'i chyhoeddi am y tro cyntaf mewn cyfrol o ganeuon ysgafn i blant, *Caneuon Siôn* gan T. Rowland Hughes yn 1943. Bu'r ddau ohonynt yn cydweithio â'i gilydd yn y BBC yng Nghaerdydd. Ymddangosodd mewn casgliad enwadol am y tro cyntaf gyda'r Annibynwyr yn *Y Caniedydd* (1960).

Hywel Emrys

'Tydi a wnaeth y wyrth, O Grist, Fab Duw'

Crwt a'i wreiddiau yn Sir Gâr er ei fod wedi ymgartrefu yng Nghaerdydd ers degawdau bellach. Mab Y Mans. Roedd ei dad Y Parch. Emrys Jones yn weinidog yng nghapel Heol Awst Caerfyrddin. Bydd pawb yn adnabod Hywel yn well fel Derek Y Garej. Bu'n chwarae rhan y cymeriad hwnnw yn *Pobol y Cwm* am yn agos i chwarter canrif. Mae wedi ymddangos mewn sawl rhaglen a ffilm ar hyd ei yrfa ac wedi bod yn llais cyfarwydd ar Radio Cymru mewn dramâu ac fel cyflwynydd.

Pan ofynnwyd i mi ddewis fy hoff emyn fe ges fy hun mewn tipyn o benbleth. Dwi'n beth a dybiaf fi yn hyn a elwir yn ddafad goll. Am fy mhechodau rwyf wedi canu, mewn cwmni wrth gwrs, nifer helaeth o emynau er nad oeddwn bob tro yn cofio'r geiriau cystal ag y dylwn fel mab y mans.

Rwyf wedi cael fy hun droeon mewn cymanfaoedd canu *impromptu* wrth ddilyn y bêl hirgron ar hyd y blynyddoedd. Teg dweud fy mod yn hoff o sawl emyn o'r herwydd. Yn ogystal mae nifer o emynau yn aros yn y cof, fel sawl Cymro weden i, achos ein bod wedi mynd i'r Ysgol Sul pan oeddem yn blant.

Rwy'n mynd i ddewis emyn a thôn oedd yn ffefryn gan fy mam, Mrs Ray Jones. 'Pantyfedwen' yw honno. Fe ddewiswyd yr emyn gan fy mam i'w ganu yn angladd fy nhad. Oherwydd salwch nid oedd fy mam yn gallu mynd i'r angladd. Trwy fendith, ar ôl llawdriniaeth ar y galon cafodd hi ddeng mlynedd arall o fywyd hapus tan iddi hi ein gadael hefyd. 'Pantyfedwen' oedd ei dewis hithau fel un o'r emynau yn ei gwasanaeth angladd hi.

Yn greulon iawn, bu farw fy ngwraig Liz yn 2015 ac fe ofynnodd hi am gael 'Calon Lân' yn ei hangladd gan taw dyna'r emyn a ganwyd yn ein priodas yng nghapel Soar y Mynydd ym 1985. Yr ail emyn yn angladd Liz oedd 'Pantyfedwen'. Fy newis i. Doedd fy mrawd ddim yn siŵr a oedd yn ddewis doeth gan fod nifer helaeth o deulu Liz nad ydynt yn siarad Cymraeg. Ond ar y diwrnod fe'i canwyd yn well nag a glywais erioed. Ffrind annwyl yn cyfeilio'n wych ar yr organ a llawer iawn mwy o ffrindiau yn y gynulleidfa. Fe wnaeth gryn dipyn o argraff ar deulu Liz gan nad oedd yr emyn yn adnabyddus iddyn nhw. Mae'n emyn pwerus tu hwnt a'r dôn yn gweddu'n berffaith i'r geiriau.

Mam, Dad a Liz. Tri pherson sydd â lle anferth yn fy nghalon. Does ond un dewis felly, 'Pantyfedwen'!

> Tydi a wnaeth y wyrth, O Grist, Fab Duw,
> tydi a roddaist imi flas ar fyw:
> fe gydiaist ynof drwy dy Ysbryd Glân,
> ni allaf tra bwyf byw ond canu'r gân;
> 'rwyf heddiw'n gweld yr harddwch sy'n parhau,
> 'rwy'n teimlo'r ddwyfol ias sy'n bywiocáu;
> mae'r Halelwia yn fy enaid i,
> a rhoddaf, Iesu, fy mawrhad i ti.
>
> Tydi yw haul fy nydd, O Grist y groes,
> yr wyt yn harddu holl orwelion f'oes;
> lle'r oedd cysgodion nos mae llif y wawr,
> lle'r oeddwn gynt yn ddall 'rwy'n gweld yn awr;
> mae golau imi yn dy Berson hael,
> penllanw fy ngorfoledd yw dy gael;
> mae'r Halelwia yn fy enaid i,
> a rhoddaf, Iesu, fy mawrhad i ti.
>
> Tydi sy'n haeddu'r clod, ddihalog Un,
> mae ystyr bywyd ynot ti dy hun;
> yr wyt yn llanw'r gwacter drwy dy air,
> daw'r pell yn agos ynot, O Fab Mair;
> mae melodïau'r cread er dy fwyn,
> mi welaf dy ogoniant ar bob twyn;
> mae'r Halelwia yn fy enaid i,
> a rhoddaf, Iesu, fy mawrhad i ti.

W. Rhys Nicholas, 1914–96
Caneuon Ffydd, 791

Emyn: 'Tydi a wnaeth y wyrth, O Grist, Fab Duw'

Geiriau buddugol cystadleuaeth llunio emyn yn Eisteddfod flynyddol Rhys Thomas James (Pantyfedwen), Llanbedr Pont Steffan, 1967 gan W. Rhys Nicholas (gweler adran Yr Emynwyr). Beirniaid y gystadleuaeth oedd y Parchedigion E. Gwyndaf Evans a Gwilym R. Tilsley.

Yn ôl tystiolaeth yr awdur ei hun, ysbrydolwyd yr emyn wedi iddo bregethu ar yr adnod, 'Un peth a wn i, lle yr oeddwn i yn ddall, yr wyf fi yn awr yn gweled.' (Ioan 9:25) Teimlai fod rhywbeth ar goll gyda diweddglo'r emyn, ac awgrymodd ei briod Beti fod angen mwy o 'Haleliwia' yn y geiriau, ac o ganlyniad ychwanegodd y cwpledi clo ym mhob pennill.

Yn fuan, daeth yr emyn a'r dôn yn boblogaidd gyda chynulleidfaoedd gan ymddangos mewn rhaglenni cymanfaoedd canu ledled Cymru (gan gynnwys *Detholiad* y ddau gyfundeb Methodistaidd yn 1974–75) cyn eu cyhoeddi mewn casgliad am y tro cyntaf yn 1980, yn *Caniedydd yr Ifanc*.

Mae'r emyn wedi'i gyfieithu i'r Saesneg gan J. H. Griffiths, 'You did this mighty deed, O Christ, God's Son' (rhif 908 yn *Caneuon Ffydd*), a cheir cyfieithiadau Sbaeneg a Siapanaeg hefyd.

Tôn: 'Pantyfedwen'

Cyfansoddwyd y dôn gan M. Eddie Evans (gweler adran Y Cyfansoddwyr), a gwobrwywyd y dôn yn Eisteddfod flynyddol Rhys Thomas James (Pantyfedwen), Llanbedr Pont Steffan, yn 1968 mewn cystadleuaeth cyfansoddi tôn ar gyfer geiriau buddugol W. Rhys Nicholas y flwyddyn gynt. Mae'n ddiddorol nodi mai'r ail wobr a ddyfarnwyd i'r dôn yn wreiddiol gan y beirniad, Yr Athro Ian Parrott, Prifysgol Cymru, Aberystwyth. Yn ôl yr hanes, roedd yr wythawd oedd i ganu'r dôn fuddugol yn teimlo ei bod yn anaddas ar gyfer cynulleidfa pedwar llais ac yn anghanadwy o'r herwydd. Perswadiwyd y beirniad i wobrwyo'r ail, a dyna ddechreuad y briodas annatod rhwng emyn a thôn sydd wedi profi'n hynod boblogaidd hyd heddiw.

Aled Lewis Evans

'Nefol Dad, mae eto'n nosi'

Ganwyd Aled yn 1961 ym Machynlleth. Fe'i magwyd yn Llandudno, Y Bermo a Wrecsam oherwydd natur grwydrol swydd ei dad fel Postfeistr. Mynychodd Ysgol Uwchradd Morgan Llwyd, Wrecsam, ac aeth ymlaen i Brifysgol Cymru, Bangor i astudio'r Gymraeg a Saesneg. Cyhoeddodd ei gasgliad cyntaf o gerddi efo Barddas yn 1989, ac yn 2019 derbyniodd Wobr Bedwen Lyfrau am gyfraniad oes i gyhoeddi llyfrau Cymraeg. Bu'n darlledu am ddeng mlynedd ar radio lleol Sain y Gororau ac yn athro uwchradd yn Ysgol Morgan Llwyd ble y datblygodd ddysgu Astudiaethau'r Cyfryngau yn y Gymraeg. Gwobrwywyd ef deirgwaith yn yr Eisteddfod Genedlaethol. Dychwelodd i'r Brifysgol gan fynd i Aberystwyth i astudio Diwinyddiaeth yn 2000, ac am ugain mlynedd bu'n bregethwr cynorthwyol. Bu'n arwain sawl grŵp ysgrifennu yn Wrecsam, Yr Wyddgrug a'r Rhyl ac yn diwtor Cymraeg i Oedolion am ddegawd. Daeth yn weinidog i Gapel y Groes Ebeneser Wrecsam a Chapel Cymraeg Caer ym mis Medi 2019.

Mae pennill o'r emyn 'Nefol Dad, mae eto'n nosi' wedi bod fel cwrlid cynnes, cyfarwydd amdanaf ar hyd llwybr fy mywyd – yn terfynu gwasanaethau min nos Capel y Groes Wrecsam lle fy magwyd ers fy arddegau. Mae 'na ryw dawelwch a chyfaredd i'r pennill cyntaf oedd yn cloi'r Sul yn effeithiol, ond rywsut yn eich paratoi at yr wythnos i ddod hefyd. Mae hi'n parhau i gael ei chanu, ac yn crynhoi i mi hefyd y bobl; criw o Gymry'r ffin yn gwasgaru i'r nos wedyn ym misoedd y gaeaf – tan y tro nesaf. Ond roeddem wedi ein clymu yn y gymdeithas hyfryd hon am ychydig.

Mae canu hon wedi fy helpu drwy adegau ansicr, bregus, adegau o alar a phan nad yw pethau'n dda yn fy mywyd. Mae ganddi'r gallu i ddod â dagrau i'm llygaid ar amrantiad – ond fel arfer dagrau cynnes angenrheidiol. Dagrau iachusol, nid dagrau sy'n llethu. Y llinell allweddol sydd bob amser yn taro'r nod yw 'nid yw'r nos yn nos i ti'. Y sylweddoliad fod y byd yn dal i droi a bod 'na yfory yng ngofal Creawdwr tirion. Mae'r llinell yn medru tawelu rhywun yn syth, fel grym y llinell 'Golau arall yw tywyllwch' yn 'Ar Hyd y Nos'.

Mae'r geiriau'n realistig i bob cyfnod – yn oes yr ofnau, mae'n cofleidio amdanom yn dyner 'rhag pob niwed i'n heneidiau'. Geiriau oesol ond addas iawn i'n cyfnod yma a rŵan. Cofiaf gysur y geiriau ar atalnodau bywyd yn daerach – wedi colli rhieni. Mae 'na berthnasedd yn y geiriau, a hawdd synhwyro yn syth eu bod yn taro tant â phob math o berson. Cofiaf bendroni am Covid un noson yn y gwely, a chanfod fy hun yn canu'r pennill cyntaf drosodd a throsodd.

Meddyliwch am fy llawenydd o sylweddoli bod 'na benillion eraill yng *Nghaneuon Ffydd*. Mae pennill dau yn parhau yn ei gysur:

> yn dy gariad mae ymgeledd,
> yn dy fynwes mae tangnefedd
>   wedi holl flinderau'r dydd.

Mae'n gosod cynfas ehangach i'n bywydau yn tydi? Mwy na'n canolbwynt bach myfïol, ac yn mynegi'r cyfan mor dirion a chynnil.

Mae llinellau pennill tri yr un mor dyner – yn cyfleu'r tangnefedd a'r heddwch sy'n disgyn arnom fel gwlith y bore. Dyna effaith pluen nid gordd i gyrraedd uchafbwynt mor drawiadol. Sonnir am y maddeuant llwyr a geir gan Dduw, nid yn unig i ni ein hunain, ond i'r oes sydd ohoni. Neges i'n cyfnod cymhleth dyrys ni:

> caea di ein llygaid heno,
> wedi maddau ac anghofio
>   anwireddau'n hoes i gyd.

Cymysgedd hyfryd felly o resymau personol yn gysylltiedig â'm capel yn Wrecsam, a'r modd y mae achlysuron pwysig bywyd wedi eu rhannu yma hefyd ymhlith pobl sydd yn eich derbyn fel yr ydych. Ond hefyd y cysur a ddeillia i bob un ohonom o'r olwg eangfrydig a chynhwysol hon. Mae angen mawr i bawb heddiw gael gwybod am y cysur a'r anwyldeb sydd yno i ni i gyd, gan y Duw sydd am ein derbyn fel yr ydym.

Nefol Dad, mae eto'n nosi,
gwrando lef ein hwyrol weddi,
   nid yw'r nos yn nos i ti;
rhag ein blino gan ein hofnau,
rhag pob niwed i'n heneidiau,
   yn dy hedd, O cadw ni.

Cyn i'r caddug gau amdanom
taena d'adain dyner drosom,
   gyda thi tawelwch sydd;
yn dy gariad mae ymgeledd,
yn dy fynwes mae tangnefedd
   wedi holl flinderau'r dydd.

Fel defnynnau'r gwlith ar flodau
O disgynned arnom ninnau
   fendith dawel nefol fyd;
caea di ein llygaid heno,
wedi maddau ac anghofio
   anwireddau'n hoes i gyd.

George Rawson, 1807–89 efel. Elfed, 1860–1953
Caneuon Ffydd, 44

Emyn: 'Nefol Dad, mae eto'n nosi'

Efelychiad yn hytrach na chyfieithiad yw'r geiriau gan Elfed (gweler adran Yr Emynwyr) o emyn George Rawson, 'Father, in high heaven dwelling'. Ymddangosodd yr emyn Saesneg gwreiddiol yn y *Leeds Hymn Book* yn 1853, ac addasiad Elfed i'r Gymraeg am y tro cyntaf yn *Y Caniedydd Cynulleidfaol* yn 1895.

Tôn: 'Emyn Hwyrol'

Cyfansoddwyd y dôn gan William Jackson (gweler adran Y Cyfansoddwyr) a'i chyhoeddi am y tro cyntaf yn 1863 yn *The Bradford Tune-Book*. 'Evening Hymn' oedd enw'r dôn yn wreiddiol ac fel 'Emyn Hwyrol' yn y Gymraeg, er iddi ymddangos dan yr enw 'Tangnefedd' yn *Y Llawlyfr Moliant Newydd* (1955) dan olygyddiaeth John Hughes.

Euros Rhys Evans

'Enynnaist ynof dân'

Fe'i ganwyd yn Ystalyfera, er iddo gael ei fagu yn Login – pentref yng ngorllewin Sir Gaerfyrddin lle roedd ei dad yn weinidog. Wedi graddio mewn Cerddoriaeth ym Mhrifysgol Bangor, bu'n bennaeth Adran Cerddoriaeth Ysgol Gyfun Llanhari. Yn dilyn hynny, bu'n gweithio ym myd y cyfryngau fel cynhyrchydd, cyfarwyddwr, cyflwynydd a chyfansoddwr cerddoriaeth. Cyfrannodd at nifer helaeth o gyfresi gan gynnwys *Dechrau Canu Dechrau Canmol, Y Palmant Aur, Tydi Bywyd yn Boen,* y ffilm *Nel* ac yn y blaen. Yn ogystal, enillodd wobr BAFTA Cymru am ei gerddoriaeth i ffilm BBC Cymru, *Streic.* Bu'n ddarlithydd Cerdd ym Mhrifysgol Cymru Y Drindod Dewi Sant ac yn Gyfarwyddwr Academi Llais Rhyngwladol Cymru. Fe gyfansoddodd nifer o sioeau cerdd a darnau corawl, ac erbyn hyn mae'n un o uwch-arholwyr bwrdd arholi'r ABRSM.

Mae gyda fi atgof clir a phendant o fod yn blentyn ifanc iawn yn eistedd mewn ysgol-gân yn festri Calfaria, Login. Do'n i ddim yn ddigon hen i ddeall yn llwyr beth oedd yn digwydd, ond dwi yn cofio sylwi bod pawb yn canolbwyntio'n galed ar boster mawr ym mlaen y festri. Wrthi'n arwain ei gynulleidfa trwy'r 'llythrennau' ar y papur roedd un o arweinyddion y gân. Fe ddysgais mai sol-ffa oedd enw'r ymarfer ac mai'r 'Modulator' oedd teitl crand y poster brau, hollbwysig yma.

Ond wrth i fi ddechrau deall dirgelion sol-ffa, yn ddiarwybod bron, fe ddes i hefyd i werthfawrogi'r cyfoeth a'r pŵer a gaed wrth gyfosod y nodau unigol hyn, a'u creu'n gordiau. Ers y dyddiau cynnar hynny, dwi wedi cael fy hudo a'm swyno'n llwyr gan gynghanedd mewn cerddoriaeth, ac mae dadansoddi a datrys dilyniannau dyrys a chymhleth yn dal i 'nghyfareddu.

Mae dewis hoff emyn/emyn-dôn yn dasg amhosibl bron gan fod ein detholiadau'n frith o emynau godidog. Dwi hefyd yn tueddu i newid fy meddwl yn aml, ond mae'r meini prawf sy'n deillio o'r ysgol-gân flynyddoedd 'nôl wedi bod o gymorth – cynghanedd gadarn ac alaw afaelgar, heb anghofio'r cyfuniad hollbwysig o'r gair a'r gân wrth gwrs.

'Godre'r Coed' – tôn Matthew W. Davies o Gwm Nedd – a geiriau David Charles, 'Tydi sy deilwng' oedd ar frig fy rhestr am amser hir. Pwy all beidio â chael ei gyfareddu gan ddrama a chyffro'r drydedd linell esgynnol odidog sydd gan y baswyr! Ond, wedi cnoi cil ymhellach, tôn William Propert, 'Y Faenol', a geiriau'r Pêr Ganiedydd, 'Enynnaist ynof dân' sydd wedi mynd â hi.

Brodor o Lanelli oedd Propert, ac er iddo weithio mewn maes diwydiannol does dim dwywaith ei fod yn gerddor greddfol, deallus, ac mae hynny'n amlwg yn ei dôn 'Y Faenol'. Yn ôl Delyth G. Morgans, ymddiddorai yn anad dim ym myd cerddoriaeth a rhoes flynyddoedd o wasanaeth i Fethel, eglwys y Bedyddwyr yn Llanelli. Fe gafodd yntau yn debyg i nifer o'i gyfoeswyr ei drwytho yn y sol-ffa, ac roedd yn grefftwr alawon hyfryd, a chanddo'r gallu hefyd i greu cynghanedd afaelgar.

Mae alaw 'Y Faenol' fel petai'n mynd â ni am dro cerddorol – wedi'r gosodiad sylfaenol, mae'n dringo mewn dilyniant, cyn cyrraedd saib naturiol ar ddiwedd y bedwaredd linell. Wrth agosáu at y diwedd, mae rhythm y dôn yn arafu ychydig cyn cloi'n fuddugoliaethus a phendant. O ran y gynghanedd, mae'r dôn yng nghywair D leiaf, sydd, er yn gywair lleddf, yn un cadarn. Mae dilyniant cynghanedd y cymal cyntaf yn cael ei ddatblygu'n grefftus yn yr ail gymal, cyn dringo'n uwch a chyrraedd trawsgyweiriad dramatig i gywair y llywydd, sef A leiaf. Mae'n amlwg fod Propert wedi sylweddoli bod cynnwys un cymal mewn unsain, gyda phob llais yn uno i ganu'r alaw, a hynny ynghanol cordiau cyfoethog yn gallu bod yn ddramatig ac effeithiol. Dyna sy'n digwydd yn 'Y Faenol' ac mae'r effaith yn un ysgytwol. Wedi drama'r canu unsain, mae'n cloi gyda chadernid cynghanedd gyhyrog, nôl yn y cywair gwreiddiol, D leiaf.

Mae'r cyfuniad gyda geiriau William Williams yn bwerus – fe fyddai llawer yn dweud bod y gerddoriaeth yn ffitio'r geiriau fel maneg! Mae'r alaw fel petai'n anwesu pob gair, ac mae cryfder neges Pantycelyn yn cael ei adlewyrchu yng nghadernid cynghanedd Propert.

Does dim amheuaeth gyda fi fod yma gampwaith, a dwi wedi cael y wefr o ddyblu a threblu'r cwpled olaf mewn cymanfaoedd canu droeon: 'Ffarwél, ffarwél bob eilun mwy, / mae cariad Iesu'n drech na hwy.'

Enynnaist ynof dân,
   perffeithiaf dân y nef,
ni all y moroedd mawr
   ddiffoddi mono ef;
dy lais, dy wedd, a gweld dy waed,
sy'n troi 'ngelynion dan fy nhraed.

Mae caru 'Mhrynwr mawr,
   mae edrych ar ei wedd
y pleser mwya' nawr
   sy i'w gael tu yma i'r bedd:
O gariad rhad, O gariad drud,
sydd fil o weithiau'n fwy na'r byd.

Wel dyma'r gwrthrych cun,
   a dyma'r awr a'r lle
cysegraf fi fy hun
   yn gyfan iddo fe;
ffarwél, ffarwél bob eilun mwy,
mae cariad Iesu'n drech na hwy.

William Williams, 1717–91
Caneuon Ffydd, 314

Emyn: 'Enynnaist ynof dân'

Ymhlith casgliadau niferus o emynau gan William Williams Pantycelyn (gweler adran Yr Emynwyr), ymddangosodd *Ffarwel Weledig, Groesaw Anweledig Bethau* mewn tair rhan rhwng 1763 a 1769. Mae'r emyn 'Enynnaist ynof dân' yn rhan o'r ail gasgliad yn 1766, casgliad sy'n cynnwys nifer o enghreifftiau gwych o'i ddawn fel emynydd. Roedd pedwar pennill i'r emyn yn wreiddiol, gyda defnydd Williams o iaith lafar ei fro enedigol yn Sir Gaerfyrddin yn amlwg mewn cwpledi megis 'Ond llawer mwy nag fedd y Nef / sy o bleser yn ei gwmp'ni ef.' Mae teitl y nofel fer gan Cynan *Ffarwel Weledig* (1946) yn adleisio enw casgliad Pantycelyn.

Tôn: 'Y Faenol'

Cyfansoddwyd y dôn 'Y Faenol' gan William Propert, Llanelli (gweler adran Y Cyfansoddwyr), a'i chyhoeddi yn *Detholiad o Emynau a Thonau y Bedyddwyr* (1949), er iddi ymddangos mewn rhaglenni Cymanfaoedd Canu Bedyddwyr Llanelli cyn hynny. Cynhwyswyd y dôn mewn casgliad enwadol cyflawn am y tro cyntaf yn Y *Llawlyfr Moliant Newydd* (1955).

Hazel Charles Evans

'Yn Eden, cofiaf hynny byth'

Fe'i haddysgwyd yn Ysgol Gynradd Y Bryn ac Ysgol Ramadeg y Merched, Llanelli cyn cael ei hyfforddi i fod yn athrawes yng Ngholeg Caerllion-ar-Wysg. Yno daeth i'r amlwg fel siaradwr cyhoeddus wrth iddi ennill cwpan y BBC yn yr Ymryson Areithio i Golegau Cymru. Bu'n dysgu ym Mhontrhydfendigaid cyn cael ei phenodi i weithio i Gymdeithas y Beibl ac yna i'r Zenana, sef Mudiad Cenhadol y Bedyddwyr, Adran y Chwiorydd. Byr fu'r cyfnod hwnnw gan iddi bechu wrth briodi gweinidog gyda'r Annibynwyr! Symud wedyn i Lanboidy a dysgu yn Hen-dŷ-gwyn-ar-Daf. Symud i Bontiets ac ymuno â'r Adran Gymraeg yn Ysgol Gyfun y Bryngwyn, Llanelli am yn agos i ugain mlynedd. Ar ôl colli ei phriod ac ymddeol yn gynnar fe'i penodwyd gan y Cyngor Prydeinig i fynd i ddysgu Cymraeg i'r Andes yn Y Wladfa. Ar ôl dychwelyd i Gymru aeth ati i gasglu arian ar gyfer codi Canolfan Gymraeg yn Esquel. Gwireddwyd y freuddwyd honno yn 2002 ac mae'n dal i ymweld â'r Wladfa yn gyson. Addasodd nifer o nofelau o'r Saesneg i'r Gymraeg. Mae ganddi bedair nofel wreiddiol, un ohonynt o'r enw *Glas* sy'n nofel gyfoes am fywyd yn Y Wladfa. Bu'n gyfrifol hefyd am lyfr o'r enw *Deuwn ac Addolwn*, llyfr o wasanaethau ar gyfer plant a phobl ifanc. Erbyn hyn mae hi wedi ailbriodi ac yn byw yn Llandybïe.

Fe rydd y weithred o agor bocsaid o siocled bleser a boddhad i mi bob amser. Penbleth, serch hynny, fydd gorfod dewis un o'u plith, nid yn unig oherwydd yr amrywiaeth a gynigir ond am fy mod, ac eithrio ambell un, yn eu hoffi nhw i gyd! Profiad nid annhebyg yw agor llyfr emynau a gorfod dewis un emyn allan o'r casgliad rhyfeddol o gyfoethog sydd yn eiddo i ni fel cenedl.

I Ysgoldy Tabor, Y Bryn, ger Llanelli (cangen o Soar Llwynhendy) yr awn i'r Ysgol Sul a hefyd yn f'arddegau cynnar i'r Cwrdd Gweddi. Dyna lle'm trochwyd mewn emynau o fawl a chytganau o bob math, rhai ohonynt yn Saesneg ac yn feiddgar, braidd, fel 'Bring them in ... From the fields of sin ...' Buan y des i a'm cyfoedion o dan ddylanwad Elfed wrth i ni ganu 'Da yw bod wrth draed yr Iesu ym more oes'. Caem hwyl hefyd ar emyn bywiog Edward Jones (Myfyr Elfed), 'O! rwyf yn hoffi canu, Canu â chalon iach ...'

Ar y nodyn hwn, hwyrach y dylwn wneud cyfaddefiad (er nad yw hynny'n anhysbys i'r sawl sy'n fy adnabod nac i'r cynulleidfaoedd y bûm yn troi yn eu plith). Ces fy ngeni yn dôn-fyddar. Felly rhyw feimio canu y byddaf! Brysiaf i ddweud nad yw'r gwendid hwnnw ynof wedi fy rhwystro o gwbl rhag mwynhau gwrando ar ganu da. Sut gallwn i beidio a minnau wedi fy magu yn Soar Llwynhendy, eglwys oedd yn dra adnabyddus am ei hoffter o gyngherddau mawreddog ac o oratorios, gweithiau fel Nabucco, Elijah, Requiem Verdi a'r Messiah. Cerddorfa fenthyg, artistiaid o fri, y côr ar ei orau a Soar dan ei sang. Oedd, roedd gan Soar gôr neilltuol, llwyfan o bulpud ac organ bib heb ei hail!

Er hyn i gyd canu'n ddigyfeiliant a wneid ar ôl i'r gweinidog, y Parch. D. J. Jenkins dorri'r bara a rhannu'r gwin yn yr Oedfa Gymun. Erys ei eiriau melys yn y cof, 'Wedi iddynt swpera, hwy a ganasant emyn. Gwnawn ninnau yr un modd.'

Ar ei eistedd yn y Sedd Fawr, arweinydd y gân sef y bariton enwog Harding Jenkins lediai'r emyn gyda'r gynulleidfa luosog, o rai cannoedd y pryd hwnnw, yn ymuno ag ef i ganu'n ddieithriad yr emyn 'Yn Eden, cofiaf hynny byth ...' Er i mi gael y fraint o weinyddu'r Cymun mewn eglwysi yng Nghymru ac yn Eglwys Gymraeg Anenwadol Seion, Esquel, yr wyf eto i glywed cynulleidfa yn canu'r emyn mawr hwn!

Er trymed yw, yn ôl rhai, hwn yw'r emyn fyddai (i fenthyg geiriau o emyn gwych Dan Lyn James) yn rhoi trydan yn y traed ac yn anfon ias i lawr fy asgwrn cefn. Rwyf yn dal i'w deimlo. Am eiriau! Am dôn! Geiriau Pantycelyn ar y dôn 'Tresalem'. Byddai un yn dueddol o ochneidio ar ôl y tair llinell gyntaf a hynny yn y ddau bennill. Geiriau digalon yw colli a syrthio a hoelio.

Ond mae'r cyfan yn newid o hynny ymlaen. Y neges yn newid. Y dôn yn newid wrth ganu am fuddugoliaeth ac ennill a choncro! Dyma emyn a barodd i mi ddifrifoli a synnu wrth gredu i'r Arglwydd Iesu Grist, 'D'wysog nen' gael ei hoelio ar y pren 'yn fy lle'. Er colli'r bendithion yn Eden gynt a cholli coron, cael y sicrwydd hwnnw fod gan rywun fel fi oedd wedi cwympo ac sy'n dal i gwympo achos i ganu, a chanu gydol fy oes, a hynny oherwydd 'buddugoliaeth Calfarî'.

A dyna fi wedi gwneud fy newis!

Wrth baratoi'r gyfrol hon, daeth y newyddion trist am farwolaeth Hazel ar 3 Gorffennaf 2021. Diolch am ei bywyd a'i gwaith, a'i ffydd ddi-sigl hyd y diwedd ym 'muddugoliaeth Calfarî'.

Yn Eden, cofiaf hynny byth,
bendithion gollais rif y gwlith;
   syrthiodd fy nghoron wiw.
Ond buddugoliaeth Calfarî
enillodd hon yn ôl i mi:
   mi ganaf tra bwyf byw.

Ffydd, dacw'r fan, a dacw'r pren
yr hoeliwyd arno D'wysog nen
   yn wirion yn fy lle;
y ddraig a 'sigwyd gan yr Un,
cans clwyfwyd dau, concwerodd un,
   a Iesu oedd efe.

William Williams, 1717–91
Caneuon Ffydd, 522

Emyn: 'Yn Eden, cofiaf hynny byth'

Ymddangosodd yr emyn hwn am y tro cyntaf yn 1754, a hynny yn nhrydedd ran cyfrol William Williams Pantycelyn (gweler adran Yr Emynwyr), *Hosanna i Fab Dafydd*. Dau bennill sy'n gyfarwydd bellach er bod pedwar pennill i'r emyn yn wreiddiol. Roedd un o'r penillion gwreiddiol yn gynwysedig yn y casgliadau enwadol gwahanol hyd at ganol yr ugeinfed ganrif:

Ar Galfari, yng ngwres y dydd,
Y caed y gwystyl mawr yn rhydd,
   Trwy golli gwaed yn lli;
Does dim heb dalu, rhoddwyd Iawn,
Nes clirio llyfrau'r nef yn llawn,
   Heb ofyn dim i mi.

Cafwyd dau gyfieithiad Saesneg o'r emyn; un gan Bobi Jones, 'In Eden, sad indeed that day', yn y casgliad *Christian Hymns* (1977), a'r llall gan H. A. Hodges, 'Can I forget bright Eden's grace', yn y casgliad *Hymns and Psalms* (1983).

Tôn: 'Tresalem'

Cyfansoddwyd y dôn gan David Evans (gweler adran Y Cyfansoddwyr) oedd yn Arweinydd y Gân yng Nghapel Salem, Tresalem, Aberdâr a roes symbyliad i enw'r dôn. Ymddangosodd am y tro cyntaf yn *Y Caniedydd Cynulleidfaol Newydd* (1921), er iddi mae'n debyg gael ei chynnwys mewn rhaglenni Cymanfaoedd ardal Cwm Cynon cyn hynny. Cenir dwy dôn arall ar yr emyn hwn yn aml, sef 'Buddugoliaeth' gan Griffith William Hughes a'r hen alaw Gymreig 'St. John'.

R. Alun Evans

'Odlau tyner engyl'

Brodor o Lanbryn-mair. Addysgwyd yn Ysgol Sir Machynlleth, Coleg y Brifysgol Bangor a Choleg Bala-Bangor. Fe'i hordeiniwyd yn weinidog gyda'r Annibynwyr yn Seion Llandysul. Bu hefyd yn weinidog yng Nghaerffili ac ym Methlehem Gwaelod-y-garth. Yn 1964 fe'i penodwyd yn gynhyrchydd yn Adran Grefydd BBC Cymru. Wedi cyfnod yn ddarlledwr llawrydd, yn gyflwynydd *Heddiw* ac yn sylwebydd pêl-droed cyntaf Radio Cymru ailymunodd â staff y BBC fel Pennaeth BBC Bangor. Enillodd Ddoethuriaeth Prifysgol Bangor am ei waith ar ddatblygiad darlledu yn y Gogledd ac estynnwyd iddo ail Ddoethuriaeth gan Brifysgol Cymru am ei gyfraniad i lenyddiaeth. Mae'n awdur ac yn olygydd sawl cyfrol. Bu'n flaenllaw ym myd yr Eisteddfod Genedlaethol; yn arweinydd llwyfan am bron chwarter canrif, yn Gadeirydd Cyngor yr Eisteddfod, yn Llywydd y Llys, yn Gadeirydd cyntaf y Bwrdd Rheoli ac er 2007 yn Gymrawd yr Eisteddfod.

Fel eraill, byddai'n anodd iawn gen i ddewis hoff emyn. Ar y llaw arall, mae dewis fy hoff garol yn hawdd. A dyma i chi pam.

Fe'm magwyd yn fab y Mans, yn Llanbryn-mair, Sir Drefaldwyn. Mae fy hoff garol yn mynd â mi yno. Yr arfer cyfoes yw gosod addurniadau Nadolig hyd y tŷ a choeden yn y stafell fyw wythnosau ymlaen llaw. Nid felly yng nghyfnod fy mhlentyndod i. Aem i'r gwely i ddisgwyl am ymweliad Santa a dim un addurn wedi ei osod. Erbyn bore trannoeth, ar ddydd Nadolig, roedd y lle wedi ei drawsnewid yn danllwyth o liw a thanllwyth o dân yn y stafell ore. Papur lliwgar, yr un addurn o flwyddyn i flwyddyn, o gornel i gornel; celyn hyd y silffoedd, yn ddigon pell o'r balŵns. A choeden fechan ag arni fân betheuach. Dim goleuadau. Doedd dim trydan yn y tŷ.

Am bedair noson cyn y Nadolig fe fyddai Aelwyd yr Urdd yn canu carolau o gwmpas yr ardal i godi arian i elusen. Os bychan yw'r pentre, mae Llanbryn-mair yn ardal eang. Mae'n ymestyn un filltir ar ddeg rhwng gogledd a de, a saith milltir o ddwyrain i'r gorllewin. Cwm Pandy a Chwm Tafolog un noson. Cwm Tafolwern ar noson arall. Canu o gylch ffermydd Cwm Talerddig ar y drydedd noson. Ac ar y bedwaredd noson, cychwyn yn y pentre a chanu wrth bob tŷ at ardal Dolfach. Dyna'r noson y bydden nhw'n canu tu allan i'n tŷ ni. Roedden ni'n gyffro i gyd. Fe fydden ni wedi clywed y canu yn dod yn nes ac yn nes. 'Maen nhw yn Coedcae rŵan ... yn y Winllan ... yn Penddol.' Tŷ ni, Bron-Iaen, oedd nesa.

Yn y cyntedd ar waelod y grisiau, dyna lle byddem ni fel teulu yn crynhoi a hynny yng ngolau cannwyll. Criw'r Aelwyd yn crynhoi ar y lawnt tu allan. Y lawnt honno oedd Wembli i Wynn, fy mrawd, a minnau wrth i ni gicio pêl. Yn yr haf, byddai'n Lord's neu faes criced Sant Helen wrth i ni fowlio a batio a chreu rheolau na chlywodd yr MCC erioed eu tebyg! Ond trymder gaeaf oedd hi heno.

Roedden ni'n clywed pobol ifanc yr Aelwyd yn agor y giât a'u dychmygu yn cerdded yn ddau a thri i fyny'r llwybr at y drws ffrynt. Drwy ffenest liw yn y drws roedden ni'n gweld golau ambell fflachlamp neu lantern; yn clywed ambell besychiad a chlirio llwnc. Yna'r tawelwch. Y côr y tu allan wedi ffurfio'n bedwar llais a'u harweinydd, Defi Tomi, yn sibrwd pa garol oedd i'w chanu. 'Hon ydy hoff garol Alun.' Yna, taro'r nodyn. Doh, mi, soh. Pob llais yn hymian mewn cytgord hyfryd. Roedd y cyffro yn drydanol yn yr eiliadau hynny hyd yn oed os nad oedd trydan yn y tŷ. A dyna fwrw iddi.

'Odlau tyner engyl o'r ffurfafen glir ... yn y nef gogoniant, hedd i ddynol-ryw; ganwyd heddiw Geidwad, Crist yr Arglwydd yw.'

Odlau tyner engyl
    o'r ffurfafen glir,
mwyn furmuron cariad
    hidlant dros y tir:
yn y nef gogoniant,
    hedd i ddynol-ryw;
ganwyd heddiw Geidwad,
    Crist yr Arglwydd yw!

        Yn y nef gogoniant,
        hedd i ddynol-ryw;
        ganwyd heddiw Geidwad,
        Crist yr Arglwydd yw!

Doethion gwylaidd ddaethant
    gyda'i seren ef,
holant yn addolgar
    ble mae Brenin nef?
Saif y seren nefol
    uwch y tlotaf grud;
acw yn y preseb
    mae Iachawdwr byd.

Dros gopâu yr oesau
    tonni mae y gân;
seinia rhwng mynyddoedd
    annwyl Cymru lân:
esgyn mae'r gogoniant,
    cylcha'r orsedd fry;
disgyn mae'r tangnefedd,
    'wyllys da i ni.

J. M. Howell, 1855–1927
Caneuon Ffydd, 462

Carol: 'Odlau tyner engyl'

Ymddangosodd y garol hon am y tro cyntaf yn *Emyniadur yr Eglwys yng Nghymru* (1897). Awdur y geiriau yw J. M. Howell (gweler adran Yr Emynwyr) a gydweithiodd yn gyson â L. J. Roberts, y ddau ohonynt o Aberaeron, yn cyfansoddi carol Nadolig bob blwyddyn i'w chynnwys yng nghylchgrawn O. M. Edwards, *Cymru*, a hynny dros gyfnod o 30 mlynedd.

Tôn: 'Llanbedr'

Cyfansoddwyd y dôn gan L. J. Roberts, Aberaeron (gweler adran Y Cyfansoddwyr), a'i chyhoeddi am y tro cyntaf yn *Emyniadur Yr Eglwys yng Nghymru* (1897) fel cymar i eiriau J. M. Howell, 'Odlau tyner engyl o'r ffurfafen glir'. Mwy na thebyg, cyfeirio at Llanbedr Pont Steffan mae enw'r dôn gan fod y cyfansoddwr wedi derbyn ei addysg yng Ngholeg Dewi Sant yn y dref honno a dychwelyd yno fel darlithydd hefyd.

Martyn Geraint

'Dyma gariad fel y moroedd'

Ganwyd Martyn yn Wdig, Sir Benfro yn 1963 cyn symud i Bontypridd yn 1965. Bu'n awdur, canwr-cyfansoddwr, dyfarnwr pêl-droed, actor, cynhyrchydd Pantos Cymraeg, diacon, cyflwynydd teledu a diddanwr plant ers dros 30 mlynedd, ac mae'n dad i Meilyr, Carwyn a Mari. Mae e wedi arwain nifer o wasanaethau i blant dros Gymru gyfan, er nad yw e erioed wedi 'pregethu'. Mae'n dal i ddiddanu yn fyw neu ar fideo (golygu fideo oedd un sgil newydd a ddysgwyd yn ystod cyfnod Covid-19). Garddio, golffio a gweddïo sy'n llenwi ei oriau hamdden.

Dros y blynyddoedd dwi wedi gorfod dewis sawl cân ar gyfer cyfweliadau ar raglenni radio a.y.b. ond yn anaml iawn mae rhywun yn fy holi am fy hoff emyn. Ond chymerais i ddim llawer o amser i benderfynu mai 'Dyma gariad fel y moroedd' yw fy newis i. Wedi cael fy magu'n ddwyieithog gydag ochr Mam, Alona, o'r teulu yn Gymraeg, a hithau'n llys-ferch i'r Parch. John Watts-Williams (ar ôl i'w thad hi gael ei ladd yn y Blitz yn Abertawe) ac ochr Dad, Herbie, yn ddi-Gymraeg ac yn deulu o weithwyr ar y rheilffordd, i gapel Saesneg dwi wedi bod yn mynd ers yn blentyn ifanc er mwyn i ni addoli fel teulu. Felly yr ysgol oedd y lle i mi ddysgu emynau Cymraeg. Carolau dwi'n eu cofio orau o'r ysgol gynradd – Ysgol Gynradd Gymraeg Pont-Sion-Norton – a 'Tua Bethlem Dref' yw'r ffefryn i mi o'r rheina. Ond yn Ysgol Gyfun Rhydfelen gawson ni lyfr emynau yr un yn yr wythnos gyntaf – ac mae'r llyfr gen i o hyd!

Fel nifer o blant, falle, doedd canu emynau ddim yn bleser pur o hyd yn yr ysgol uwchradd, ond roedd ambell un yn llai poenus na'r lleill. Ond erbyn y 6ed Dosbarth – sef fy hoff gyfnod i yn Rhydfelen (ac mae'n rhaid bo fe'n dda achos gwariais i dair blynedd yn y 6ed! Ac o'n i'n brif-ddisgybl am un o'r rheina) – roedd pethau'n wahanol. Ni oedd yn penderfynu ar gynnwys y gwasanaeth yn aml, ac fel Cristion a cherddor roedd disgwyl i mi ddewis darlleniad ac emyn. O'r Salmau daeth y darlleniadau'n aml, falle achos rhythm y cerddi, e.e. Salm 121 'Dyrchafaf fy llygaid i'r mynyddoedd' neu Salm 100 'Cenwch yn llafar i'r Arglwydd, yr holl ddaear'. Ond 'Dyma gariad' oedd yr emyn hyd yn oed yn fwy aml! Falle taw'r ffaith mai dim ond dau bennill sydd yn yr emyn oedd yn helpu, ond tyfais i i garu'r geiriau, sy'n cynnwys cymaint o ystyr a neges syml Cristnogaeth.

Pan briodais i a Beth yng Nghaernarfon ym 1987, dim ond un dewis oedd gen i ar gyfer emyn – ac ie, 'Dyma gariad' oedd y dewis yna eto. Er, erbyn hynny, ro'n i wedi clywed geiriau fy hoff emyn i ar donau eraill! Felly roedd yn rhaid sicrhau mai 'Pennant' oedd yn goroesi ar y diwrnod mawr, ac felly y bu.

Mae nifer o bethau wedi newid ers dyddiau ysgol – yn cynnwys lleoliad Rhydfelen, ac mae Pont-Sion-Norton ar fin cael ei dymchwel hefyd! Ac mae'n drist meddwl na fydd plant ein hysgolion Cymraeg yn canu emynau fel 'Dyma gariad' allan o'u llyfrau emynau personol mor aml yn y dyfodol – ond ar y llaw arall, dyma gyfle i do newydd o gyfansoddwyr drosglwyddo neges yr hen emynau mewn ffyrdd newydd, gan ddefnyddio geiriau a thermau symlach, gydag alawon cofiadwy ar ffurf fideo a ffynonellau digidol amrywiol! Mae gen i ffydd, lot fawr o obaith ac, wrth gwrs, 'Dyma gariad'.

Dyma gariad fel y moroedd,
    tosturiaethau fel y lli:
T'wysog bywyd pur yn marw,
    marw i brynu'n bywyd ni.
Pwy all beidio â chofio amdano?
    Pwy all beidio â thraethu'i glod?
Dyma gariad nad â'n angof
    tra bo nefoedd wen yn bod.

Ar Galfaria yr ymrwygodd
    holl ffynhonnau'r dyfnder mawr,
torrodd holl argaeau'r nefoedd
    oedd yn gyfan hyd yn awr:
gras a chariad megis dilyw
    yn ymdywallt yma 'nghyd,
a chyfiawnder pur a heddwch
    yn cusanu euog fyd.

Gwilym Hiraethog, 1802–83
Caneuon Ffydd, 205

Emyn: 'Dyma gariad fel y moroedd'

Emyn mawr Gwilym Hiraethog (gweler adran Yr Emynwyr) ac un o emynau mwyaf cyfarwydd yr iaith Gymraeg. Cyhoeddwyd ganddo am y tro cyntaf yn *Y Pêr Ganiedydd* (1847), sef detholiad o emynau Pantycelyn gydag atodiad o'i emynau ei hun. Daeth yn boblogaidd iawn yn ystod Diwygiad 1904–05, a'i chanu ar nifer o donau gan gynnwys 'Ebenezer' (Tôn-y-botel), 'Moriah' ac, yn ddiweddarach, 'Pennant'. Ceir cyfieithiad safonol ac adnabyddus i'r Saesneg gan William Edwards, 'Here is love, vast as the ocean'.

Tôn: 'Pennant'

Tôn gan y cyfansoddwr adnabyddus T. Osborne Roberts (gweler adran Y Cyfansoddwyr) a gyhoeddwyd mewn rhaglenni Cymanfaoedd Canu cyn ei chynnwys mewn casgliad enwadol am y tro cyntaf yn *Llyfr Emynau a Thonau y Methodistiaid Calfinaidd a Wesleaidd* (1929). Cyfansoddwyd er cof am Jeremiah Jones, 'Pennant', Ysbyty Ifan.

Gareth Glyn

'Yn Eden, cofiaf hynny byth'

Ganwyd Gareth Glyn ym Machynlleth, yn fab i'r Prifardd T. Glynne Davies a'i briod Mair. Addysgwyd yn Ysgol Bryntaf, Caerdydd; Ysgol Uwchradd Caerdydd i Fechgyn; Ysgol Maes Garmon, yr Wyddgrug (lle meithrinwyd ei ddawn i gyfansoddi gan ei athro Rhys Jones); a Choleg Merton, Rhydychen. Yn ogystal â bod yn gyfansoddwr toreithiog ymhob maes gan gynnwys cerddoriaeth leisiol a chorawl, mae – ers symud i Fôn ym 1978 – yn aelod gydag Eglwys Gad Newydd M.C. lle bu'n godwr canu ac athro Ysgol Sul am flynyddoedd. Bu'n feirniad cerdd ac yn arweinydd cymanfaoedd canu ledled Cymru. Mae'n llais cyfarwydd ar BBC Radio Cymru, gan gyflwyno'r rhaglen materion cyfoes ddyddiol *Post Prynhawn* am bron i 35 mlynedd; mae hefyd wedi cyflwyno rhifynnau o *Caniadaeth y Cysegr*. Mae'n dal i weithio fel cyfansoddwr, gan droi at opera yn hwyr yn ei yrfa: dyfarnwyd ei opera gyntaf, *Wythnos yng Nghymru Fydd*, y Cynhyrchiad Gorau yn yr Iaith Gymraeg yng Ngwobrau Theatr Cymru 2018.

Mae emynau wedi bod yn gynhaliaeth amhrisiadwy i mi erioed, ac mae gofyn i mi ddewis fy hoff emyn braidd fel gofyn i rywun ddewis ei hoff blentyn! Tra'n cyflwyno sawl cyfres o raglenni bore Sul i Radio Cymru ychydig flynyddoedd yn ôl, roeddwn yn falch o'r cyfle i gynnwys un o'm hoff emynau ymhob rhaglen – a hyd yn oed gyda'r rhyddid hwnnw roedd yn gryn her i lunio rhestr 'fer' o ryw ddau ddwsin o emynau, yn cynnwys 'Arglwydd, gad im dawel orffwys' ar y dôn 'Arwelfa', 'Pwy a'm dwg i'r ddinas gadarn' ('Tyddyn Llwyn'), 'Yr Arglwydd a feddwl amdanaf' ('Eirinwg'), 'Dros bechadur buost farw' ('Nasareth'), 'Os gwelir fi, bechadur' ('Clawdd Madog') a llawer mwy.

Yr hyn sy'n gyffredin i'r rhestr i gyd ydy bod pob un o'r emynau arni yn cyffwrdd â'r enaid drwy'r geiriau *a'r* dôn fel ei gilydd, yn mynegi tanbeidrwydd ffydd *bersonol* yr emynydd, ac â thôn sy'n gymar perffaith i'r geiriau, wedi'i chynganeddu mewn ffordd sy'n amlygu athrylith y cyfansoddwr mewn alaw a chynghanedd leisiol.

Y tu ôl i bob un o emynau'r rhestr honno mae cysylltiad â rhyw ddigwyddiad neu gyfnod arwyddocaol yn fy mywyd i, ac ar gyfer un o'r adegau mwyaf pleserus mae angen mynd yn ôl i'r dyddiau lle roeddwn yn canlyn efo Eleri – fy mhriod bellach, ond bryd hynny'n gyd-ddisgybl yn Ysgol Maes Garmon, yr Wyddgrug. Mi dreuliais sawl awr ddiddan yng nghwmni'i thad, John, yn ei stydi – stafell braf efo seddau cyffyrddus y bydden ni'n suddo iddyn nhw i wrando ar ei hoff recordiau. Fel mab i un o'r hoelion wyth – D. Cwyfan Hughes, gweinidog Capel Mawr, Amlwch – roedd John yn gwerthfawrogi pregethu da. Buom yn gwrando ar 'Cewri'r Pulpud', lle mae Rhys Morgan yn dynwared pregethwyr megis Philip Jones a'r Athro T. A. Levi, ac mi gefais fy ngwefreiddio gan record o Jubilee Young yn traddodi Pregeth y Llys Barn gan Christmas Evans – yn wir, mi fyddai'r ddau ohonom ni'n uno gydag o yn ei waedd o berorasiwn: 'Gollyngwch ef yn RHYYYYYDD!'

Ond y wefr fwyaf i mi oedd gwrando ar gymanfaoedd canu Neuadd Albert 1963 a 1965, efo'r Dr Terry James yn arwain a Cyril Anthony wrth yr organ. Doeddwn i erioed wedi clywed canu emynau cystal â hyn, a phan ddaeth yr emyn am fuddugoliaeth Calfaria, 'Yn Eden, cofiaf hynny byth', ar y dôn 'Tresalem', roeddwn i mewn nefoedd. Teimlais eneiniad Williams Pantycelyn yn dweud ei brofiad – yr anobaith yn troi'n orfoledd yn y ddau bennill – ac ymhyfrydwn yn ymateb y cyfansoddwr David Evans i'r geiriau, a chael fy llorio gan sain ogoneddus G uchel y tenoriaid yn yr uchafbwynt. Doedd fawr ryfedd bod Terry James wedi *ail*-ddyblu'r gân ar y recordiad! Dyma, felly, yr emyn sy'n haeddu'r lle ar frig fy rhestr i o gampweithiau caniadaeth y cysegr.

Yn Eden, cofiaf hynny byth,
bendithion gollais rif y gwlith;
   syrthiodd fy nghoron wiw.
Ond buddugoliaeth Calfarî
enillodd hon yn ôl i mi:
   mi ganaf tra bwyf byw.

Ffydd, dacw'r fan, a dacw'r pren
yr hoeliwyd arno D'wysog nen
   yn wirion yn fy lle;
y ddraig a 'sigwyd gan yr Un,
cans clwyfwyd dau, concwerodd un,
   a Iesu oedd efe.

William Williams, 1717–91
Caneuon Ffydd, 522

Emyn: 'Yn Eden, cofiaf hynny byth'

Ymddangosodd yr emyn hwn am y tro cyntaf yn 1754, a hynny yn nhrydedd ran cyfrol William Williams Pantycelyn (gweler adran Yr Emynwyr), *Hosanna i Fab Dafydd*. Dau bennill sy'n gyfarwydd bellach er bod pedwar pennill i'r emyn yn wreiddiol. Roedd un o'r penillion gwreiddiol yn gynwysedig yn y casgliadau enwadol gwahanol hyd at ganol yr ugeinfed ganrif:

Ar Galfari, yng ngwres y dydd,
Y caed y gwystyl mawr yn rhydd,
   Trwy golli gwaed yn lli;
Does dim heb dalu, rhoddwyd Iawn,
Nes clirio llyfrau'r nef yn llawn,
   Heb ofyn dim i mi.

Cafwyd dau gyfieithiad Saesneg o'r emyn; un gan Bobi Jones, 'In Eden, sad indeed that day', yn y casgliad *Christian Hymns* (1977), a'r llall gan H.A. Hodges, 'Can I forget bright Eden's grace', yn y casgliad *Hymns and Psalms* (1983).

Tôn: 'Tresalem'

Cyfansoddwyd y dôn gan David Evans (gweler adran Y Cyfansoddwyr) oedd yn Arweinydd y Gân yng Nghapel Salem, Tresalem, Aberdâr a roes symbyliad i enw'r dôn. Ymddangosodd am y tro cyntaf yn *Y Caniedydd Cynulleidfaol Newydd* (1921), er iddi mae'n debyg gael ei chynnwys mewn rhaglenni Cymanfaoedd ardal Cwm Cynon cyn hynny. Cenir dwy dôn arall ar yr emyn hwn yn aml, sef 'Buddugoliaeth' gan Griffith William Hughes a'r hen alaw Gymreig 'St. John'.

Isaías Grandis

'Pan oedd Iesu dan yr hoelion'

Ganwyd Isaías yn Villa María, Córdoba, Yr Ariannin. Cafodd ei fagu yn Nhrevelin, Patagonia. Bu'n addoli yng Nghapel Ebenezer, Trevelin (Y Brodyr neu Brethren), sef capel y diweddar Barchedig David Morris (o Gymru yn wreiddiol), Eglwys Fethodistaidd Archentaidd Trevelin (Wesleaidd) ac Eglwys Ríos de Vida, Trevelin (Cristiana Evangélica). Derbyniodd ei addysg ddiwinyddol yng Ngholeg Diwinyddol 'Casa Bíblica', Quilmes, Buenos Aires a'r Coleg Gwyn, Bangor. Bu'n weinidog ar eglwysi Bethel, Cwm Hyfryd (Trevelin) a Chapel Seion, Esquel (Yr Andes). Ef bellach yw gweinidog Adulam, Felin-foel, Llanelli; Salem, Llangennech a Seion, Llanelli. Mae'n briod ag Eluned Owena ac yn dad i Llewelyn Owen a Joseff Lewis.

Rwy'n un o'r Ariannin, ces i fy ngeni yn Villa María, Córdoba, yng nghanolbarth Argentina. Des i i'r byd mewn clinig wedi ei sefydlu gan feddygon yn perthyn i enwad y Brodyr (Brethren). Fy wncwl, y Dr Luis Pérez Seggiaro a oedd yn gynaecolegydd a hefyd yn henuriad efo'r Brodyr yn y ddinas honno oedd yno i'm croesawu i. Hefyd ces i fy nghyflwyno i'r Arglwydd yn fabi bach yn un o eglwysi hynaf Brodyr yr Ariannin (Iglesia Cristiana Evangélica de Calle General Paz, Villa María), lle'r oedd fy nhaid ochr fy mam yn henuriad hefyd, ac o ganlyniad roeddwn i'n clywed emynau a chaneuon Sbaeneg y Brodyr ers yn blentyn bach iawn. Mae sawl un yn fy nghalon a phob tro rydw i'n clywed un yn cael ei chanu mae atgofion llawn hiraeth yn dod i'm meddwl i. Un o'r rheina yw 'En el Monte Calvario' (Old Rugged Cross).

Ond fues i ddim yn hir yno cyn i fy rhieni benderfynu symud i Batagonia (De'r Ariannin) o achos iechyd fy mrawd Benjamin (roedd asma arno fo).

Mae tywydd Cwm Hyfryd yn sych ac yn dda i bobl sy'n dioddef y math o asma a oedd ar fy mrawd bach. Roeddwn i'n bedair oed ac yn drist wrth adael ffrindiau a pherthnasau agos megis taid a nain ochr fy mam ac ochr fy nhad yn Villa María.

Roedd antur anhygoel yn ein disgwyl ochr arall yr Ariannin yn nhiroedd pell Patagonia. Pan wnaethon ni symud i Drevelin, tref fach Gymreig wrth fynyddoedd uchel yr Andes yn y Wladfa, mynychodd fy rhieni gapel Ebenezer, sef yr unig gapel yno oedd yn perthyn i'r Brodyr. Eglwys wedi ei sefydlu gan genhadwr o Gymru o'r enw David Morris (o Gastell Nedd yn wreiddiol) oedd hi. Roedd gyda ni gysylltiad hanesyddol efo'r gŵr yma oherwydd derbyniodd fy mam Iesu Grist yn ei bywyd pan oedd hi'n ferch fach tua 6 blwydd oed efo'r Cymro o genhadwr hwn pan oedd o ar ymweliad ag eglwys y Brodyr Villa María, Córdoba yn y 1960au.

Yno, ym Mro Hydref (Trevelin ac Esquel), des i ar draws y byd Cymreig, y Cymry ac wrth gwrs yr iaith Gymraeg. Yn Ysgol Gymraeg yr Andes gwnes i ddysgu'r Gymraeg. Yn yr ysgol hon hefyd gwnes i gwrdd â'm gwraig Eluned Owena o Landdarog pan oedd hi'n gweithio yn yr ysgol fel athrawes a minnau erbyn hynny yn gweithio fel tiwtor yn addysgu'r cwrs Wlpan i oedolion. Mae'r ysgol ar bwys Capel Bethel Cwm Hyfryd, lle priodon ni a lle dechreuais i yn y weinidogaeth efo'r Cymry. Bob blwyddyn yn y capel bach hwn mae Cymanfa Ganu yn cael ei chynnal ar ôl Eisteddfod Bro Hydref, ac yn un o'r cymanfaoedd hyn rydw i'n cofio clywed fy hoff emyn am y tro cyntaf gan y canwr adnabyddus o'r Wladfa, Billy Hughes. 'Coedmor' yw'r emyn-dôn. O! Bydda i wastad yn cofio'r diwrnod pan aeth Billy i fyny i'r llwyfan lle mae'r pulpud a chanu pob pennill efo teimlad parchus ac efo ing o gydymdeimlad, tristwch a dryswch am ymadawiad Iesu ... cyn cyrraedd y gytgan, efo'r fath rym! Waw! 'Cododd Iesu, cododd Iesu ...' Rydw i'n gallu clywed y llais yn fy meddwl, llais llawn cariad a hapusrwydd, yr un cariad a hapusrwydd rydw i'n gallu'i deimlo nawr wrth feddwl am f'Arglwydd a'm Gwaredwr Iesu Grist yn atgyfodi i deyrnasu am byth bythoedd ar ôl talu dros bechodau pob un sy'n credu ynddo. Clod i Dduw am y rhai gafodd eu hysbrydoli gan Ysbryd Glân ein Harglwydd i ysgrifennu a chyfansoddi cymaint o emynau Cymraeg sy'n dangos pa mor dda yw ein Duw.

Pan oedd Iesu dan yr hoelion
   yn nyfnderoedd chwerw loes
torrwyd beddrod i obeithion
   ei rai annwyl wrth y groes;
      cododd Iesu!
   Nos eu trallod aeth yn ddydd.

Gyda sanctaidd wawr y bore
   teithiai'r gwragedd at y bedd,
clywid ing yn sŵn eu camre,
   gwelid tristwch yn eu gwedd;
      cododd Iesu!
   Ocheneidiau droes yn gân.

Wyla Seion mewn anobaith
   a'r gelynion yn cryfhau,
gwelir myrdd yn cilio ymaith
   at allorau duwiau gau;
      cododd Iesu!
   I wirionedd gorsedd fydd.

E. Cefni Jones, 1871–1972
Caneuon Ffydd, 550

Emyn: 'Pan oedd Iesu dan yr hoelion'

Ymddangosodd yr emyn gan E. Cefni Jones (gweler adran Yr Emynwyr) am y tro cyntaf yn *Llawlyfr Moliant* (1915) wedi'i briodi â'r dôn 'Oriau'r Hwyr' gan J. Owen Jones. Pan gynhwyswyd yn Y *Llawlyfr Moliant Newydd* (1955), wedi'i ddiwygio ychydig, ar y dôn 'Coedmor' daeth yn boblogaidd iawn gyda chynulleidfaoedd Cymru.

Tôn: 'Coedmor'

Tôn gan R. L. Jones (gweler adran Y Cyfansoddwyr) a gyhoeddwyd yn wreiddiol yn *Ail Ddetholiad o Emynau a Thonau y Bedyddwyr* (1949) cyn ei chynnwys yn Y *Llawlyfr Moliant Newydd* (1955).

Rhidian Griffiths

'O tyred i'n gwaredu, Iesu da'

Ganwyd Rhidian Griffiths yn Abertawe, yn fab i weinidog, ac fe'i magwyd yn sŵn emynau. Bu'n aelod o staff Llyfrgell Genedlaethol Cymru am 28 mlynedd, ac mae'n dal i fyw yn Aberystwyth. Mae wedi ymddiddori mewn hanes emynau a cherddoriaeth yn gyffredinol ac wedi cyhoeddi'n helaeth yn y maes.

Na, does dim un hoff emyn, ond mae 'na brofiadau ynghlwm wrth emynau.

Yn 1986 roeddwn i'n bresennol yng nghymanfa Dosbarth Merthyr Tudful a'r Cylch yng nghapel Hope, Merthyr. Gan fod y gymanfa flynyddol arferol yn cyd-fynd â Gŵyl Gyhoeddi Eisteddfod Genedlaethol yr Urdd, oedd i'w chynnal ym Merthyr y flwyddyn wedyn, fe droes cymanfa 1986 yn Gymanfa'r Cyhoeddi hefyd. Un o'r emynau yn y Detholiad oedd emyn John Roberts, 'O tyred i'n gwaredu, Iesu da', ar y dôn 'Bro Aber' gan J. Haydn Phillips, Aberfan, a fuasai'n ysgrifennydd y gymanfa am flynyddoedd. Bu farw Haydn Phillips yn 1985, ychydig fisoedd cyn y gymanfa, ac yn ystod cyfarfod yr hwyr talwyd teyrnged gynnes a theimladwy i'w goffadwriaeth gan D. J. Evans, Aberfan, cyn i ni ganu'r emyn. Pobl y fro, pobl Aberfan, pobl Haydn Phillips ei hun oedd yn canu, ac ni chlywais erioed ganu mwy eneiniedig.

Daeth adlais o hynny yn ôl i mi flynyddoedd yn ddiweddarach yn angladd Dr Meredydd Evans yn 2015. Roedd capel eang Siloam, Cwmystwyth dan ei sang, ac roeddwn yn dyfalu a fyddai'r harmoniwm (a fu'n eiddo Thomas Levi, yn ôl y sôn) yn ddigon pwerus i dynnu'r gynulleidfa fawr rhag llusgo. Doedd dim angen poeni. Fe lifodd y canu'n rhwydd, a geiriau John Roberts a cherddoriaeth Haydn Phillips yn cydblethu'n orfoleddus.

Cyflwynodd Haydn Phillips y dôn 'Bro Aber' i blant Aberfan a Merthyr Vale, ac mae unrhyw sôn am 'blant Aberfan' yn codi teimladau dwys yng nghalon pawb sy'n cofio 1966. A phan glywaf yr emyn a'r dôn, nid dim ond gwefr arbennig y ddau achlysur uchod sy'n dod i'r meddwl, ond llawer, llawer mwy:

O tyred i'n gwaredu, Iesu da,
    fel cynt y daethost ar dy newydd wedd,
a'r drysau 'nghau, at rai dan ofnus bla,
    a'u cadarnhau â nerthol air dy hedd:
llefara dy dangnefedd yma nawr
a dangos inni greithiau d'aberth mawr.

Yn d'aberth di mae'n gobaith ni o hyd,
    ni ddaw o'r ddaear ond llonyddwch brau;
o hen gaethiwed barn rhyfeloedd byd
    hiraethwn am y cymod sy'n rhyddhau:
tydi, Gyfryngwr byw rhwng Duw a dyn,
rho yn ein calon ras i fyw'n gytûn.

Cyd-fyw'n gytûn fel brodyr fyddo'n rhan,
    a'th gariad yn ein cynnal drwy ein hoes;
na foed i'r arfog cry' orthrymu'r gwan,
    ac na bo grym i ni ond grym y groes:
rhag gwae y dilyw tân, O trugarha
a thyred i'n gwaredu, Iesu da.

John Roberts, 1910–84
Caneuon Ffydd, 375

Emyn: 'O tyred i'n gwaredu, Iesu da'

Emyn gan John Roberts (gweler adran Yr Emynwyr) a gomisiynwyd gan Eisteddfod Genedlaethol Ynys Môn, 1983 ar gyfer y gystadleuaeth cyfansoddi emyn-dôn. Daeth yr emyn a'r dôn fuddugol 'Bro Aber' yn boblogaidd yn syth ac yn ffefryn mawr mewn cymanfaoedd ac oedfaon ers hynny. Cyhoeddwyd y ddau gyda'i gilydd am y tro cyntaf yn 1985 yn *Atodiad Llyfr Emynau a Thonau y Methodistiaid Calfinaidd a Wesleaidd.*

Tôn: 'Bro Aber'

Tôn fuddugol cystadleuaeth cyfansoddi emyn-dôn yn Eisteddfod Genedlaethol Ynys Môn, 1983. Cyfansoddwyd gan J. Haydn Phillips (gweler adran Y Cyfansoddwyr), a'i chyflwyno er cof am y 116 o blant a gollodd eu bywydau yn nhrychineb Aberfan yn 1966.

Guto Harri

'O Galon Crist'

Ganwyd Guto yng Nghaerdydd yn fab i Harri a Lenna Pritchard Jones. Bu'n ddisgybl yn Ysgol Gyfun Llanhari, Coleg y Frenhines, Rhydychen ac yna'r Ysgol Newyddiadurol yng Nghaerdydd. Treuliodd ddeunaw mlynedd yn y BBC yn cyflwyno rhaglenni radio a theledu gan gynnwys cyfnodau yn gohebu o San Steffan, Efrog Newydd a Rhufain. Bu'n bennaeth cyfathrebu i Boris Johnson pan oedd yn Faer Llundain, ac mae bellach yn cyfuno sgwennu, darlledu a chynnig cyngor ar gyfathrebu. Mae'n wirfoddolwr gyda'r bad achub ac yn aelod o Fwrdd Gŵyl y Gelli. Mae'n briod a chanddo dri o blant.

Mewn cartref lle roedd cenedlaetholdeb a Chatholigiaeth mor ddwfn, roedd Saunders Lewis yn bresenoldeb parhaol a blaenllaw yn fy mhlentyndod i. O dynnu coes, i ddadlau gwleidyddol a phendroni rhai o benblethau mawr moesol y byd, roedd ganddo eiriau craff a gafaelgar at bob achlysur. Ac er mai arweinwyr nwydus y diwygiad oedd emynwyr amlycaf Cymru, roedd cyfraniad Saunders Lewis yn y ganrif ddiwethaf gyda'r goreuon.

Mae yna ddwyster a dyfnder yn yr emyn hwn, ac wedi ei gyd-ganu gymaint o weithiau ar draws degawdau roedd yn ddewis amlwg i angladd fy nhad. Roedd yna foment arbennig tua'r diwedd yn yr hosbis ym Mhenarth – nid nepell o hen gartre yr awdur – pan roddodd Dad a mi gynnig arno'n dawel dros wydraid o win. Doedd gan Dad ddim ofn marw. Fel meddyg roedd yn gyfarwydd â'r broses, ac fel Pabydd o argyhoeddiad dwys roedd yn ffyddiog tu hwnt ei fod ar ei ffordd i rywle gwell i dreulio tragwyddoldeb.

Mae'n braf meddwl, felly, mai fel 'na yr oedd hi, cyffuriau yn lleddfu poen canser, a'r ffocws ar galon fawr Crist yn rhoi cysur a'r nerth i wynebu'r diwedd yn dawel.

O galon Crist,
ein lloches ni a'n nod,
cawn bwyso arnat tra fôm byw
ac yna yn eisteddfod Duw
datganu'th glod.

O galon Crist,
ein pechod ni fu'r cledd
a drawodd waed o'th fynwes drud
a'th dorri a'th arllwys dros y byd
yn ffrwd o hedd.

O galon Crist,
ffynnon pob hedd a gaed,
mae'n dagrau edifeiriol ni
yn deillio o dan dy ystlys di
a'r gawod waed.

O galon Crist,
mae'n hangau ninnau draw –
boed inni bwyso ar dy fron
a chroesi'r afon olaf hon
heb frys, heb fraw.

Saunders Lewis, 1893–1985
Emynau Catholig, 183

Emyn: 'O Galon Crist'

Emyn gwreiddiol gan Saunders Lewis (gweler adran Yr Emynwyr), a gyhoeddwyd yn ddienw yn y *Casgliad Catholig o Emynau Cymraeg* (1961). Yn angladd Saunders Lewis fe ddadlennodd yr Esgob Mullins mai Saunders oedd awdur yr emyn. Cynhwysir enw Saunders Lewis dan yr emyn yn y gyfrol *Emynau Catholig* a gyhoeddwyd yn 2006.

Tôn: 'Laurence'

Tôn gan Syr Richard Runciman Terry (gweler adran Y Cyfansoddwyr) a fu'n organydd Eglwys Gadeiriol Gatholig Westminster.

Mererid Hopwood

'Arglwydd, gad im dawel orffwys'

Yn wreiddiol o Gaerdydd, mae Mererid yn brifardd 'dwbl' ac yn brif lenor. Hi oedd y bardd benywaidd cyntaf i ennill Cadair yr Eisteddfod Genedlaethol, a hynny yn 2001. Daeth rhagor o lwyddiant i'w rhan yn 2003 pan gipiodd hi'r Goron, ac yna yn 2008 y Fedal Ryddiaith. Wedi graddio mewn Sbaeneg ac Almaeneg ym Mhrifysgol Aberystwyth, aeth ymlaen i gwblhau doethuriaeth yng Ngholeg y Brifysgol, Llundain. Ers hynny bu'n darlithio yn adrannau'r Gymraeg ac Ieithoedd Modern ym Mhrifysgol Abertawe cyn dod yn Athro Ieithoedd a'r Cwricwlwm Cymreig ym Mhrifysgol Cymru Y Drindod Dewi Sant. Yn 2020 cafodd ei phenodi'n Athro'r Gymraeg ac Astudiaethau Celtaidd ym Mhrifysgol Aberystwyth.

Annwyl Olygydd,

Nid cyd-ddigwyddiad yw hi fy mod i newydd gofio am eich cais i lunio ysgrif fer am fy hoff emyn. Mae'n fore Llun y Pasg. Ac mae'r dyddiad hwnnw, Clo Mawr neu beidio, wedi agor drws y cof led y pen.

Rwyf ar y lofft yn Hermon, Abergwaun, lle byddwn i a'm brawd y bore hwn drwy'n plentyndod ar y fainc – y ddau ohonom ar fenthyg o Tabernacl, Caerdydd. Mae'n fore dillad newydd, ac ry'n ni'n dau wedi ein gwasgu ar ochr y baswyr a'r tenoriaid, a hynny gan fod poced Wncwl Iori'n ddi-ben-draw o ddwfn. Rwy'n taeru ei fod yn cynnwys holl ddanteithion cownter gwydr Siop Conti, o'r Sherbet Lemons i'r Spanish a'r llygod bach siocled gwyn. Dyna fantais y safle hwn. Yr anfantais yw bod Mam ar y fainc union gyferbyn. Byddai un edrychiad yn ddigon ...

Ar wahân i'r emynau plant arferol, byddai rhyw emyn bach newydd, 'catshi', yng nghanol y detholiad. Un â thipyn o 'fynd' ynddo. Rwy'n cofio darnau o'r rheiny'n dda: 'Ble cafodd y ddafad ei chot o wlân, sy'n cau heb run botwm na phin?' a'r gytgan 'Anrheg yw gan annwyl, annwyl Iesu'. Neu 'Rhowch y goron ar ei ben' ac 'Agor i'r goleuni' gyda'r tonau yn gofyn am sboncio'r geiriau 'goron' a 'goleuni glân' o lais i lais fel pêl-dennis mewn foli nerthol.

Ond am y wefr fwyaf, rhaid troi'r cloc yn ôl rhyw bymtheg awr eto. Dyma gyrraedd nos Sul a'r Rihyrsal Fowr yn Harmoni, Pencaer. Hwn fu capel y teulu, y gofiaid ar ochr fy mam yn aelodau am genedlaethau, a'm tad-cu ar ochr fy nhad yn fugail yno am gyfnod. Gŵyr y trigolion lleol, fel yr artistiaid o bant, am hud yr haul hwyr ar y darn hwn o'r ddaear. Bydd ei freichiau aur yn ymestyn yn hir a chysurus a diog cyn setlo dan obennydd tonnau gwely'r môr.

Ar y lofft, rwy'n gweld y dynion a'r menywod i gyd wedi'u didoli yn ôl eu lleisiau. Mae llond dwrn o blant ar flaen y galeri yn barod i roi eitem yn saib i'r cantorion. Ar y llawr, mae'r cantorion anfoddog a'r gwrandawyr brwd. Ac yn y pulpud, wele'r arweinydd, capten y llong yn disgwyl llywio'r môr o ganu.

Mae'n codi ei law, ac erbyn iddo orffen llunio siâp O fawr yn yr aer o'i flaen, mae'r capel bach, a lanwodd am eiliad neu ddwy â sŵn cyffro cyrff yn codi, a thraed mewn sgidie' gore' yn sadio ar y 'styllod pren, bellach yn ddisgwylgar dawel. Ataliwyd yr ambell besychiad funud olaf. Llonyddwyd pob rhaglen. Tynnodd yr organ anadl ddofn yn barod am wyrc-owt a hanner ...

Ymhen dwy awr dda, mae'r cymanfawyr wedi llifo mas i'r ffordd, a'u geiriau a'u nodau wedi dechrau eu siwrnai dros y Garn ar adain y gwynt.

Yn aros, Olygydd, mae eich cais amhosib. UN hoff emyn?! ... Oes modd ymestyn i hanner dwsin? Na? Dim ond un?! ...

... A hithau'n fore tymhestlog yng Nghaerfyrddin, a'r gwynt yn brathu canghennau'r coed ceirios bron mor ddidrugaredd â'ch cais, dyma fynd, felly, am eiriau Emrys: 'Arglwydd, gad im dawel orffwys dan gysgodau'r palmwydd clyd' ar dôn 'Arwelfa', John Hughes.

A chyda hyn, dyma ddyheu fel yr emyn am y cwmni hyderus sy'n adrodd y ffyddlondeb a all anghofio'r cyfyngderau,

heb frad na gweniaith,

Mererid

Arglwydd, gad im dawel orffwys
   dan gysgodau'r palmwydd clyd
lle yr eistedd pererinion
   ar eu ffordd i'r nefol fyd,
lle'r adroddant dy ffyddlondeb
   iddynt yn yr anial cras
nes anghofio'u cyfyngderau
   wrth foliannu nerth dy ras.

O mor hoff yw cwmni'r brodyr
   sydd â'u hŵyneb tua'r wlad
heb un tafod yn gwenieithio,
   heb un fron yn meithrin brad;
gwlith y nefoedd ar eu profiad,
   atsain hyder yn eu hiaith;
teimlant hiraeth am eu cartref,
   carant sôn am ben eu taith.

Arglwydd, dal ni nes mynd adref,
   nid yw'r llwybyr eto'n faith;
gwened heulwen ar ein henaid
   wrth nesáu at ben y daith;
doed y nefol awel dyner
   i'n cyfarfod yn y glyn
nes in deimlo'n traed yn sengi
   ar uchelder Seion fryn.

Emrys, 1813–73
Caneuon Ffydd, 617

Emyn: 'Arglwydd, gad im dawel orffwys'

Ymddangosodd yr emyn hwn gan Emrys (gweler adran Yr Emynwyr) am y tro cyntaf yn *Aberth Moliant* (1873), casgliad o emynau a thonau dan olygyddiaeth Emrys ei hun a Gwilym Hiraethog. Wedi hynny, fe'i cyhoeddwyd yn gyson mewn casgliadau enwadol eraill, ac ers ei briodi â thôn John Hughes 'Arwelfa' yn *Y Llawlyfr Moliant Newydd* yn 1955, ar y dôn honno y clywir yr emyn fel arfer.

Tôn: 'Arwelfa'

Bu'r dôn hon gan John Hughes (gweler adran Y Cyfansoddwyr) yn boblogaidd iawn mewn cymanfaoedd canu ers ei chyhoeddi am y tro cyntaf yn 1926 yn Rhaglen Cymanfa Ganu Bedyddwyr Treorci a'r Cylch yn y flwyddyn honno. Cynhwyswyd hi am y tro cyntaf mewn casgliad enwadol yn *Y Llawlyfr Moliant Newydd* (1955) dan olygyddiaeth John Hughes ei hun, ac ers hynny mae wedi ennill ei phoblogrwydd ymhlith cynulleidfaoedd Cymru.

Alwyn Humphreys

'Caed baban bach mewn preseb'

Brodor o bentref Bodffordd, Ynys Môn, addysgwyd yn Ysgol Uwchradd Llangefni, ac yna graddiodd mewn cerddoriaeth ym Mhrifysgol Hull a Choleg Cerdd y Drindod, Llundain. Wedi cyfnod fel darlithydd yn Lerpwl ymunodd â'r BBC fel cynhyrchydd/gyfarwyddwr, gan droi i fyd cyflwyno yn ddiweddarach ar raglenni fel *Heno, Canwn Moliannwn* a *Dechrau Canu Dechrau Canmol*, ac fel sylwebydd eisteddfodol ar Radio Cymru ac S4C. Bu'n Gyfarwyddwr Cerdd Côr Orpheus Treforys am chwarter canrif, gan arwain perfformiadau ar draws y byd, ac ar hyn o bryd mae'n Brif Arweinydd Gwadd Cerddorfa Siambr Cymru.

Mae'n anorfod bod gan rhywun sawl math o hoff emyn: emyn i godi'r galon ('Pan fwyf yn teimlo'n unig lawer awr' gan John Roberts), hoff emyn i'w arwain mewn cymanfa ganu ('Rhagluniaeth fawr y nef' gan David Charles), emyn mewn trefniant i gôr meibion ('Tydi a roddaist' gan T. Rowland Hughes), emyn i ymwroli ('Dyro afael ar y bywyd' gan Arthur Evans), ac yn y blaen.

Ond yn y pen draw, mae'r dewis o hoff emyn uwchlaw pob un arall yn weddol hawdd i mi, a phrin y gallaf ei ddarllen heb brofi rhyw ias a theimlo'r dagrau'n cronni. O'i ddarllen yn uchel mae'r llais yn sicr o grynu a gwegian, tebyg i'r hyn dwi'n gofio Hugh Roberts, Talfryn yn wneud wrth iddo fo ledio emyn yng nghyfarfodydd gweddi Capel Gad, Bodffordd ers talwm.

Mantais fawr fy newis i ydi ei fod o'n emyn addas ar gyfer pob gŵyl ac achlysur – y Nadolig, y Pasg, adeg bedydd neu angladd, mewn cyfnod o orfoledd neu dristwch. Mae hefyd yn emyn cyflawn – yn cwmpasu taith Crist ar y ddaear o'r preseb i'r groes, gan alw heibio 'gwyrthiau Galilea', 'syched yn Samaria', 'dagrau ym Methania', y 'torri'r bara' ac yn y blaen.

Prin bod angen nodi cryfderau awdur yr emyn fel bardd.

Roedd Elfed yn feistr ar y mesurau caeth a rhydd, ac er nad oes cynghanedd yn yr emyn hwn mae seiniau coeth a chain yr odlau yn rhyfeddol ac yn bleser i'w hadrodd yn uchel – 'apostolion', 'merthyron', 'gwaredigion'. Ond prif fawredd yr emyn i mi ydi'r modd y mae'n cyfleu ei brif neges drwy ailadrodd y geiriau 'drosom ni' mor aml – ailadrodd sy'n cadarnhau aberth eithaf Crist, a hynny er ein mwyn ni.

Fel gyda phob campwaith mae'r diweddglo yn ysgubol:

mae Duw a'i holl angylion
    drosom ni.

A dyna'r cyfan 'dan ni angen ynte?

Caed baban bach mewn preseb
    drosom ni,
a golau Duw'n ei ŵyneb
    drosom ni:
mae gwyrthiau Galilea, .
a'r syched yn Samaria,
a'r dagrau ym Methania
    drosom ni;
mae'r llaw fu'n torri'r bara
    drosom ni.

Mae'r geiriau pur lefarodd
    drosom ni,
mae'r dirmyg a ddioddefodd
    drosom ni:
mae gwerth y Cyfiawn hwnnw,
a'r groes a'r hoelion garw,
a'r cwpan chwerw, chwerw
    drosom ni;
mae gwaed yr Oen fu farw
    drosom ni.

Mae gorsedd y Cyfryngwr
  drosom ni;
mae gweddi yr Eiriolwr
  drosom ni:
mae cwmni'r apostolion,
ardderchog lu'r merthyron,
a thyrfa'r gwaredigion
  drosom ni;
mae Duw a'i holl angylion
  drosom ni.

Elfed, 1860–1953
Caneuon Ffydd, 365

Emyn: 'Caed baban bach mewn preseb'

Ymddangosodd yr emyn hwn am y tro cyntaf yn *Y Caniedydd Cynulleidfaol* (1895). Roedd Elfed (gweler adran Yr Emynwyr), awdur y geiriau, yn un o olygyddion y casgliad hwnnw, a cheir nifer o'i emynau yn rhan o'r casgliad. Cynhwyswyd yr emyn (wedi'i ddiwygio) yn *Y Caniedydd Cynulleidfaol Newydd* (1921), *Y Caniedydd* (1960) a *Caneuon Ffydd* (2001).

Tôn: 'Gorof'

Cyfansoddwyd y dôn gan T. Hopkin Evans (gweler adran Y Cyfansoddwyr), a'i chyhoeddi am y tro cyntaf yng nghasgliad H. Haydn Jones, *Cân a Moliant* (1916). 'Goraf' oedd enw'r dôn pan ymddangosodd gyntaf, a does dim sicrwydd ai camgymeriad argraffu sy'n gyfrifol am ei henwi'n 'Gorof' yn *Y Caniedydd Cynulleidfaol Newydd* yn 1921. Yn sicr, byddai T. Hopkin Evans yn gyfarwydd â Stryd Y Gorof yn Ystradgynlais, nepell o'i ardal enedigol yn Resolfen, felly erys yr ansicrwydd ynglŷn â tharddiad a chywirdeb yr enw.

Dafydd Iwan

'Y nefoedd uwch fy mhen'

Ganwyd Dafydd ym Mrynaman, Sir Gaerfyrddin ble roedd ei dad, y Parchedig Gerallt Jones yn weinidog gyda'r Annibynwyr ar y pryd. Symudodd y teulu i Lanuwchllyn pan oedd Dafydd yn ddeuddeg oed. Mae'n adnabyddus fel canwr protest ac un o ffigyrau mwyaf amlwg y byd pop a gwerin Cymraeg. Mae'n aelod blaenllaw o Blaid Cymru a bu'n Llywydd rhwng 2003 a 2010. Mae'n awdur nifer o lyfrau, a chyfansoddwr dros 250 o ganeuon. Mae hefyd yn gyfarwyddwr Cwmni Recordiau Sain a Chwmni Gwynn; Ysgrifennydd Cymdeithas Tai Gwynedd; aelod o Ymddiriedolaethau Portmeirion ac Age Cymru Gwynedd a Môn; yn flaenor yng Nghapel Caeathro ac yn bregethwr lleyg.

Na, does gen i ddim 'hoff emyn', a hynny'n syml am fod gen i gynifer o emynau hoff, a phob un yn taro deuddeg ar adegau gwahanol – am fod y canu'n ysgubol, neu am fod yr awyrgylch neu'r achlysur yn arbennig, neu am fod y geiriau yn taro nodyn hynod o amserol. Un o fendithion prin cyfnod y clo yw ein bod fel capelwyr wedi gorfod rhoi mwy o sylw i eiriau'n hemynau nag sy'n arferol, trwy eu darllen yn hytrach na'u canu. Yn fy achos i, beth bynnag, dwi wedi sylweddoli o'r newydd cymaint o gyfoeth sydd gennym fel Cymry yng ngeiriau ein hemynau.

Dotio at grefft emynau yr oeddwn wedi eu cymryd yn ganiataol efallai. Sylwi o'r newydd fel y mae llawer o'n hemynau yn delynegion cain, a phob gair yn talu am ei le. Edmygu dawn Ieuan Gwynedd, er enghraifft, i ddweud cymaint mewn pedwar pennill cynnil a diwastraff: 'Er maint yw chwerw boen y byd / mi rof fy mryd ar Iesu', gyda'r odlau mewnol yn cryfhau'r dweud. Rhyfeddu wedyn at emyn cyhyrog un o'n hemynyddesau prin, Mary

Owen: 'Ymlochesaf yn ei glwyfau, ymgysgodaf dan ei groes'. Ac nid am fy mod yn perthyn iddo y mawrygaf emyn Simon B. Jones, 'Llifa ataf, fôr tragywydd', ond am fy mod wedi ymserchu yn y darlun o forwr yn gweld gwlad yr addewid ar y lan draw: 'Gwelaf dros dy lanw nerthol oleuadau'r tiroedd pell / lle mae Duw yn troi machludoedd yn foreau gwynion, gwell'. Ac wrth gwrs, does dim curo ar farddoniaeth ddisglair Pantycelyn, y pencampwr a'r polymath hwnnw a ddylai fod yn enw rhyngwladol, ac sydd i mi yn llwyddo i grynhoi rhyfeddod anesboniadwy Duw yn ei emyn mawr: 'Anweledig! 'rwy'n dy garu, rhyfedd ydyw nerth dy ras'.

Ond yr hyn sy'n gwneud emyn da yn rhywbeth amgenach fyth yw pan briodir y geiriau â thôn sy'n eu hatgyfnerthu, ac ychwanegu cymaint at eu grym. Roedd gan Rhys Nicholas ddawn fawr i briodi geiriau gydag alaw, sy'n egluro poblogrwydd digamsyniol 'Tydi a wnaeth y wyrth' ar alaw 'Pantyfedwen' a 'Tyrd atom ni, O Grëwr pob goleuni' ar alaw 'Berwyn' Caradog Roberts. Yn yr un modd, rwy'n edmygu'r briodas hyfryd sydd rhwng geiriau John Roberts 'Pan fwyf yn teimlo'n unig lawer awr' a'r alaw 'Eventide' (neu'n wir, alaw 'Ellers'), a rhwng geiriau Cernyw 'Duw'n darpar o hyd' a'r alaw 'Houghton'. Ac o safbwynt eu canu, byddaf wrth fy modd yn bloeddio rhan tenor y cwpled olaf 'A minnau nid ofnaf, er lleied fy nerth, / mewn adfyd mi gofiaf Breswylydd y berth'. Dim ond un cwpled arall sy'n curo hwnnw o ran profiad y canwr, sef cwpled Elfed 'Os Duw sydd ar f'enaid ei eisiau, / mae eisiau fy enaid ar Dduw' ar alaw 'Eirinwg' D. Emlyn Evans. Ysgubol!

Ond, wedi dweud hynna i gyd, yr emyn dwi am ei ddewis yw emyn Ehedydd Iâl, 'Y nefoedd uwch fy mhen', emyn syml, cryno gan lanc ifanc na chafodd addysg ffurfiol, sydd yn delyneg berffaith, ac eto'n emyn aruthrol o bwerus – yn wir, yn fy marn bach i, mae'r ail bennill yn un o ddarnau barddoniaeth mwyaf pwerus ein llenyddiaeth fel Cymry. A'r alaw? Yn fy marn i eto, does dim curo ar osodiad grymus Tom Jones Llanuwchllyn a Chôr Godre'r Aran.

Y nefoedd uwch fy mhen
  a dduodd fel y nos,
heb haul na lleuad wen
  nac unrhyw seren dlos,
a llym gyfiawnder oddi fry
yn saethu mellt o'r cwmwl du.

Er nad yw 'nghnawd ond gwellt
  a'm hesgyrn ddim ond clai,
mi ganaf yn y mellt,
  maddeuodd Duw fy mai:
mae craig yr oesoedd dan fy nhraed,
a'r mellt yn diffodd yn y gwaed.

Ehedydd Iâl (William Jones), 1815–99
Caneuon Ffydd, 183

Emyn: 'Y nefoedd uwch fy mhen'

Yn ôl yr hanes, fe luniodd Ehedydd Iâl (gweler adran Yr Emynwyr) bedair llinell gyntaf pennill olaf yr emyn pan oedd yn was ffarm yn Rhydymarchogion, Llanelidan, Dyffryn Clwyd. Roedd un o ferched perchenogion y ffarm o'r enw Ruth ar fin marw o'r darfodedigaeth. Cafodd Ehedydd Iâl gais gan y fam i fynd i weld Ruth a cheisio codi ychydig ar ei hysbryd, ond synnodd wrth weld pa mor wan a diymadferth oedd. Gofynnodd hithau iddo am adnod neu bennill i'w chalonogi, a dyna fu'r ysbrydoliaeth ar gyfer pedair llinell gyntaf y pennill olaf.

Yn ddiweddarach, ar gais Dafydd Williams, golygydd cylchgrawn y Wesleaid, *Yr Eurgrawn*, ychwanegodd gwpled at y pedair llinell wreiddiol a'i gyhoeddi am y tro cyntaf yn *Yr Eurgrawn* yn 1849. Unwaith eto, y tro hwn ar gais Edward Stephen (Tanymarian) cyfansoddodd bedwar pennill ychwanegol, a chyhoeddwyd yr emyn yn ei gyfanrwydd am y tro cyntaf yn 1879 yng nghasgliad Tanymarian, *Ail Lyfr Tonau ac Emynau*.

Beti-Wyn James

'Glynwn gyda'r Iesu'

Magwyd Beti-Wyn yng Nghwm Tawe. Derbyniodd ei haddysg yn Ysgol Gynradd Gymraeg Lôn Las ac Ysgol Gyfun Ystalyfera. Graddiodd mewn Diwinyddiaeth o Goleg yr Annibynwyr, Aberystwyth a'i hordeinio'n weinidog yn Y Tabernacl, Y Barri yn 1994. Symudodd i'r gorllewin yn 2002 ar ôl derbyn galwad i weinidogaethu yng Ngofalaeth Bro Y Priordy, Caerfyrddin, Cana a Bancyfelin. Gwasanaethodd ar nifer o bwyllgorau oddi mewn a thu allan i'r cylch eglwysig. Hi yw Llywydd presennol Undeb yr Annibynwyr Cymraeg. Enillodd radd M.Th. yn ddiweddar lle bu'n ymchwilio i effeithiau cyfnod clo Covid-19 ar eglwysi Cymraeg lleol. Yn ei hamser rhydd mae'n mwynhau cerdded, teithio, ysgrifennu a cherddoriaeth a threulio amser gyda'i dwy ferch, Elin a Sara.

I mi, mae emynau yn fyfyrdodau ynddynt eu hunain. O ystyried fy hoff emyn, y gwirionedd amdani yw ei bod yn dibynnu sut rwy'n teimlo ar y pryd! Mae'r cyfnod Covid a'i ofnion bugeiliol dwys yn sicr wedi fy arwain droeon i droi at eiriau emynau sy'n mynegi cariad a nerth Duw mewn cyfyngder, tra bo emynau yn datgan gorfoledd yr Efengyl wedi cynhesu'r galon ar adegau mwy llawen.

O'r dydd y cychwynnais ar fy ngweindogaeth, cefais y fraint o ddewis emynau ar gyfer pob oedfa. Diolch i'n horganyddion ffyddlon a hyblyg am y cydweithio fu rhyngom. Mae hyn yn caniatáu i'r emynau ddilyn yr un thema â'r oedfa er mwyn i'r oedfa lifo o'i dechrau i'w diwedd.

Gan fy mod yn pori yng *Nghaneuon Ffydd* yn wythnosol, fel rhan o baratoadau'r Sul, rwyf wedi dod yn lled gyfarwydd â'r emynau ac wedi cael fy nghyffroi o sylweddoli o'r newydd rhyw wefr mewn ambell linell gyfarwydd nad oeddwn wedi sylwi arni o'r blaen.

Pe bawn i'n gorfod dewis un emyn o gwbl, byddwn yn troi at Williams Pantycelyn ac at y geiriau godidog 'Mi dafla 'maich oddi ar fy ngwar'. Dyma gampwaith nad oes modd i un emyn arall ei guro yn fy marn i ac mae gen i ddigon o resymau i esbonio pam. Ond am heddiw, rwyf am droi at emyn arall sydd yn agos iawn at frig fy rhestr o hoff emynau. Emyn sy'n mynd â mi nôl at ddyddiau fy magwraeth yn eglwys Hebron, Clydach, Cwm Tawe. Bro ag iddi, yn y cyfnod hwnnw, draddodiad cymanfaoedd canu cryf.

Ar fy nesg heddiw mae tâp fidio. Darllediad o *Dechrau Canu Dechrau Canmol* o Gapel Calfaria, Clydach, Pasg 1984. Roeddwn yn 15 oed ar y pryd ac yn un o ddegau o blant a phobl ifanc a oedd yn llenwi hanner y galeri y noson honno.

Dan arweiniad medrus y ddiweddar Miss Mary Jones, arweinydd y gân yng Nghalfaria, canodd côr y plant eiriau emyn y cyn-löwr, y prifardd a'r gweinidog Ben Davies, sef 'Glynwn gyda'r Iesu'.

Rwy'n cofio pob llinell o'r emyn hwn hyd heddiw. Wrth i mi wylio'r tâp fidio o *Dechrau Canu Dechrau Canmol* 1984 meddyliais nad oedd unrhyw sôn o gwbl am yrfa yn y weinidogaeth wrth i mi ganu'r noson honno. Ddeng mlynedd yn ddiweddarach, roeddwn yn cael fy ordeinio'n Weinidog i Iesu Grist yn Y Tabernacl, Y Barri. Dyma gychwyn ar daith anhygoel, llawn profiadau a bendithion.

Glynwn gyda'r Iesu,
  Cyfaill dynol-ryw;
Unwn oll i'w garu,
  Gan mor annwyl yw.

Mae cofio geiriau emyn Ben Davies yn un peth. Gobeithio'n wir fy mod wedi byw ei eiriau ar bob cam o'r daith.

Glynwn gyda'r Iesu,
　　Cyfaill dynol-ryw;
Unwn oll i'w garu,
　　Gan mor annwyl yw;
Ffyddlon yw i'n cofio
　　Â'i ddaioni drud:
Glynwn ninnau wrtho,
　　Cyfaill gorau'r byd.

Glynwn gyda'r Iesu,
　　Mae i ni yn frawd;
Daeth yn un o'n teulu,
　　Bu fel ni yn dlawd;
Atom i'n cysuro
　　Daeth i lawr o'r nef;
Mae'n ein cofio eto,
　　Cofiwn ninnau ef.

Glynwn gyda'r Iesu,
　　Ef yw'n Ceidwad ni;
Er ein llwyr waredu
　　Aeth i Galfari;
Do, bu farw yno
　　Ar y greulon groes:
Glynwn ninnau wrtho
　　Drwy holl ddyddiau'n hoes.

Ben Davies, 1864–1937
Caniedydd yr Ifanc, 101

Emyn: 'Glynwn gyda'r Iesu'

Y geiriau gan Ben Davies (gweler adran Yr Emynwyr). Cynhwyswyd yn *Y Caniedydd Cynulleidfaol Newydd* (1921), rhif 1134 er iddo ymddangos cyn hynny yn y *Detholiad o Donau ac Emynau: rhan o'r argraffiad newydd o'r Caniedydd Cynulleidfaol* (1916), rhif 115. Yn y Detholiad ac yn y llyfr ei hunan fe'i gosodir ar y dôn 'Ruth' gan Samuel Smith. Ni oroesodd i'r *Caniedydd* (1960), ond ymddangosodd drachefn yn *Caniedydd Yr Ifanc* (1980) a'r *Atodiad i Lyfr Emynau a Thonau Y Methodistiaid Calfinaidd a Wesleaidd* (1985) ar y dôn 'Camberwell'.

Tôn: 'Camberwell'

Cyfansoddwyd y dôn 'Camberwell' gan Michael Brierley (gweler adran Y Cyfansoddwyr). Ymddangosodd am y tro cyntaf yn *Thirty 20th Century Hymn Tunes* (1960), a dod yn boblogaidd iawn ar eiriau Saesneg Caroline Noel, 'At the name of Jesus every knee shall bow'. Cynhwyswyd yn *Caniedydd Yr Ifanc* (1980) a'r *Atodiad i Lyfr Emynau a Thonau Y Methodistiaid Calfinaidd a Wesleaidd* (1985) ar eiriau Ben Davies, 'Glynwn gyda'r Iesu'.

Buddug Verona James

'O! 'rwyf yn hoffi canu'

Ganwyd Buddug yn Aberteifi, ac ar ôl deng mlynedd o weithio yn siop fwtsiwr ei thad aeth i astudio yn y Guildhall School of Music and Drama a'r National Opera Studio yn Llundain. Fe'i disgrifiwyd fel 'Brancusi' yn y *New York Times*, 'a real showstopper' yn y *Guardian*, a 'ravishing' yn y *Financial Times*, ac mae wedi perfformio dros 40 rôl, gan gynnwys Orfeo (Gluck) yng Nghanada a'r Amerig, Dardano yn *Amadigi* (Handel) ym Mhrydain Fawr, Efrog Newydd ac ar draws Ewrop, a Cherubino yn *Le Nozze di Figaro* (Mozart) yn Tokyo a Thoronto. Mae wedi gweithio fel actores ar lwyfan a theledu gan gynnwys rôl Mrs Ogmore-Pritchard yn y ffilm *Dan y Wenallt*, ac mae'n llais cyfarwydd i wrandawyr Radio Cymru fel cyflwynydd *Bore Bach Buddug* a *Swyn y Sul*. Mae hefyd yn hyfforddi canu ers dros 30 mlynedd. Fe'i hurddwyd i'r Wisg Wen a chafodd y fraint o ganu Cân y Cadeirio gyda'i chwaer Eirian yn Eisteddfod Genedlaethol Tŷ Ddewi.

Fel pawb siawns, mae gen i gymaint o hoff emynau, a phob un ohonynt yn fy atgoffa o rywun neu ryw amser arbennig. Mae un yn fy atgoffa i o fy mam a fu'n godwr canu am ddeugain mlynedd yng Nghapel Ebenezer, Eglwyswrw. Os byddai unrhyw dro cas yn digwydd roedd Mam yn dechrau canu 'Count your blessings' allan o'r Sankey and Moody. Mi ddaeth yn ddihareb i'r teulu. Roedd gan fy nhad lais tenor pert, ac os byddai parti teuluol a'r hwyliau'n uchel mi fyddai'r emynau yn ein codi ni'n uwch fyth. Roedd ambell i gwpled pan fyddai cyfuniad yr alaw a'r geiriau yn codi'r to: 'Pembroke' – 'Mae pen y bryniau'n llawenhau / wrth weld yr haul yn agosáu / a'r nos yn cilio draw' a 'Clawdd Madog' – 'Y maglau wedi eu torri / a'm traed yn gwbwl rydd'. Mi fyddai 'nhad mor goch â bitrwtsen wrth ganu'r rhain! Ac wedyn, 'Calon Lân'. Emyn sy' 'di cael ei ganu ymhob priodas deuluol alla i gofio.

Yn 2018 mi fues yn seremoni raddio rhai o'n myfyrwyr yn y brifysgol, ac un ohonyn nhw oedd Lloyd Macey a oedd ar y pryd yn cystadlu yn yr X Factor. Roedd ei rieni a'i dad-cu Bampi Brian wedi dod i'w gefnogi. Ar ddiwedd y seremoni roedd 'na dipyn o gyffro, a sawl newyddiadurwr eisiau siarad â Lloyd a'i deulu, a fi. Mi arhoson ni 'nôl yn y cyntedd i siarad yn ein tro. A thra bod ni'n aros mi ddechreuodd Bampi Brian ganu emyn yn Gymraeg er nad oedd e'n gallu siarad yr iaith. Mi dynnes i'n ffôn mas a dechrau'i ffilmio fe, a dechrau canu gydag e er nad o'n i'n gwybod y geiriau na ddim cweit yn deall o ble ddaeth yr alaw i 'mhen i. Ar ôl cyrraedd adre mi feddyliais taw'r unig ffordd y bydden i'n gwybod yr alaw oedd trwy'r Gymanfa Ganu. Mi ddechreuais edrych trwy hen raglenni, ac ar ôl tipyn o dwrio mi ffindies i hi.

Bu farw Bampi Brian y llynedd, ac mi ailddysgais i'r emyn a'i ddanfon at Lloyd er cof am ei dad-cu. O fewn y ddwy flynedd ddiwethaf 'ma dwi wedi dod yn fam-gu, ac wrth fagu'r ddau blentyn dwi'n canu hon iddyn nhw. Felly, ar y foment hon, dyma fy hoff emyn.

O! 'rwyf yn hoffi canu,
   Canu â chalon iach;
Swyno y byd a'i synnu,
   Fel yr aderyn bach;
Sisial fy nghân bob bore –
   Cyn daw gofidiau'r dydd,
Canu i'r Iesu fy ngorau –
   Hyn imi'n fwyniant fydd.

Cytgan:
Canaf, mi ganaf,
Hosanna a seiniaf,
Yr Iesu a folaf hyd derfyn fy oes.
Canaf, mi ganaf,
Hosanna a seiniaf,
Yr Iesu a folaf hyd derfyn fy oes.

Llenwir y byd â moliant
    Pan ddaw y byd i'w le,
Ni fydd un lle i siomiant,
    'R un fydd â chân y ne';
Melys fydd sôn am Iesu,
    Ceidwad i blentyn yw,
O! fel mae'n hoffi caru
    Pawb sydd yn caru Duw.

Cysur i galon plentyn
    Ydyw ei gân bob pryd,
Ni ddaw i'w fron un gelyn,
    Canu wna ef o hyd.
Cilia pob ysbryd aflan,
    Telyn geir yn ei law, –
Cwmni yr Iesu ym mhobman
    Ymlid bob gelyn draw.

Edward Jones (Myfyr Elfed), 1869?–1934
Caniedydd Newydd yr Ysgol Sul, 102

Emyn: 'O! 'rwyf yn hoffi canu'

Y geiriau gan Edward Jones 'Myfyr Elfed' (gweler adran Yr Emynwyr). Cyhoeddwyd yn *Caniedydd Newydd yr Ysgol Sul* (1930) er mae'n debyg i'r emyn a'r dôn ymddangos mewn rhaglenni cymanfaoedd canu yn ardal Y Rhondda a Maesteg o'r flwyddyn 1909 ymlaen.

Tôn: 'O! 'rwyf yn hoffi canu'

Cyfansoddwyd y dôn gan Sol (Solomon) Watkins (gweler adran Y Cyfansoddwyr) a'i chyhoeddi gyda geiriau Myfyr Elfed yn *Caniedydd Newydd yr Ysgol Sul* (1930). Bu'r geiriau a'r dôn yn boblogaidd mewn cymanfaoedd canu cyn hynny, a cheid cyfeiriad at ffynhonnell y dôn yn *Caniedydd Newydd yr Ysgol Sul* fel 'Rhaglen Cymanfa Ganu Bethania, Maesteg, 1909'.

E. Wyn James

'Pan oedd Iesu dan yr hoelion'

Ar ôl astudio'r Gymraeg yng Ngholeg Prifysgol Cymru, Aberystwyth, bu'r Athro E. Wyn James yn Swyddog Ymchwil yn Adran Addysg y Coleg hwnnw ac yn Ddirprwy Warden cyntaf Neuadd Pantycelyn wedi iddi droi'n neuadd breswyl Gymraeg. Yna, yn 1977, symudodd i Ben-y-bont ar Ogwr i fod yn Gyfarwyddwr Gwasg Efengylaidd Cymru, cyn cael ei benodi yn 1994 yn Ddarlithydd mewn Llenyddiaeth Gymraeg Fodern yn y Brifysgol yng Nghaerdydd. Dyfarnwyd cadair bersonol iddo gan y Brifysgol yn 2013. Bu hefyd rhwng 2002 a'i ymddeoliad yn 2015 yn gyd-Gyfarwyddwr Canolfan Uwchefrydiau Cymry America Prifysgol Caerdydd. Mae wedi cyhoeddi'n helaeth mewn meysydd yn ymwneud â llên, crefydd a diwylliant Cymru o'r Diwygiad Protestannaidd ymlaen. Yn ei waith ymchwil y mae wedi rhoi sylw arbennig i'r emyn ac i fathau eraill o ganu poblogaidd. Ef yw golygydd y testun safonol o emynau a llythyrau Ann Griffiths a gyhoeddwyd gan Wasg Gregynog yn 1998. Yng nghyd-destun astudiaethau Cymry America y mae wedi ymchwilio'n arbennig i'r ymgyrchoedd i ddiddymu caethwasiaeth ac i hanes y Cymry yn y Wladfa ym Mhatagonia. Etholwyd yr Athro James yn Gymrawd Cymdeithas Emynau Cymru yn 2011, yn Gymrawd Cymdeithas Ddysgedig Cymru yn 2013, ac yn Gymrawd y KfV (y Comisiwn Baledi Rhyngwladol) yn 2021. Yn 2012, bu'n Ysgolor Fulbright ac yn Gymrawd ar Ymweliad ym Mhrifysgol Harvard.

Wel, am her! Mae cais i ddewis fy hoff emyn yn f'atgoffa o'r rhes hir o dasgau bron yn amhosibl y bu'n rhaid eu cyflawni cyn y gallai Culhwch briodi Olwen yn y chwedl enwog honno o'r Mabinigion. Mae cynifer o binaclau. Sut, mewn difrif, mae dewis rhwng uchelfannau emynyddol David

Charles a Phedr Fardd a Morgan Rhys a Dafydd William, dyweder, heb sôn am Williams Pantycelyn ac Ann Griffiths! Nid fi yw'r cyntaf – ac nid fi fydd yr olaf, mae'n siŵr – i ddweud am fy hoff emynau, y byddaf yn eu newid nhw.

Bu emynau Cymraeg yn rhan o'm bywyd o'r dechrau'n deg. Mae fy enw yn dyst i hynny. Roedd fy rhieni yn aelodau mewn eglwys Fedyddiedig Gymraeg. O dan yr emynau yn *Llawlyfr Moliant y Bedyddwyr* dynodir enwau'r awduron fel arfer gan eu llythrennau blaen. Ond yn achos enwau barddol, rhoddir y rheini'n llawn, ac felly yn hytrach nag 'E.W.' ar gyfer 'Eliseus Williams' yr hyn a geir o dan emyn ganddo yw 'Eifion Wyn'. Am ryw reswm, fe gymerodd fy mam, brin ei Chymraeg, ffansi at yr enw hwnnw o'i weld yn y llyfr emynau, ac fe'i rhoddwyd arnaf i – er mawr ddychryn i'w Saesnes o fam, a thaerodd na allai byth ynganu 'Eifion', ond y gallai ymdopi â dweud 'Wyn'!

Dylwn egluro yn y fan hon imi gael fy magu yng Nghymoedd y De – ym mhentref glofaol Troed-y-rhiw, ryw dair milltir i lawr y cwm o dre'r haearn, Merthyr Tudful. Erbyn i mi gael fy ngeni ym mis Medi 1950, Saesneg oedd iaith y gymuned i raddau helaeth, er y clywid ychydig o Gymraeg yma a thraw. Roedd y Gymraeg wedi para'n iaith yr aelwyd yng nghartref fy nhad am genhedlaeth yn hwy na'r rhan fwyaf o aelwydydd y pentref, yn rhannol am fod ei dad yn dod yn wreiddiol o Dregaron, gyda'r canlyniad fod fy nhad yn rhugl ei Gymraeg ac yn ei harddel yn gyhoeddus – ac yn cofio'n dda, hefyd, dderbyn gwawd ei gyfoedion yn yr ysgol am ei fod yn medru'r Gymraeg (a rhieni llawer ohonynt yn medru'r iaith eu hunain, ond heb ei throsglwyddo i'w plant).

Roedd mam fy nhad yn byw gyda ni, yn wraig weddw, nes iddi farw pan oeddwn yn bedair oed, tua'r adeg y dechreuais fynd i'r ysgol. Hyd hynny cefais fy magu'n ddwyieithog, a'm tad a'm mam-gu yn siarad Cymraeg â mi, a'm mam yn siarad Saesneg. Cafodd fy mam ei geni yn Nhroed-y-rhiw i rieni a symudodd yno o gyffiniau Bryste, ac er iddi ddysgu tipyn o Gymraeg, ni ddaeth erioed yn rhugl.

Pe bai ysgol Gymraeg ei chyfrwng yn y cyffiniau, credaf y byddai fy rhieni wedi fy anfon iddi, ond roedd yn 1972 cyn i ysgol o'r fath gael ei hagor ym Merthyr. Hefyd – ac yn hollol groes i farn arbenigwyr addysgol erbyn heddiw, wrth gwrs – daeth pwysau ar fy rhieni i beidio â pharhau i'm magu'n ddwyieithog, am y byddai hynny'n llesteirio fy natblygiad addysgol. Y canlyniad fu i iaith yr aelwyd droi i'r Saesneg ac i hynny o Gymraeg plentyn oedd gennyf gilio'n fuan.

Ond parhaodd un elfen Gymraeg yn rhan amlwg o'm magwraeth, sef y capel. Capel Cymraeg oedd Carmel, ein capel ni, yn swyddogol o leiaf, er mai dwyieithog ydoedd yn ymarferol. Roedd y ddwy oedfa bregethu ar y Sul yn Gymraeg, er bod y bregeth ei hun yn oedfa'r hwyr wedi troi i'r Saesneg oherwydd arfer y cyfnod o gael cynulleidfa fwy lluosog o 'wrandawyr' ar nos Sul; ond Saesneg oedd iaith llawer o'r gweithgareddau eraill, yn enwedig yn achos y plant a'r bobl ifainc, a dyna oedd iaith sgwrsio'r rhan fwyaf o'r mynychwyr. Yna, wedi ymadawiad y gweinidog olaf yn 1960, trodd oedfaon y Sul hwythau bron yn gwbl Saesneg, am na allai'r rhan fwyaf o'r pregethwyr 'lleyg' a lanwai'r pulpud o hynny ymlaen eu cynnal yn y Gymraeg. Ond arhosai un elfen yn gyson Gymraeg trwy'r cyfan – sef yr emynau.

Llifo dros fy mhen a wnâi gweithgareddau Cymraeg ein capel, gan gynnwys yr emynau, heb imi ddeall rhyw lawer, ond gwnaeth un emyn argraff arbennig arnaf am reswm arbennig. Anodd fyddai argyhoeddi'r sawl a glywai fy llais canu heddiw fod gennyf ar un adeg lais soprano digon pert! Seren wib o 'yrfa canu' a gefais, a ddigwyddodd ac a ddarfu i bob pwrpas yn 1962. Y flwyddyn honno deuthum yn drydydd yn un o eisteddfodau sir yr Urdd ar yr 'unawd i blant dan 12 oed'. Ni chofiaf bellach beth oedd yr unawd hwnnw, ond mae'r hyn a ddigwyddodd ddydd Llun y Pasg y flwyddyn honno wedi ei argraffu'n ddwfn ar y cof.

Llun y Pasg oedd un o uchelfannau mawr calendr blynyddol ein capel ni, oherwydd dyna ddiwrnod Cymanfa Ganu Bedyddwyr Merthyr a'r Cylch. Byddai paratoi diwyd ar ei chyfer dros y gaeaf trwy gyfres o ysgolion cân. Byddai pawb, wedyn, yn llawn cyffro ar Sul y Pasg wrth gyrchu'r bws deulawr ar sgwâr Troed-y-rhiw, a oedd wedi ei logi'n arbennig i'n cludo i un o gapeli tref Merthyr ar gyfer y 'rihyrsal', a hwnnw'n baratoad ar gyfer diwrnod llawn o dri chyfarfod canu emynau ar y dydd Llun.

Cymanfa 1962 oedd yr 76ain yn y gyfres flynyddol, ac fe'i cynhelid yng nghapel y Tabernacl ar Ffordd Aberhonddu ym Merthyr, nid nepell o gapel Pant-tywyll y Methodistiaid Calfinaidd, lle yr aeth Ieuan Gwyllt, arloeswr mudiad y gymanfa ganu, yn fugail yn 1859, blwyddyn cyhoeddi ei *Lyfr Tonau Cynulleidfaol* dylanwadol. A chyfarfod cyntaf Cymanfa 1962 oedd uchafbwynt fy ngyrfa fyrhoedlog fel cantor, oherwydd fe'm dewiswyd i ganu unawd yn y cyfarfod hwnnw.

Yr emyn a ddewiswyd ar fy nghyfer oedd 'Pan oedd Iesu dan yr hoelion' gan E. Cefni Jones, emyn eithaf newydd ar y pryd yn ei ffurf derfynol. Cyhoeddwyd fersiwn cynharach ohono yn *Llawlyfr Moliant* 1915, ond cafodd ei ailysgrifennu'n drwyadl ar gyfer *Emynau Llawlyfr Moliant* 1952, casgliad y bu Cefni Jones yn olygydd arno. Fe'i cenais ar 'Coedmor' gan R. L. Jones, tôn a oedd hefyd yn bur newydd ar y pryd; ac wrth imi dynnu i'r terfyn, ymunodd y gynulleidfa niferus i ddyblu'r diweddglo gorfoleddus: 'Cododd Iesu! I wirionedd gorsedd fydd.'

Dyma'r emyn Cymraeg cyntaf i greu argraff ddofn arnaf. Ni ddywedwn mai hwnnw a ddewiswn yn hoff emyn erbyn hyn, efallai, oherwydd deuai amser pan godai cystadleuaeth gref yn ei erbyn, a hynny oherwydd newidiadau pur sylfaenol yn fy mywyd.

Er bod y Gymraeg a Christnogaeth yn rhan o ddodrefn fy mywyd erioed, yn y cefndir yr oeddynt i raddau helaeth yn ystod fy magwraeth. Dechreuodd pethau newid o ddifrif wedi imi fynychu, ar ddamwain braidd, gwrs dysgu Cymraeg yng Ngwersyll yr Urdd yng Nglan-llyn adeg y Pasg 1967. Bu hynny'n drobwynt mawr, a arweiniodd maes o law ataf yn mynd i Aberystwyth ym mis Medi 1969 i astudio ar gyfer gradd yn y Gymraeg.

Canlyniad mynd i Aberystwyth oedd i'r Gymraeg ac i Gristnogaeth ddod o gefn y llwyfan i flaen a chanol fy mywyd. Yn un peth, golygai byw yn Neuadd Ceredigion, y neuadd breswyl Gymraeg i fechgyn a ragflaenodd Neuadd Pantycelyn, fod rhan helaeth o'm bywyd beunyddiol bellach trwy gyfrwng y Gymraeg. Bu hefyd yn gyfnod o newid sylfaenol yn fy mywyd ysbrydol, a'r ymroddiad newydd, dyfnach hwnnw'n arwain at ddod yn rhan o gymuned Gristnogol Gymraeg yn y coleg a'r dref.

Fel y dywed Gwenallt yn ei gerdd i'r bardd a'r golygydd, Prosser Rhys, 'anodd yw cerdded un o lwybrau Cymru / Heb daro rywle yn erbyn Duw', ac roedd hynny'n sicr yn wir am fy nghwrs gradd. Gan mai Cristnogol yw prif ffrwd y meddwl Cymreig i lawr trwy'r canrifoedd, nid yw'n annisgwyl gweld nifer o weithiau uniongyrchol Gristnogol ymhlith uchelfannau mawr ein llên; ac yn ystod fy nghwrs gradd cefais y cyfle i astudio nifer o'r rheini, gan gynnwys gwaith Williams Pantycelyn ac Ann Griffiths.

Pen draw hyn oll, felly, oedd i emynau Cymraeg ddod yn ystyrlon i mi mewn ffordd ddyfnach o lawer nag o'r blaen, yn ieithyddol yn un peth, wrth imi ddod yn rhugl yn y Gymraeg, ond hefyd o ran eu cyd-destun hanesyddol a diwylliannol, ac yn bwysicaf oll, wrth gwrs, fel bwyd a goleuni i'r enaid. O hynny allan byddai raid i 'Pan oedd Iesu dan yr hoelion' gystadlu â degau, onid cannoedd, o emynau eraill i fod yn 'hoff emyn' gennyf; ond rwy'n ei ddewis yma, nid yn unig am ei fod yn emyn arwyddocaol yn fy hanes ac am mai dyna'r emyn Cymraeg cyntaf i greu argraff ddofn arnaf, ond hefyd am ei fod yn emyn trawiadol ac amserol yn ei hawl ei hun, o ran ei grefft a'i gynnwys.

Yn un peth, mae'n emyn dramatig iawn, nid yn unig oherwydd yr olygfa drist a ddarlunnir mor fyw ym mhedair llinell gyntaf pob pennill, ond oherwydd y gwrthgyferbyniad rhwng y golygfeydd hynny o anobaith a'r cwpledi clo buddugoliaethus – a'r dôn 'Coedmor' yn atgyfnerthu'r gwrthgyferbyniad dramatig hwnnw i'r dim.

Mae'n emyn hefyd sy'n llenwi bwlch pwysig trwy ganoli ar un o wirioneddau allweddol y ffydd Gristnogol sy'n tueddu i gael ei esgeuluso yn ein hemynyddiaeth. Y groes yw canolbwynt myfyrdod a defosiwn ein hemynwyr gan amlaf, ond er pwysiced hynny, fel y dywed yr Apostol Paul yn 1 Corinthiaid 15, pennod fawr yr atgyfodiad, 'os Crist ni chyfodwyd, ofer yw eich ffydd chwi'. Da, felly, yw cael emyn sy'n datgan mor orfoleddus bod angau wedi ei lyncu mewn buddugoliaeth: 'Yr Arglwydd a gyfododd yn wir!'

Ac mae'n emyn amserol iawn hefyd yn ei bwyslais ar fuddugoliaeth derfynol Crist. Trai a welwyd yn gyffredinol ar Gristnogaeth yng Nghymru dros sawl cenhedlaeth bellach, nes y ceir rhai yn datgan bod Cristnogaeth yn marw. Ond golwg blwyfol iawn sydd gan y sawl sy'n datgan pethau o'r fath, oherwydd tyfu y mae Cristnogaeth yn fyd-eang, a thua thraean poblogaeth y byd erbyn hyn – o gwmpas dwy biliwn a hanner o bobl – yn arddel rhyw ffurf ar y ffydd Gristnogol. Mae'n dda iawn, felly, inni gael ein hatgoffa, wrth weld 'myrdd yn cilio ymaith' ar hyn o bryd yn ein cilcyn fach ni o'r ddaear, bod Iesu wedi atgyfodi, ei fod wedi ennill y fuddugoliaeth, a bod gorsedd o'r herwydd i'r Un a ddywedodd mai Ef yw'r Gwirionedd – a hynny i dragwyddoldeb.

Pan oedd Iesu dan yr hoelion
  yn nyfnderoedd chwerw loes
torrwyd beddrod i obeithion
  ei rai annwyl wrth y groes;
    cododd Iesu!
  Nos eu trallod aeth yn ddydd.

Gyda sanctaidd wawr y bore
  teithiai'r gwragedd at y bedd,
clywid ing yn sŵn eu camre,
  gwelid tristwch yn eu gwedd;
    cododd Iesu!
  Ocheneidiau droes yn gân.

Wyla Seion mewn anobaith
  a'r gelynion yn cryfhau,
gwelir myrdd yn cilio ymaith
  at allorau duwiau gau;
    cododd Iesu!
  I wirionedd gorsedd fydd.

E. Cefni Jones, 1871–1972
Caneuon Ffydd, 550

Emyn: 'Pan oedd Iesu dan yr hoelion'

Ymddangosodd yr emyn gan E. Cefni Jones (gweler adran Yr Emynwyr) am y tro cyntaf yn *Llawlyfr Moliant* (1915) wedi'i briodi â'r dôn 'Oriau'r Hwyr' gan J. Owen Jones. Pan gynhwyswyd yn *Y Llawlyfr Moliant Newydd* (1955), wedi'i ddiwygio ychydig, ar y dôn 'Coedmor', daeth yn boblogaidd iawn gyda chynulleidfaoedd Cymru.

Tôn: 'Coedmor'

Tôn gan R. L. Jones (gweler adran Y Cyfansoddwyr) a gyhoeddwyd yn wreiddiol yn *Ail Ddetholiad o Emynau a Thonau y Bedyddwyr* (1949) cyn ei chynnwys yn *Y Llawlyfr Moliant Newydd* (1955).

Siân James

'Er mai cwbwl groes i natur'

Mae Siân yn un o gantorion cyfoes mwyaf blaenllaw Cymru ac yn un o'n prif arloeswyr ym myd cerddoriaeth draddodiadol. Mae'n canu'r delyn Geltaidd, yn bianydd o fri ac yn gyfansoddwr. Erbyn hyn, rhyddhawyd deg albym o'i gwaith – casgliadau eclectig o ganeuon gwreiddiol a thraddodiadol sy'n cwmpasu ein hemosiynau dyfnaf, o gariad a chwerthin i golled a'r byd ysbrydol. Mae ei CD diweddaraf, 'Gosteg', yn gasgliad o emynau a cherddi ysbrydol wedi'u priodi ag alawon traddodiadol a chyfansoddiadau gwreiddiol. Mae ei theithiau diweddaraf wedi mynd â hi i China, Patagonia, Canada, Uzbekistan a Mizoram yng ngogledd India. Yn 2007 fe'i gwnaed yn Gymrawd er Anrhydedd o Brifysgol Bangor am ei chyfraniad i ddiwylliant Cymru, ac fe'i hurddwyd yn aelod er anrhydedd o'r Orsedd yn Eisteddfod Genedlaethol Meifod.

Bu teulu'r Jamsied yn eglwyswyr erioed, ac i'r eglwys hardd ym mhentref Llanerfyl y byddem yn mynd fel teulu ers dwi'n cofio. Toeddan ni ddim yn deulu crefyddol fel y cyfryw ac yn aml byddwn yn teimlo taw parhau'r traddodiad oeddan ni yn hytrach na chwilio am gysur ysbrydol. Daeth hwnnw i mi'n hwyrach ymlaen yn fy mywyd.

Roedd fy mhrofiad o ganu emynau felly braidd yn anysbrydoledig a dweud y gwir gan fod y gynulleidfa fel arfer yn hynod o denau ar y rhan fwyaf o foreuau Sul! Serch hynny doedd dim byd gwell gen i na sefyll wrth ochr fy nhad oedd yn meddu ar lais tenor melfedaidd tyner, a bwrw iddi mewn descant tra cariai ef yr alaw.

Daeth emynau a hanes Ann Griffiths i fy myd yn dilyn y profiad o actio rhan Ann mewn pasiant nôl yn 1976 pan o'n i'n bymtheg oed. Bu'r pasiant yn ddathliad o'i bywyd a'i gwaith hi fel rhan o ddigwyddiadau Eisteddfod Powys Llanfair Caereinion, gyda llawer o drigolion yr ardal ynghyd ag Aelwyd Penllys a Chôr Meibion Llanfair yn cymryd rhan. Ysgydwodd y profiad hwnnw dipyn go lew arna i fel lodes ifanc ddibrofiad, ac agorwyd fy llygaid i ddelweddau trawiadol Ann ac yn wir, i ryw raddau, i'r byd ysbrydol.

Yn 2005 cefais wahoddiad i gydlynu'r gerddoriaeth ar gyfer rhaglen ddrama-ddogfen am fywyd Ann. Y bwriad yn ôl y cyfarwyddyd a gefais oedd priodi geiriau Ann ag alawon gwerin – rhywbeth oedd yn gyffredin iawn yng nghyfnod Ann fel y gwelir yn ein carolau Plygain.

Wrth bori drwy fy storfa o lyfrau caneuon gwerin deuthum ar draws cân fach o'r enw 'Disgwyl Pethau Gwych'. Mae'r alaw yn hudolus a thrwy rhyw ryfedd wyrth mi briododd yn berffaith â'r geiriau 'Er mai cwbwl groes i natur'. Mae geiriau gwreiddiol y gân werin braidd yn brudd a dweud y lleiaf a rhagolwg y canwr ar fywyd yn un tra digalon! I ddyfynnu:

Disgwyl pethau gwych i ddyfod
Croes i hynny maent yn dod;
Disgwyl fory am orfoledd
Fory tristwch mwya 'rioed.

Ond i mi mae geiriau Ann yn bell o fod yn ddigalon, ac er bod yr alaw yn un lleddf mae gobaith ynddi rhywsut wrth i'r alaw godi mewn traw yn y cymalau olaf – datblygiad cerddorol sydd yn dyrchafu'r ysbryd yn hytrach na'i orthrymu.

Wel ... dyma dwi'n ei deimlo wrth ei chanu hi beth bynnag!

Er mai cwbwl groes i natur
   yw fy llwybyr yn y byd,
ei deithio wnaf, a hynny'n dawel,
   yng ngwerthfawr wedd dy ŵyneb-pryd;
wrth godi'r groes ei chyfri'n goron,
   mewn gorthrymderau llawen fyw,
ffordd yn union, er mor ddyrys,
   i ddinas gyfaneddol yw.

Ffordd a'i henw yn "Rhyfeddol",
   hen, a heb heneiddio, yw;
ffordd heb ddechrau, eto'n newydd,
   ffordd yn gwneud y meirw'n fyw;
ffordd i ennill ei thrafaelwyr,
   ffordd yn Briod, ffordd yn Ben,
ffordd gysegrwyd, af ar hyd-ddi
   i orffwys ynddi draw i'r llen.

Ffordd na chenfydd llygad barcut
   er ei bod fel hanner dydd,
ffordd ddisathar, anweledig
   i bawb ond perchenogion ffydd;
ffordd i gyfiawnhau'r annuwiol,
   ffordd i godi'r meirw'n fyw,
ffordd gyfreithlon i droseddwyr
   i hedd a ffafor gyda Duw.

Ann Griffiths, 1776–1805
Caneuon Ffydd, 724

Emyn: 'Er mai cwbwl groes i natur'

Credir mai yn 1802 yr ysgrifennwyd y geiriau yma gan Ann Griffiths (gweler adran Yr Emynwyr), a hynny ar gefn llythyr at ei ffrind, Elizabeth Evans, Bwlch Aeddan, Cegidfa, Sir Drefaldwyn. John Hughes, Pontrobert a gofnododd y rhan fwyaf o benillion Ann Griffiths ar bapur, ond pennill cyntaf yr emyn hwn yw'r unig bennill sydd wedi goroesi yn llawysgrifen Ann ei hun.

Arfon Jones

'Dyma gariad, pwy a'i traetha?'

Mae gwreiddiau teuluol Arfon Jones yn Gellioedd, rhwng Cerrig-y-Drudion a'r Bala, ond symudodd y teulu i Ddyffryn Clwyd pan oedd Arfon yn blentyn, ac fe'i magwyd yn Llanrhaeadr-yng-Nghinmeirch ger Dinbych. Aeth i Brifysgol Bangor ac ennill gradd mewn Cerddoriaeth cyn mynd ymlaen i astudio Diwinyddiaeth fel ail radd. Arfon oedd Swyddog Ieuenctid cyntaf Undeb yr Annibynwyr yn yr 1980au. Wedi hynny bu'n gweithio fel efengylydd cyn cael ei benodi yn Ysgrifennydd Cyffredinol y Cynghrair Efengylaidd yng Nghymru. Ar ôl 10 mlynedd gyda'r Cynghrair, sefydlwyd yr elusen Gobaith i Gymru yn 1999. Arfon oedd Swyddog Maes yr elusen, ac ef hefyd oedd yn bennaf gyfrifol am y cyfieithiad cyfoes o'r Ysgrythur – beibl.net.

Tybed faint o ferched allwch chi eu henwi sydd wedi ysgrifennu emynau? Byddai pawb, mae'n siŵr, yn enwi Ann Griffiths ar unwaith, a heb os mae ganddi hi emynau anhygoel. Ond faint mwy o emynyddesau allech chi eu henwi? Wrth edrych drwy *Caneuon Ffydd* yn ddiweddar, darganfod bod llai nag wyth y cant o'r emynau yn y gyfrol wedi eu hysgrifennu neu eu cyfieithu gan ferched, a hanner y rheiny yn emynau cyfoes.

Wn i ddim pryd yn union wnes i ddarganfod emynau Mary Owen (1796–1875). Anodd iawn oedd penderfynu pa un i'w ddewis o'r ddau emyn ganddi sydd wedi'u cynnwys yn *Caneuon Ffydd*. Y naill yn datgan, 'Caed modd i faddau beiau a lle i guddio pen yng nghlwyfau dyfnion Iesu ...', gyda'r ail bennill gorfoleddus yna (gan rywun anadnabyddus, gyda llaw), 'Un waith am byth oedd ddigon ...' Waw! ... Ond rhaid oedd troi yn y diwedd at yr emyn arall ganddi. Mae geiriau'r emyn 'Dyma gariad, pwy a'i traetha?' yn fy ngwefreiddio i bob tro dw i'n eu canu, eu clywed a'u darllen.

Pan ddois i'n Gristion yn fy arddegau, yr hyn wnaeth argraff arna i oedd cariad rhyfeddol Duw ata i yn Iesu Grist, ac mae emyn Mary Owen yn disgrifio'r cariad yna i'r dim. Yr hyn sy'n gafael yno' i fwy na dim ydy fod y mynegiant ganddi mor bersonol. Mae'r profiad sy'n cael ei gyfleu yn codi'r ymdeimlad o ryfeddod ac addoliad i ryw lefel sydd y tu hwnt i'r cyffredin. Y disgrifiad o ddirgelwch a dyfnder cariad Duw yn y pedair llinell gyntaf yn troi'n gyffes bersonol yn ail hanner y pennill – 'gwyd fy enaid', 'wna im ganu'. Yna'r ail bennill eto yn feichiog o ryfeddod ac o gyffes – 'Ymlochesaf', 'ymgysgodaf', 'ymddigrifaf', 'ymddiriedaf'.

Falle mod i'n greadur gor-emosiynol, ond mae yna adegau pan dw i wedi methu canu'r geiriau am fod yna rhyw lwmp yn y gwddf yn rhwystro'r geiriau rhag dod allan, rhyw gryndod yn y llais neu ddeigryn yn cronni yn y llygad. Falle mai'r ymdeimlad o wendid fy ffydd sy'n gyfrifol am hynny, a'r ymwybyddiaeth o'm methiant a'r pechod sy'n fy maglu – y teimlad yna nad oes gen i hawl i ynganu'r fath gyffes. Ac eto, ar yr un pryd, mae'r geiriau yn mynegi rhywbeth o'r wefr sydd fel petai'n cronni yn nyfnder fy enaid ac sydd eisiau byrstio allan yn ffynnon o fawl.

Dyma gariad, pwy a'i traetha?
   Anchwiliadwy ydyw ef;
dyma gariad, i'w ddyfnderoedd
   byth ni threiddia nef y nef;
dyma gariad gwyd fy enaid
   uwch holl bethau gwael y llawr,
dyma gariad wna im ganu
   yn y bythol wynfyd mawr.

Ymlochesaf yn ei glwyfau,
   ymgysgodaf dan ei groes,
ymddigrifaf yn ei gariad,
   cariad mwy na hwn nid oes;
cariad lletach yw na'r moroedd,
   uwch na'r nefoedd hefyd yw:
ymddiriedaf yn dragwyddol
   yn anfeidrol gariad Duw.

Mary Owen, 1796–1875
Caneuon Ffydd, 199

Emyn: 'Dyma gariad, pwy a'i traetha?'

Ymddangosodd yr emyn hwn fel dau bennill ar wahân yn wreiddiol yn 1839, a hynny mewn casgliad o waith yr awdur, Mary Owen (gweler adran Yr Emynwyr), *Hymnau ar Amryw Destunau*. Erbyn ail hanner y bedwaredd ganrif ar bymtheg roedd y ddau bennill wedi'u cysylltu gyda'i gilydd, ac yn y diwyg hwn y gwelir yr emyn bellach.

Tôn: 'Garthowen'

Cyfansoddwyd gan Wyn Morris (gweler adran Y Cyfansoddwyr) a'i chyhoeddi am y tro cyntaf yn 1954 gan Lyfrfa'r Annibynwyr yn *Y Pedwerydd Detholiad o Donau ac Emynau*. Mae'r dôn ychydig yn wahanol i'r hyn a geir yn *Y Caniedydd* (1960) gyda'i dad, Haydn Morris yn un o olygyddion cerddorol y casgliad. Dyma'r fersiwn a welir yn *Caneuon Ffydd* (2001).

Carwyn Jones

'Mi glywaf dyner lais'

Gwleidydd Llafur a wasanaethodd fel Prif Weinidog Cymru ac Arweinydd Llafur Cymru rhwng 2009 a 2018. Gwasanaethodd fel Cwnsler Cyffredinol yn Llywodraeth Cynulliad Cymru rhwng 2007 a 2009. Bu'n aelod o'r Cynulliad dros Ben-y-bont ar Ogwr rhwng 1999 a 2021. Ganwyd Carwyn yn Abertawe ac fe'i magwyd ym Mhen-y-bont ar Ogwr. Bu'n ddisgybl yn Ysgol Gyfun Brynteg ym Mhen-y-bont ar Ogwr ac aeth ymlaen i astudio ym Mhrifysgol Cymru, Aberystwyth. Graddiodd yn 1988 gyda gradd yn y Gyfraith ac aeth ymlaen i Ysgol y Gyfraith Inns of Court yn Llundain i hyfforddi fel bargyfreithiwr. Fe'i galwyd i'r bar yn Gray's Inn yn 1989. Yn Ionawr 2020 fe'i penodwyd yn Athro'r Gyfraith rhan amser yn ei hen goleg ym Mhrifysgol Aberystwyth. Mae'n briod â Lisa a chanddynt ddau o blant.

Fy hoff emyn? Dyna chi dasg anodd wrth gofio'r llu o emynau sydd gyda ni yng Nghymru. Hynod felly fy mod i wedi dewis un sydd ddim yn y bôn yn emyn Cymraeg o gwbl.

Fy hoff emyn yw 'Gwahoddiad', a'r geiriau enwog sy'n ei ddechrau

> Mi glywaf dyner lais
>> yn galw arnaf fi,
> i ddod a golchi 'meiau i gyd
>> yn afon Calfarî.

Ie, yr emyn sydd wedi cael ei ganu yn ystod miloedd o angladdau dros y degawdau. Emyn sydd yn agos i gymaint o galonnau yng Nghymru ond un sydd â gwreiddiau yn y Byd Newydd.

Ysgrifennwyd yr emyn yn yr Unol Daleithiau yn 1872 gan weinidog Methodistaidd o'r enw Lewis Hartsough o dre Epworth yn Iowa yng nghanol gwasanaeth sydd yn dangos ei fod e'n ddyn medrus iawn i feddwl ei fod e'n gallu pregethu, canu, gwrando ac ysgrifennu ar yr un pryd!

Sut felly ddaeth yr emyn i Gymru? Fe groesodd yr emyn o America i Loegr ac yna i Gymru lle'i gwelwyd gan y gweinidog John Roberts (Ieuan Gwyllt). Gwnaeth e gyfieithu'r geiriau i'r Gymraeg a chafwyd emyn sydd erbyn hyn wedi'i dderbyn fel un o'n hemynau mwyaf poblogaidd.

Yr atyniad personol i mi yw'r ffaith taw'r emyn hwn yw'r emyn teuluol ar ochr fy mam sydd yn cael ei ganu ymhob angladd. Emyn sydd yn agos i ni fel teulu ond emyn sydd hefyd yn gallu codi calon mewn profedigaeth. Emyn sydd braidd yn optimistaidd, sydd yn rhoi gobaith yn yr amserau tywyll, a rhaid i mi ddweud fy mod i'n mynd yn emosiynol iawn wrth ei glywed ble bynnag mae'r alaw yn cael ei chwarae neu'r geiriau yn cael eu canu.

Mae'n rhaid cyfaddef, yn y traddodiad Cymreig, mae 'na lawer o emynau sydd yn gallu suddo calon, gyda'r cywair lleiaf yn ddylanwadol. Nid felly mae 'Gwahoddiad'. Mae ysgafnder yma sydd yn rhedeg o'r dechrau. Nid rhywbeth i'w ofni yw marwolaeth, ond gwahoddiad i symud ymlaen i rywbeth newydd, a ta beth yw eich cred, mae'r neges yn codi'r ysbryd.

Y tro cyntaf wnes i glywed yr emyn oedd ym mis Ionawr 1984 yn angladd fy nhad-cu yng Nghapel Ebeneser, Brynaman. Fe oedd trefnydd angladdol y pentref ac roedd y capel dan ei sang i'w groesawu. Wi'n cofio nawr y deyrnged gafodd ei rhoi gan Y Parchedig Môn Williams, bach ei gorff, llawn ei ysbryd, ond hefyd yn cofio'r emyn. Ar ôl yr angladd, yn ôl disgwyliad yr oes, dim ond y dynion aeth i'r fynwent, a sefais o flaen y bedd. Ond doedd dim ofn arnaf. Roedd yr emyn wedi 'nghysuro.

Fe ganon ni'r emyn eto yn angladd fy mam, a mam-gu, ac unwaith eto roedd yna gynhesrwydd wrth glywed yr hen eiriau yn cael eu canu gyda'r un egni. A dyna pam mai 'Gwahoddiad' yw fy hoff emyn.

Mi glywaf dyner lais
yn galw arnaf fi
i ddod a golchi 'meiau i gyd
yn afon Calfarî.

Arglwydd, dyma fi
ar dy alwad di,
canna f'enaid yn y gwaed
a gaed ar Galfarî.

Yr Iesu sy'n fy ngwadd
i dderbyn gyda'i saint
ffydd, gobaith, cariad pur a hedd
a phob rhyw nefol fraint.

Yr Iesu sy'n cryfhau
o'm mewn ei waith drwy ras;
mae'n rhoddi nerth i'm henaid gwan
i faeddu 'mhechod cas.

Gogoniant byth am drefn
y cymod a'r glanhad;
derbyniaf Iesu fel yr wyf
a chanaf am y gwaed.

Lewis Hartsough, 1828–1919
cyf. Ieuan Gwyllt, 1822–77
Caneuon Ffydd, 483

Emyn: 'Mi glywaf dyner lais'

Cyfieithiad Ieuan Gwyllt (gweler adran Yr Emynwyr) o emyn Saesneg Lewis Hartsough, 'I hear thy welcome voice, that calls me, Lord, to Thee'. Roedd Ira D. Sankey ar ymgyrch cenhadu ym Mhrydain yn 1872, ac anfonodd Lewis Hartsough gopi o'r emyn a'r dôn ato. O ganlyniad, cynhwysodd Ira Sankey y ddau yn ei gyhoeddiad adnabyddus a phoblogaidd *Sacred Songs and Solos*. Yn 1874 cyhoeddodd Ieuan Gwyllt ran gyntaf ei gyfrol *Sŵn y Juwbili* sef trosiad Cymraeg o gyfrol Sankey yn cynnwys yr emyn hwn ynghyd â llawer eraill a ddaeth yn dra phoblogaidd. Yn sicr, dyma un o emynau mwyaf poblogaidd Cymru, ac yn ffefryn mawr gyda chorau meibion â threfniant John Davies, Rhosllannerchrugog, 'Gwahoddiad'.

Tôn: 'Gwahoddiad'

Cyfansoddwyd y dôn gan Lewis Hartsough (gweler adran Y Cyfansoddwyr) ar gyfer ei emyn, 'I hear thy welcome voice, that calls me, Lord, to Thee'. Ymddangosodd am y tro cyntaf yn 1872 pan oedd Hartsough yn arwain cyfarfodydd efengylu yn Epworth, Iowa yn yr Unol Daleithiau, a'i chynnwys yn y cylchgrawn *Guide to Holiness*.

Caryl Parry Jones

'Hyfryd eiriau'r Iesu'

Ganwyd Caryl Parry Jones ym Mhrestatyn, a mynychodd Ysgol Mornant, Ffynnongroyw ac Ysgol Glan Clwyd, Llanelwy a Phrifysgol Cymru, Bangor, lle'r astudiodd y Gymraeg a Chymdeithaseg. Tra oedd yn yr ysgol, ffurfiodd y band Sidan ac yn y coleg ymunodd â'r 'supergroup' Cymraeg cyntaf, Injaroc. Ar ôl gadael y coleg, dechreuodd gyflwyno rhaglenni fel y rhaglen blant *Bilidowcar* a'r gyfres bop *Sêr 2*. Yn ystod yr un cyfnod, ffurfiodd Bando gyda grŵp o gerddorion Caerdydd, a hithau'n brif leisydd. Cafodd gyfle i arddangos ei doniau dynwared aruthrol yn y gyfres *Dawn*, a dyma gyflwyno cymeriadau Glenys, Lavinia a Delyth i'r byd! Yn dilyn hynny, perfformiodd mewn pedair cyfres ei hun (*Caryl*, 1983–1987) a oedd yn gyfuniad o berfformiadau cerddorol a sgetsys. Y cymeriadau hyn oedd y sail ar gyfer y ffilmiau *Ibiza, Ibiza* (1986) a *Steddfod, Steddfod* (1989). Er amled ei doniau fel actores a dynwaredwraig, cerddoriaeth yw ei hoff faes. Mae'n parhau i hyfforddi, i gyfansoddi, ac i berfformio'n fyw.

Dyna lle'r oedden ni, bob bore am naw o'r gloch. Pawb yn ymgynnull yn ystafell ddosbarth Miss Gwenfron Hughes (doedd ganddon ni ddim neuadd) oherwydd dyna lle'r oedd y piano a'r boilar mawr 'cast iron' oedd yn gwresogi Ysgol Gynradd Mornant, Ffynnongroyw ar ddechrau'r 1960au.

Dyma lle dechreuodd fy nghariad at yr emyn fel ffurf gerddorol heb unrhyw amheuaeth. Mi fyddai un o'm cyd-ddisgyblion yn cael y fraint o ddosbarthu'r llyfr emynau bach coch ac arno arfbais Sir Fflint a Sir Ddinbych ac mi fyswn i wedyn yn aros yn eiddgar i glywed pa emyn fyddai wedi cael ei ddewis ar gyfer y bore hwnnw ...

'Bore da blant.'

'Bore da Mr Jones.'

'Yr emyn cyntaf bore 'ma yw ...'

'Plis dim "Canaf yn y bore". Ma' honna'n gneud i mi deimlo 'chydig yn sic ac yn drist ... "Uno wnawn â'r nefol gôr"? "Chwifiwn ein baneri"?'

'Hyfryd eiriau'r Iesu ...'

'Wahwwwwwwwwww ... dewis ardderchog Mr. Jones!'

Mr Jones yn yr achos yma oedd Mr Eifion Tudno Jones ein prifathro, oedd hefyd yn digwydd bod yn bianydd ardderchog, ac fel y byddai 'nhad wastad yn ei ddweud, 'Dydi cymanfa mond cystal â'r organydd.' Roedden ni'n lwcus iawn felly i gael cyfeilydd oedd nid yn unig yn chwarae beth oedd ar y copi ond hefyd yn rhoi rhyw addurniadau byrfyfyr oedd yn rhoi ychydig o 'wmff' i'r canu. Y dôn oedd yn cael ei chanu i eiriau Elfed oedd 'Pinner' gan E. T. Davies ac roedd y ffordd roedd yr alaw yma'n adeiladu, yn wahanol i 'Canaf yn y bore', yn rhoi teimlad braf yn fy mol bach pedair oed wrth ddringo o'r 'Maent o hyd yn newydd, maent yn llawn o'r neeeeef ...' i uchafbwynt y 'mynyyyyyyyyyddoedd' yn y llinell olaf.

Y dechrau gorau i unrhyw ddiwrnod ysgol rhyw drigain mlynedd nôl!

Hyfryd eiriau'r Iesu,
  bywyd ynddynt sydd,
digon byth i'n harwain
  i dragwyddol ddydd:
maent o hyd yn newydd,
  maent yn llawn o'r nef;
sicrach na'r mynyddoedd
  yw ei eiriau ef.

Newid mae gwybodaeth
  a dysgeidiaeth dyn;
aros mae Efengyl
  Iesu byth yr un;
Athro ac Arweinydd
  yw efe 'mhob oes;
a thra pery'r ddaear
  pery golau'r groes.

Wrth in wrando'r Iesu,
 haws adnabod Duw;
ac wrth gredu ynddo
 mae'n felysach byw.
Mae ei wenau tirion
 yn goleuo'r bedd;
ac yn ei wirionedd
 mae tragwyddol hedd.

Elfed, 1860–1953
Caneuon Ffydd, 381

Emyn: 'Hyfryd eiriau'r Iesu'

Ymddangosodd yr emyn gan Elfed (gweler adran Yr Emynwyr) mewn casgliad enwadol am y tro cyntaf yn *Y Caniedydd Cynulleidfaol* (1895), er ei fod wedi'i gynnwys mewn cyhoeddiad o'r enw *Odlau Mawl* dan olygyddiaeth D. W. Lewis, Brynaman cyn hynny.

Tôn: 'Pinner'

Cyfansoddwyd y dôn gan E. T. Davies (gweler adran Y Cyfansoddwyr) a'i chyhoeddi am y tro cyntaf yn *Llyfr Emynau a Thonau y Methodistiaid Calfinaidd a Wesleaidd* (1929). Enwyd y dôn yn 'Elfed' yn wreiddiol a'i llunio yn arbennig ar gyfer emyn Elfed, 'Hyfryd eiriau'r Iesu'.

Ceri Wyn Jones

'Mi dafla' 'maich oddi ar fy ngwar'

Ganwyd Ceri Wyn Jones yn Welwyn Garden City, Swydd Hertford a magwyd ef yno ac yn Aberteifi a Phen y Bryn yng ngogledd Sir Benfro. Mynychodd ysgolion cynradd Cilgerran ac Aberteifi cyn mynd i Ysgol Uwchradd Aberteifi. Graddiodd mewn Saesneg o Brifysgol Aberystwyth cyn dechrau dysgu yn Ysgol Gyfun Dyffryn Teifi, Llandysul, lle bu'n bennaeth yr adran Saesneg am ddros degawd. Gadawodd fyd addysg i ddilyn gyrfa fel golygydd gyda Gwasg Gomer yn 2002. Ef oedd Prifardd y Gadair yn Eisteddfod Genedlaethol Y Bala, 1997, ac enillodd hefyd y Goron yn Eisteddfod Genedlaethol Y Bala, 2009. Wedi ei gyfnod fel Bardd Plant Cymru o 2003 hyd 2004 cyhoeddodd y gyfrol *Dwli o Ddifri* i blant, a chyrhaeddodd honno restr fer Gwobr Tir na n-Og yn 2005. Cyrhaeddodd ei gyfrol gyntaf o gerddi, *Dauwynebog*, restr fer gwobr Llyfr y Flwyddyn yn 2008 a derbyniodd ysgoloriaeth gan yr Academi yn yr un flwyddyn i ddechrau gwaith ar ail gyfrol o farddoniaeth. Yn 2012 cyhoeddwyd mai Ceri Wyn fyddai'n olynu Gerallt Lloyd Owen fel llywydd a 'Meuryn' Talwrn y Beirdd. Yn 2014 enillodd ei ail gadair genedlaethol yn Eisteddfod Sir Gâr am awdl ar y thema 'Lloches'.

'Da iawn, bois. Ac un arall. Ydy' chi'n 'neud ricwests? Canwch yr emyn 'na. Chi'n gwbod yr un ... Nid wy'n gofyn bywyd lais.'

Y lleoliad? Na, nid Capel Mair pedwar-llais fy mhlentyndod. A'r holwr? Wel, yn sicr nid un o arweinyddion ardderchog corau fy ieuenctid, fel Alun Tegryn Davies, Elgan Jones neu Islwyn Evans.

Y gwir yw nad oes gen i syniad pwy oedd y gŵr dieithr a'n holodd ni am yr emyn hybrid hwnnw – ond rwy'n gwybod nad gwin cymundeb a barodd iddo gymysgu mor gofiadwy. Rwy'n gwybod hefyd taw yn nhafarn yr Ivy Bush ar sgwâr Castellnewydd Emlyn yr oeddem ni ar y pryd, a ninnau, ar ôl un o ymarferion Ar ôl Tri, yn mynd trwy *repertoire* yr after-match, chwedl ein diweddar arweinydd, Wyn Lewis. Ac roedd Wyn yn fachan emyn.

Yn ei gwmni ef y dysgais – dros y bont yn y Red Cow yn Adpar – 'O tyred i'n hiacháu' (Capel Tygwydd) ac 'Os gwelir fi, bechadur' (Clawdd Madog). Felly hefyd 'Ar fôr tymhestlog' (Penmachno) ac 'Oleuni mwyn' (Sandon), yr emynau a brofodd mor anodd eu canu ddydd ei angladd.

Ddrws neu ddau i fyny o'r Ivy Bush mae tafarn y Plough. Ac i'r man hwnnw y byddai aelodau Côr Ieuenctid Dyffryn Teifi yn mynd ar ôl ymarferion slawer dydd. A ffefrynnau after-match y côr hwnnw oedd yr emynau hynny a ddysgwyd i ni gan Islwyn Evans, yn eu plith 'O nefol addfwyn Oen' (Rhosymedre), 'Tyrd atom ni' (Berwyn) ac 'O na ddôi'r nefol wynt' (Fflint).

Testun ysgrif arall yw'r ffaith taw prin yw atgofion yr ysgrif hon sy'n gysylltiedig â man addoli traddodiadol – a thaw dwyn yn ôl atgofion o ymwneud â phobol, nid o brofiad ysbrydol, yw canlyniad enwi'r emynau hyn.

Wedi dweud hynny, doedd dim dadlau â'r blew hynny a godai ar fy ngwar mewn ambell gymanfa. Wn i ddim ai'r cord neu'r gair neu gwmni fy nghyddenoriaid ar y galeri oedd yn gyfrifol am hyn, ond mae gen i gof o gael fy nharo'n fud am eiliad wrth gyrraedd y cymalau canlynol, 'Mi glywaf gôr ar risial fôr ...' (Gorfoledd), 'A phan chwalo'r greadigaeth ...' (In Memoriam) ac 'Ac er fy malurio'n y bedd ...' (Trewen). A phrin y galla' i ganu 'Arglwydd, gad im dawel orffwys' (Arwelfa) bellach, heb lyncu deigryn ar ryw bwynt.

Ond y gorchymyn oedd dewis un emyn.

Er nad yw profiad Williams Pantycelyn yn yr emyn a ddewisais yn un y galla' i uniaethu ag e, ni alla' i lai na chenfigennu wrth orfoledd ei ollyngdod a'i sicrwydd. Ac er nad yw'r alaw a'r gynghanedd yn ymddangos yn arbennig o gywrain neu gyfoethog, ni alla' i feddwl am yr emyn heb feddwl am y dôn. 'Mi dafla' 'maich oddi ar fy ngwar' (Tyddewi) amdani.

Mi dafla' 'maich oddi ar fy ngwar
   wrth deimlo dwyfol loes;
euogrwydd fel mynyddoedd byd
   dry'n ganu wrth dy groes.

Os edrych wnaf i'r dwyrain draw,
   os edrych wnaf i'r de,
ymhlith a fu, neu ynteu ddaw,
   'does debyg iddo fe.

Fe roes ei ddwylo pur ar led,
   fe wisgodd goron ddrain
er mwyn i'r brwnt gael bod yn wyn
   fel hyfryd liain main.

Esgyn a wnaeth i entrych nef
   i eiriol dros y gwan;
fe sugna f'enaid innau'n lân
   i'w fynwes yn y man.

Ac yna caf fod gydag ef
   pan êl y byd ar dân,
ac edrych yn ei hyfryd wedd,
   gan' harddach nag o'r blaen.

William Williams, 1717–91
Caneuon Ffydd, 493

Emyn: 'Mi dafla' 'maich oddi ar fy ngwar'

Ymddangosodd yr emyn hwn am y tro cyntaf yn 1764, a hynny yn nhrydydd argraffiad casgliad William Williams Pantycelyn (gweler adran Yr Emynwyr) o *Caniadau y rhai sydd ar y Môr o Wydr*. Yn sicr, dyma un o emynau mwyaf adnabyddus Pantycelyn, a chyfeiriodd John Morris-Jones ato fel un o delynegion perffeithiaf yr iaith Gymraeg.

Tôn: 'Tyddewi'

Ymddengys mai 'Beverley' oedd enw gwreiddiol y dôn pan ymddangosodd yn *Halelwiah Drachefn* (1855), a'i chynganeddu gan R. H. Pritchard. Ceir ysgrif yn *Y Goleuad*, 6 Hydref 1989 yn sôn am John Hughes yn arwain Cymanfa Ganu Bedyddwyr ardal Tyddewi yn 1948; yno fe glywodd y Parch. Jubilee Young yn canu'r alaw hon a ddysgwyd iddo gan ei fam. Cofnododd John Hughes yr alaw a'i chynganeddu a'i chynnwys yn *Y Llawlyfr Moliant Newydd* (1955). John Hughes sy'n gyfrifol am fedyddio'r dôn â'r enw 'Tyddewi' oherwydd y cysylltiad â'r ddinas honno.

Eric Jones

'Mi dafla' 'maich oddi ar fy ngwar'

Yn enedigol o Bontarddulais, bu'n gyfeilydd i Gôr Meibion Pontarddulais, 1973–1991. Treuliodd yrfa oes ym myd addysg gan gynnwys Pennaeth Cerdd a'r Celfyddydau Creadigol, Ysgol Mynyddbach, Abertawe, 1974–1985; Dirprwy Brifathro Ysgol Gŵyr, Abertawe, 1986–1997 a Phrifathro Ysgol Bro Myrddin, Caerfyrddin, 1997–2006. Mae'n Organydd ac Ysgrifennydd Eglwys Hope-Siloh, Pontarddulais ac yn gyfansoddwr a beirniad adnabyddus. Urddwyd ef i'r Wisg Wen am wasanaeth hir a nodedig i'r Eisteddfod a'r Orsedd yn 2010. Fe'i hanrhydeddwyd â Doethuriaeth er anrhydedd gan Brifysgol Abertawe yn 2018.

Cystal i mi gyfaddef o'r cychwyn na fûm yn gyffyrddus erioed wrth geisio ymateb i unrhyw gwestiwn sy'n cychwyn, 'Beth yw dy hoff ...?' Gallai'r cwestiwn gyfeirio at ffilm, bwyd, cân, awdur, cyfansoddwr, gwlad, rhaglen deledu neu liaws o bethau eraill. Ond yr un yw fy nheimlad bob tro – byddai llunio rhestr fer hyd yn oed y tu hwnt i mi, heb sôn am roi un dewis ar y brig. Ys gwn i sawl emyn Cymraeg a grëwyd ar hyd y canrifoedd, a sawl tôn a gyfansoddwyd yn gerbyd i'w cario nhw? Ac er bod ein cyfoeth o emynau'n gynyrchiadau llenyddol yn eu hanfod, mae angen eu canu er mwyn dirnad yn llwyr eu neges. I mi, mae priodas emyn a thôn o bwys allweddol, ac fe deimlaf ar adegau na roddir sylw dyledus i hynny.

Dyma fi felly, yn hytrach na sôn am 'hoff emyn', yn cyfeirio at un hoff atgof o emyn a thôn, gan fynd yn ôl i ddyddiau ieuenctid. Y lleoliad oedd capel yr Hope, fel yr oedd bryd hynny, ym Mhontarddulais, capel fy nheulu – Hope-Siloh erbyn hyn wedi i'r ddwy eglwys annibynnol yn y pentref gyfuno dros ddegawd yn ôl bellach. Yr achlysur oedd Cymanfa Ganu'r Annibynwyr adeg y Pasg. Roedd pob enwad â'i Chymanfa yn y pentref yn y 1960au, ac er yr edwino amlwg a brofwyd ers hynny o ran 'caniadaeth y cysegr' ar draws Cymru, ymfalchïwn fod ein Cymanfa Undebol yn Y Bont a'r Hendy yn dal i fodoli.

Nôl i'r 1960au, a minnau'n ddisgybl yn Ysgol Ramadeg y Bechgyn, Tregŵyr, roedd arweinydd gwadd y gymanfa, Mr Cyril Edwards, yn ymwybodol o'm dyhead i fynd ymlaen i astudio Cerdd ar ôl gadael ysgol. Cefais rybudd ganddo o flaen llaw y dylwn ddewis un emyn o'r rhaglen, ac fe fyddai'n fy ngalw o blith y tenoriaid ar y galeri i ddod lawr i'r pulpud i ddweud gair am yr emyn a'r dôn cyn mynd ymlaen i'w harwain. Emyn Pantycelyn, 'Mi dafla' 'maich oddi ar fy ngwar' oedd fy newis, ar y dôn 'Tyddewi' – priodas berffaith yn fy marn i – a phrofiad bythgofiadwy o arwain am y tro cyntaf i mi.

Mi dafla' 'maich oddi ar fy ngwar
    wrth deimlo dwyfol loes;
euogrwydd fel mynyddoedd byd
    dry'n ganu wrth dy groes.

Os edrych wnaf i'r dwyrain draw,
    os edrych wnaf i'r de,
ymhlith a fu, neu ynteu ddaw,
    'does debyg iddo fe.

Fe roes ei ddwylo pur ar led,
    fe wisgodd goron ddrain
er mwyn i'r brwnt gael bod yn wyn
    fel hyfryd liain main.

Esgyn a wnaeth i entrych nef
    i eiriol dros y gwan;
fe sugna f'enaid innau'n lân
    i'w fynwes yn y man.

Ac yna caf fod gydag ef
    pan êl y byd ar dân,
ac edrych yn ei hyfryd wedd,
    gan' harddach nag o'r blaen.

William Williams, 1717–91
Caneuon Ffydd, 493

Emyn: 'Mi dafla' 'maich oddi ar fy ngwar'

Ymddangosodd yr emyn hwn am y tro cyntaf yn 1764, a hynny yn nhrydydd argraffiad casgliad William Williams Pantycelyn (gweler adran Yr Emynwyr) o *Caniadau y rhai sydd ar y Môr o Wydr*. Yn sicr, dyma un o emynau mwyaf adnabyddus Pantycelyn, a chyfeiriodd John Morris-Jones ato fel un o delynegion perffeithiaf yr iaith Gymraeg.

Tôn: 'Tyddewi'

Ymddengys mai 'Beverley' oedd enw gwreiddiol y dôn pan ymddangosodd yn *Halelwiah Drachefn* (1855), a'i chynganeddu gan R. H. Pritchard. Ceir ysgrif yn *Y Goleuad*, 6 Hydref 1989 yn sôn am John Hughes yn arwain Cymanfa Ganu Bedyddwyr ardal Tyddewi yn 1948; yno fe glywodd y Parch. Jubilee Young yn canu'r alaw hon a ddysgwyd iddo gan ei fam. Cofnododd John Hughes yr alaw a'i chynganeddu a'i chynnwys yn *Y Llawlyfr Moliant Newydd* (1955). John Hughes sy'n gyfrifol am fedyddio'r dôn â'r enw 'Tyddewi' oherwydd y cysylltiad â'r ddinas honno.

Gwyn Elfyn Lloyd Jones

'O! ganu bendigedig fydd canu'r dydd a ddaw'

Ganwyd Gwyn Elfyn Lloyd Jones yn Ysbyty Dewi Sant, Bangor yn fab i'r Parchedig Tudor Lloyd Jones a Deilwen Medi Jones. Magwyd yn Deiniolen lle roedd ei dad yn weinidog ar gapel Ebeneser ar y pryd. Yn Hydref 1968 symudodd y teulu i Drefach, Llanelli pan ddaeth ei dad yn weinidog ar Gapel Seion yn y pentref. Mae Gwyn wedi aros yn yr ardal ers hynny. Fel mab i weinidog roedd yn cael ei adnabod fel 'Gwyn y Mans' yng Nghwm Gwendraeth. Mynychodd Ysgol Gynradd Drefach ac Ysgol Ramadeg y Gwendraeth cyn astudio drama ym Mhrifysgol Aberystwyth. Ar ôl graddio, cafodd ei swydd actio gyntaf gyda Chwmni Theatr Crwban, ac yn 1984 ymunodd â chast yr opera sebon *Pobol y Cwm* yn chwarae rhan Denzil. Daeth ei rôl yn y rhaglen i ben yn 2012 wedi 28 mlynedd yn portreadu'r cymeriad. Bellach, mae'n weinidog ar y capel lle cafodd ei fagu yn Seion, Drefach.

Mae'r emyn a'r dôn 'Côr Caersalem' yn dwyn cymaint o atgofion melys i mi am gymanfaoedd y gorffennol. Mae Cymanfa Ganu Capel Seion, Drefach, Llanelli wastad yn cael ei chynnal ar Sul y Blodau ac yn enwog am ei chanu grymus. A dweud y gwir mae'n un o'r cymanfaoedd sydd wedi parhau yn llwyddiant hyd heddiw.

Yr arferiad yw bod Pwyllgor y Gymanfa, gyda chynrychiolaeth o bob llais, yn dewis emynau. Buom yn ffodus, fel ieuenctid ddiwedd y 1970au, i gael eistedd ar y pwyllgor hwnnw o oedran ifanc. Diolch i'r rhai roddodd ffydd ynom a llwyddo i fagu brwdfrydedd ynom dros ganu corawl a chynulleidfaol.

'Côr Caersalem' oedd y ffefryn gennym ni mewn cymanfa oherwydd dyma'r cyfle i ganu hon yn iawn gyda chôr sylweddol o bedwar llais. Mae llinell y baswyr yn arbennig, ac roedd hyn yn ffactor bwysig i mi yn naturiol!

Cefais brofiad gwych o ddyblu a threblu'r cytgan dan faton y diweddar Meirion Jones, Stiniog, arweinydd Côr y Brythoniaid, ac yntau'n ein cael i gerdded allan dan ganu. Fe gafwyd profiad tebyg yn gymharol ddiweddar dan arweiniad ysbrydoledig Trystan Lewis, wrth iddo gamu o'r pulpud a cherdded i gefn y capel i werthfawrogi'r canu.

Rydym yn dal i gynnal ysgol gân ar nos Sul yn y misoedd sy'n arwain at y diwrnod, ond y graig y sylfaenwyd y Gymanfa arni ym mlynyddoedd fy ieuenctid ac am flynyddoedd lawer oedd arweinyddiaeth ysbrydoledig y diweddar J. Rhyddid Williams. Rwyf wedi canu mewn sawl côr ond Rhyddid oedd yr arweinydd lleisiol gorau i mi ganu dan ei faton erioed.

O ran yr emyn ei hun, mae rhediad y baswyr yn ail linell y cytgan yn anhygoel ac mae clywed côr pedwar llais yn canu hon yn angerddol yn gyrru ias i lawr cefn dyn.

Oes, mae yna emynau gyda geiriau mwy cywrain, mae yna donau mwy swynol mae'n siŵr ond hon sy'n dwyn fy meddwl i at y Gymanfa ac at ganu cynulleidfaol ar ei orau bob tro. Mae yna linellau sy'n annog canu cadarn cynulleidfaol yn yr emyn gan David Evans, Porthcawl sydd yn gweddu i dôn rymus Joseph Parry.

O ran y geiriau, rwy'n hoff iawn o gwpled cyntaf yr ail bennill –

Ar fryniau anfarwoldeb
  Yng nghanol môr o hedd,

Er ein bod yn edrych tua gwynfyd y Cristion yn y byd nesaf mae yna gadernid positif a rhyw sicrwydd yn y cwpled yna. Mae yna'n sicr neges i'r byd yma ac i ninnau heddiw yn yr emyn yn ogystal. Mae yna orfoledd yn y cytgan ac er pob taro sydd wedi bod ar ein heglwysi, pob erlid a phob cefnu, cofiwch ein bod yn dal i ganu – 'Heb ddiwedd byth i'r gân'.

O! ganu bendigedig
    Fydd canu'r dydd a ddaw,
Pan una'r holl gantorion
    Yng nghôr y Wynfa draw;
Bydd engyl y gogoniant
    Mewn syndod oll i gyd,
Pan dery'r côr undebol
    Yr anthem fawr ei hyd.

Byrdwn:
    O! ganu bendigedig,
        Heb ddiwedd byth i'r gân
    Fydd canu teulu'r cadw
        Yng nghôr Caersalem lân.
    Yng nghôr Caersalem lân
        Heb ddiwedd byth i'r gân
    Bydd canu bendigedig
        Yng nghôr Caersalem lân.

Ar fryniau anfarwoldeb
    Yng nghanol môr o hedd,
Cawn ganu heb ddim diwedd
    Yn hyfryd iawn ein gwedd:
O! Iesu bendigedig,
    Tywysog llawr a nen,
Pa bryd y cawn ni ddyfod
    I'r côr tu hwnt i'r llen?

David Evans (Aeronian), 1879–1965
Y Caniedydd, 816

Emyn: 'O! ganu bendigedig fydd canu'r dydd a ddaw'

Cyhoeddwyd y geiriau am y tro cyntaf yn *Trysorfa y Plant* ym mis Medi 1899 dan yr enw barddol Aeronian. David Evans (gweler adran Yr Emynwyr) oedd yr awdur, er i'r emyn gael ei gambriodoli i Thomas Levi pan ymddangosodd yn Y *Caniedydd Cynulleidfaol Newydd* (1921) a'r *Caniedydd* (1960).

Tôn: 'Côr Caersalem'

Cyfansoddodd Joseph Parry (gweler adran Y Cyfansoddwyr) y dôn yn benodol ar gyfer geiriau David Evans a gyhoeddwyd yn *Trysorfa y Plant*, Medi 1899. Daeth yr emyn a'r dôn yn boblogaidd mewn cymanfaoedd canu ledled Cymru nes eu cynnwys mewn casgliad enwadol am y tro cyntaf yn Y *Caniedydd Cynulleidfaol Newydd* (1921).

Gwyn Hughes Jones

'Mae ffrydiau 'ngorfoledd yn tarddu'

'Fy enaid, bendithia yr Arglwydd'

Yn enedigol o Lanbedrgoch, Ynys Môn, cafodd Gwyn ei hyfforddi fel bariton yn y Guildhall, gan ennill ysgoloriaeth Kathleen Ferrier yn 1992, cyn mynd ymlaen i astudio fel tenor gyda David Pollard. Dechreuodd fel canwr operatig proffesiynol yn 1995 gydag Opera Cenedlaethol Cymru fel Ismaele (*Nabucco*) o dan arweiniad Carlo Rizzi. Gwnaeth ei ymddangosiad cyntaf ar y cyfandir fel Ismaele (*Nabucco*) gydag Opera National de Paris, a chanodd ran Camille de Rossillon (*Die Lustige Witwe*) i'r un cwmni. Yn 1999 gwnaeth ei *début* Americanaidd fel Fenton (*Falstaff*) i'r Lyric Opera, Chicago, ac yn yr un flwyddyn ymddangosodd yn y San Francisco Opera yn canu Rodolfo ac Ismaele. Yn 2001 gwnaeth ei *début* yn y Metropolitan Opera, Efrog Newydd yn canu Ismaele, rhan y mae wedi ei hail-berfformio ddwywaith i'r un cwmni. Rhyddhawyd y cynhyrchiad ar DVD yn 2005. Mae wedi ymddangos gyda sawl cerddorfa, gan gynnwys Cerddorfa Symffoni Llundain, London Sinfonietta, Royal Philharmonic Orchestra, Cerddorfa Genedlaethol BBC Cymru, Israeli Philharmonic Orchestra a'r Royal Flanders Philharmonic Orchestra. Er mor llwyddiannus yw ei yrfa ryngwladol mae Gwyn wedi dal cysylltiad agos gyda'i wreiddiau, ac mae'n un o gantorion mwyaf poblogaidd llwyfan Pafiliwn yr Eisteddfod Genedlaethol ac yn ymddangos yn rheolaidd ar deledu yng Nghymru.

O gael ei afael ar lyfr emynau Cymraeg, rhyfeddai'r cyfansoddwr Ralph V. Williams at gynnwys cerddorol casgliad oedd yn cynnwys campweithiau cewri cyfansoddi megis Bach, Handel, Haydn, Mozart, Beethoven a.y.b. ... ond y rhyfeddod mwya' iddo fo oedd y cawr o gyfansoddwr hwnnw nad oedd yn wybyddus iddo … 'this chap "Alaw Gymreig" '. Pe bai unrhyw un yn chwilio am gyfrol gennym ni'r Cymry a fyddai'n cynrychioli pinacl ein diwylliant byddai cynnig y llyfr emynau ar ei ben ei hunan yn ddigon. Ynddo ceir yn frith enghreifftiau o'n 'cân' yn cyrraedd uchelfannau mawr, a safon byd ganwaith a mwy. Prin y galla' i sôn am yr un emyn heb ei gysylltu â thôn, yn naturiol, heblaw am un emyn, efallai. Ond, dim ond lle i ddewis un sy' 'na!

Alla' i ddim honni bod yn Gristion, erbyn hyn, ond alla' i ddim gwadu yr emosiwn, yr edmygedd ac, os nad ydi o'n rhy gamweddus deud, y balchder sy'n dod o ganu a darllen yr emynau hyn. Alla' i ddim ond cyfri fy hun yn lwcus o fod wedi cael yr addysg 'answyddogol' ddaeth i'm rhan o fod wedi bod yn aelod o Gapel ac Ysgol Sul MC Glasinfryn, Llanbedrgoch, ac o gael bod yn aelod o gynulleidfaoedd degau o gymanfaoedd canu capeli Môn yn 'ei morio hi' (lle y rhyfeddai Robin fy mrawd a finna wrth wylio Jac Pengroeslon yn troi'n biws ac yn edrach 'r un fath â'i fod o am ecsplodio wrth gyrraedd nodau uchaf y llinell bas). Wedyn yn aelod o gynulleidfa Capel MC Jewin pan euthum i astudio yng Ngholeg y Guildhall ac i fyw i Lundain.

Fel cantor proffesiynol sydd wedi bod wrthi yn canu emynau mewn cyngherddau a'u recordio rhaid cyfaddef ei bod hi'n gwbwl amhosib dewis ffefryn. Fel plentyn mae 'Iesu tirion, gwêl yn awr blentyn bach yn plygu i lawr' yn emyn ddysgodd llawer ohonon ni am y tro cynta' 'dwi'n siŵr.

Yn fy 'Nosbarth Cyntaf' i byddai:

'Arglwydd, gad im dawel orffwys' ar y dôn 'Arwelfa' – hoff emyn Nhad a Nhaid (oedd yn 'Desert Rat' yn ystod yr Ail Ryfel Byd)

'Dy garu di, O Dduw' ar 'Fenwick'

'Dyma gariad fel y moroedd' ar 'Tôn y Botel'

'Tydi a wnaeth y wyrth' ar 'Pantyfedwen'

'O Fab y Dyn, Eneiniog Duw'

'O fy Iesu bendigedig' ar 'Dim ond Iesu'

'Iesu, Iesu, rwyt ti'n ddigon' ar 'Lausanne'

Ac o gael y fraint o gael bod yno yng Nghymanfa Ganu Eisteddfod Genedlaethol Môn 1983 a chael clywed ...

'O tyred i'n gwaredu, Iesu da' ar y dôn 'Bro Aber' a theimlo'r ias o'i chlywed a'r wefr aeth fel ton drwy'r gynulleidfa y noson honno ... mi oedd o'n brofiad bythgofiadwy.

Ond, mae'n rhaid dewis, a'm dewis i ydi dau emyn na alla' i eu gwahanu ...

'Mae ffrydiau 'ngorfoledd yn tarddu o ddisglair orseddfainc y ne' ' ar y dôn 'Crugybar', a hefo hi, emyn diolchgarwch Nantlais, 'Fy enaid, bendithia yr Arglwydd', yn enwedig dau gwpled olaf yr ail bennill, 'Fel tad wrth ei blant y tosturia ...'

Gwn fod y cysylltiad braidd yn dywyll â'r gyntaf ('Mae ffrydiau ...') gan iddi fod yn emyn oedd mor boblogaidd mewn cynhebryngau, ac mae cof da gen i o pan yn ifanc ei chlywed yn cael ei chanu mewn gwasanaethau angladdol ac ar lan y bedd lawer gwaith. Rhaid i mi gyfaddef ei bod hi'n rhwygo 'nghalon o'm brest bob tro 'dwi'n ei chanu hi, ei bod hi'n dod â lwmp mawr i'm gwddw o'i chanu, a 'mod i'n ei chael hi'n amhosib peidio â thorri i lawr mewn dagrau. Mae ei chlywed yn dod â theimladau cryf iawn i'r wyneb mewn ffordd nad ydi'r un emyn arall.

Mae hi hefyd yn tanio'm dychymyg o'r hanesion glywon ni i gyd yn bobol ifanc a aeth i astudio ac i weithio i Lundain. Straeon yn adrodd hanes cynhebryngau mawr ar blatfform gorsaf Paddington yn Llundain mewn dyddiau a fu, a'r emyn yn cael ei tharo wrth i'r trên oedd yn cludo'r corff adra tua 'Gwlad yr Addewid' dynnu allan o'r orsaf a 'Cawn edrych ar stormydd ac ofnau ac angau dychrynllyd a'r bedd ...' yn torri mewn pedwar llais drwy'r stêm a'r mwg!

Mam bach, mae o'n dd'eud anferthol, ac yn goblyn o addewid mewn cân gan David Charles. Digon i ddod â lwmp mawr i'm corn gwddw rwan wrth ei hadrodd.

Mae ffrydiau 'ngorfoledd yn tarddu
   o ddisglair orseddfainc y ne',
ac yno'r esgynnodd fy Iesu
   ac yno yr eiriol efe:
y gwaed a fodlonodd gyfiawnder,
   daenellwyd ar orsedd ein Duw,
sydd yno yn beraidd yn erfyn
   i ni, y troseddwyr, gael byw.

Cawn esgyn o'r dyrys anialwch
   i'r beraidd baradwys i fyw,
ein henaid lluddedig gaiff orffwys
   yn dawel ar fynwes ein Duw:
dihangfa dragwyddol geir yno
   ar bechod, cystuddiau a phoen,
a gwledda i oesoedd diderfyn
   ar gariad anhraethol yr Oen.

O fryniau Caersalem ceir gweled
   holl daith yr anialwch i gyd,
pryd hyn y daw troeon yr yrfa
   yn felys i lanw ein bryd;
cawn edrych ar stormydd ac ofnau
   ac angau dychrynllyd a'r bedd,
a ninnau'n ddihangol o'u cyrraedd
   yn nofio mewn cariad a hedd.

David Charles, 1762–1834
Caneuon Ffydd, 747

Fy enaid, bendithia yr Arglwydd,
   a chofia'i holl ddoniau o hyd,
maddeuodd dy holl anwireddau,
   iachaodd dy lesgedd i gyd;
gwaredodd dy fywyd o ddistryw,
   â gras y coronodd dy ben,
diwallodd dy fwrdd â daioni:
   atseinier ei fawl hyd y nen.

Trugarog a graslawn yw'r Arglwydd,
   hwyrfrydig i lid i roi lle;
nid byth y mae'n cadw digofaint,
   nid byth yr ymryson efe;
fel tad wrth ei blant y tosturia,
   mae'n cofio mai llwch ydynt hwy;
O f'enaid, bendithia yr Arglwydd,
   bendithia yr Arglwydd byth mwy.

Nantlais, 1874–1959
Caneuon Ffydd, 102

Emynau: 'Mae ffrydiau 'ngorfoledd yn tarddu' / 'Fy enaid, bendithia yr Arglwydd'

Un o'r emynau mwyaf poblogaidd mewn angladdau yng Nghymru oedd emyn David Charles (gweler adran Yr Emynwyr), 'Mae ffrydiau 'ngorfoledd yn tarddu', er y cyfeirir ato rhan amlaf wrth eiriau'r pennill olaf, 'O fryniau Caersalem ceir gweled'. Cyhoeddwyd am y tro cyntaf yn 1808 yn *Hymnau o Fawl i Dduw ac i'r Oen*, ac yn 1823 yn *Hymnau ar Amrywiol Destunau*.

Ymddangosodd geiriau Nantlais (gweler adran Yr Emynwyr), 'Fy enaid, bendithia yr Arglwydd', am y tro cyntaf yn *Llyfr Emynau a Thonau y Methodistiaid Calfinaidd a Wesleaidd* yn 1929, llyfr y bu Nantlais yn un o'r golygyddion arno. Mae'r emyn yn seiliedig ar Salm 103 ac yn glynu'n agos ati fel addasiad rhwydd a chelfydd o eiriau'r salm.

Tôn: 'Crugybar'

Bu cryn ddadlau ac ansicrwydd ynglŷn â tharddiad y dôn hon dros y blynyddoedd. Cynhwyswyd y dôn yn *Moliant Seion: sef Casgliad o Hen Donau ac Emynau Diwygiadau Cymru* (1883) gan John Cledan Williams, Tredegar Newydd a'i nodi fel 'Hen Alaw Gymreig'. Ceir nodyn o dan y dôn yn esbonio mai hon oedd yr alaw a 'ganai "Nancy Crugybar" pan yn nofio i dangnefedd' a dyma'r rheswm dros ei henwi'n 'Crugybar'. Un o ffyddloniaid yr Annibynwyr yng Nghrugybar, Sir Gaerfyrddin oedd Nancy Efan Rhydderch, ac yn adnabyddus yn yr ardal am weiddi allan a chanu yn ystod pregethau yng nghyfnod y diwygiadau crefyddol gwahanol.

Deng mlynedd ar ôl ymddangosiad y dôn yn *Moliant Seion* bu llythyru yn y wasg Gymraeg ynglŷn â hanes y dôn a'i gwreiddiau. Ysgrifennodd Rhidian Griffiths erthygl ddiddorol yn *Canu Gwerin*, rhifyn 9, 1986, tt.5–11 yn olrhain yr holl hanes. Bellach, derbynnir na fu unrhyw gysylltiad arbennig rhwng y dôn â Nancy Crugybar, ac fel cynifer o hen alawon Cymreig eraill, cafodd ei benthyg a'i 'pharchuso' o blith alawon poblogaidd y ffair wrth iddi gael ei throsglwyddo i'r cysegr.

Dai Lloyd

'Arhosaf yng nghysgod fy Nuw'

Mab ffarm o Lwyngwril yn yr hen Sir Feirionnydd yn wreiddiol cyn iddo symud i Geredigion a'i addysgu yn Ysgol Uwchradd Llanbedr Pont Steffan ac Ysgol Feddygol Cymru, Caerdydd. Graddiodd fel meddyg yn 1980, ac wedi pedair blynedd fel meddyg ysbyty daeth yn feddyg teulu i Abertawe yn 1984, gan barhau fel meddyg yno tan ddiwedd 2019. Mae yn bregethwr lleyg ers 1992, fe'i hetholwyd yn Gynghorydd Sir yn Abertawe yn 1998 ac yn un o Aelodau gwreiddiol Cynulliad Cenedlaethol Cymru yn 1999. Ef oedd Cadeirydd Pwyllgor Iechyd ein Cenedl yn y Senedd 2016–2021, ac Ysgrifennydd Cyffredinol Capel Bethel, Sgeti, Abertawe ers 2016.

Rhaid dweud ei bod hi'n her sylweddol i ddewis fy hoff emyn – yn wir, bydd raid canu tua 37 ohonynt yn fy ngwasanaeth angladd i!

Mae ystod odidog o emynau gennym ni'r Cymry, a hawdd iawn ydyw ymfalchïo ynddynt. Mae emynau William Williams, Pantycelyn (rwyf yn arbennig o hoff o 'Mi dafla' 'maich oddi ar fy ngwar wrth deimlo dwyfol loes') ac Ann Griffiths yn fy nenu i yn bersonol ac yn cyflwyno adlewyrchiad teg o'm profiadau innau fel Cristion – yn amlwg, heb allu gogoneddus yr emynydd i olrheinio hynny'n ysgrifenedig. Mae'r ymdeimlad yna o faich pechod y pechadur druan, ac edifeirwch ar sail ffydd, yn hanfodol i seiliau cadarn bodolaeth. Mae llwybr ffydd yn fy herio ar un llaw, ac yn fy nghysuro ar y llaw arall.

Beunydd teimlaf fod Duw gyda mi, yng nghanol helbulon oes. Dyna pam mai fy hoff emyn ydy un a ysgrifennwyd gan fy hen, hen, hen ewythr, sef Ap Hefin, Henry Lloyd, Aberdâr. 'Arhosaf yng nghysgod fy Nuw' ydy'r emyn, a gellir ei gweld yng *Nghaneuon Ffydd*, emyn rhif 203. Dywedwyd sawl tro, yn ddireidus braidd o fewn ein teulu, taw Ap Hefin ydy'r unig un ag unrhyw fath o dalent yn ein teulu ni! Fe, wrth gwrs, ysgrifennodd 'I bob un sy'n ffyddlon' i'w chanu i gyfeiliant rhagorol yr emyn-dôn 'Rachie', sydd yn emyn llawer mwy adnabyddus i gynulleidfaoedd byd-eang, a thu hwnt i'n capeli. Cofiwn am hyn yn enwedig ar hyn o bryd, efo llwyddiant rygbi Cymru yn gefndir, ond mae cyfyngiadau y cyfnod clo presennol wedi atal perfformiadau angerddol o 'I bob un sy'n ffyddlon' o resi afreolus eisteddleoedd y meysydd rygbi am y tymor yma!

Trwy bopeth mae bywyd wedi'i daflu ataf rwyf yn gwybod bod Duw gyda mi – ennill weithiau, colli weithiau, mewn dyddiau du, galar, gydag anfodlonrwydd yn aml, ond heb anghofio y dyddiau da – mae Duw gyda mi. Wedi eu gwreiddio mewn ffydd gadarn, mae geiriau fy hen, hen, hen ewythr wedi eu saernïo mor grefftus a llyfn, ac wedi ysbrydoli fy nheulu er pan ysgrifennwyd hwy. Canwyd yr emyn yma yn angladd fy nhad ddwy flynedd yn ôl, ac fe'i darllenais (oherwydd cyfyngiadau Covid-19) yn angladd ei chwaer yntau hefyd yn ddiweddar. Mae'r geiriau yn parhau yn ysbrydoliaeth i mi heddiw ac mae 'Arhosaf yng nghysgod fy Nuw' yn adlewyrchu fy nheimladau innau yn berffaith.

Arhosaf yng nghysgod fy Nuw,
    i mewn yn nirgelwch y nef;
dan adain ei gariad 'rwy'n byw,
    fe'm gwrendy cyn clywed fy llef:
pe curai trallodion yn hy
    i'm herbyn fel tonnau y môr,
mi ganaf wrth deimlo mor gry' –
    fy nghraig a'm cadernid yw'r Iôr.

Nid ofnaf rhag dychryn y nos
    na'r saeth a ehedo y dydd;
diogel bob munud o'm hoes
    a fyddaf yng nghastell fy ffydd;
eiddilaf ryfelwr wyf fi
    i ymladd â nerthoedd y ddraig,
ond caf fuddugoliaeth a bri
    a Duw hollalluog yn graig.

Ap Hefin, 1870–1946
Caneuon Ffydd, 203

Emyn: 'Arhosaf yng nghysgod fy Nuw'

Ymddangosodd yr emyn hwn gan Ap Hefin (gweler adran Yr Emynwyr) am y tro cyntaf yn *Llyfr Emynau y Wesleaid* yn 1900. Yn ôl tystiolaeth ei ferch, teimladau o ddigalondid wedi claddu ei dad a fu'n ysbrydoliaeth i ysgrifennu'r geiriau cadarnhaol, a hynny pan oedd Ap Hefin yn ddim ond 21 mlwydd oed.

Tôn: 'Edom'

Tôn Owen Roberts (gweler adran Y Cyfansoddwyr) a gyhoeddwyd am y tro cyntaf yn *Llyfr Emynau a Thonau y Methodistiaid Calfinaidd a Wesleaidd* (1929) yw'r 'Edom' a welir yn *Caneuon Ffydd* (2001), er mai 'Edom' arall gan Thomas Evans, Abertawe a welir yn *Y Llawlyfr Moliant Newydd* (1955) a'r *Caniedydd* (1960).

Mary Lloyd-Davies

'Mi wn fod fy Mhrynwr yn fyw'

Ganwyd Mary Lloyd-Davies yn Llanuwchllyn, pentref bychan ym Meirionnydd sy'n gryf ym mhob agwedd o ddiwylliant Cymru. Wedi iddi raddio o'r Coleg Cerdd Brenhinol yn Llundain treuliodd ddyddiau cynnar ei gyrfa yn canu mewn cyngherddau ac oratorios ar hyd a lled y wlad a thramor gan berfformio yn Yr Almaen, De a Gogledd America, Canada, Yr Iseldiroedd ac Israel. Dechreuodd ei gyrfa operatig gyda Chwmni Glyndebourne. Bu'n unawdydd gyda Chwmni Opera Cymru, Cwmni Opera Lloegr, Bayreuth, Houston Grand Opera, San Francisco Opera, Y Bastille ym Mharis ac Opera Nurnberg. Ei hymddangosiad cyntaf gyda Covent Garden oedd yn *Arabella* ac yna cafodd ran yn opera newydd Lorin Maazel – *1984* – a berfformiwyd yn La Scala, Milan. Mae Mary yn weithgar iawn yn ei chymuned leol gan ddysgu llu o gantorion ifanc, ac mae wrth ei bodd yn pasio'i gwybodaeth a'i phrofiad helaeth ymlaen iddynt.

Mae trio dewis emyn penodol i mi fel dewis hoff gyfansoddwr cân glasurol, neu fy ffefryn o operâu'r byd! Tasg hollol amhosib yn fy marn i. Mae'r cyfan yn dibynnu ar sut mae'r meddwl a'r ysbryd yn teimlo ar yr adeg hynny, pan yn canu'r geiriau, yn perfformio ar lwyfan theatr, neu'n dehongli barddoniaeth cân. Gallwn restru llu ohonynt am resymau gwahanol!

Un o'r emynau cyntaf rwy'n ei gofio ydi 'Iesu, Iesu 'rwyt ti'n ddigon' (William Williams) ar y dôn 'Lausanne' (Caesar Malan) gan y byddai fy nhaid yn chwibanu'r dôn o hyd (chlywais i erioed mohono'n ei chanu), ac fe fyddai'n cael ei chwarae'n gyson ar *radiogram* fawr oedd gan fy nain a fy nhaid yn eu cartref – LP o David Lloyd yn ei chanu.

Rhaid i mi gyfaddef fy mod yn dueddol o ffafrio emynau gyda'u tonau yn y lleddf yn hytrach na'r llon, ac un sydd wastad wedi apelio'n fawr ataf fi ydy 'Anghrediniaeth, gad fi'n llonydd' (Dafydd William) ar y dôn 'Bryngogarth' (William Roberts). Teimlaf fod y geiriau'n bwerus a'r gerddoriaeth yn priodi mor dda â nhw. Emyn arall oedd yn boblogaidd iawn mewn gwasanaethau a chymanfaoedd pan oeddwn yn ifanc oedd 'Dilynaf fy Mugail drwy f'oes' (Benjamin Francis) ar y dôn 'Arabia Newydd' (W. J. White) – emyn a thôn oedd yn codi'r to!

Ond mae emyn sydd yn rhan uchaf fy rhestr yn bendant, a hwnnw yw 'Mi wn fod fy Mhrynwr yn fyw' (Thomas Jones) ar y dôn 'Trewen' (D. Emlyn Evans). Roedd hwn yn hoff emyn fy mam hefyd, ac fe'i recordiais ar gyfer ei hangladd. Geiriau sy'n llawn ffydd ac argyhoeddiad.

Mi wn fod fy Mhrynwr yn fyw,
    a'm prynodd â thaliad mor ddrud;
fe saif ar y ddaear, gwir yw,
    yn niwedd holl oesoedd y byd:
er ised, er gwaeled fy ngwedd,
    teyrnasu mae 'Mhrynwr a'm Brawd;
ac er fy malurio'n y bedd
    ca'i weled ef allan o'm cnawd.

Wel, arno bo 'ngolwg bob dydd,
    a'i daliad anfeidrol o werth;
gwir awdur, perffeithydd ein ffydd,
    fe'm cynnal ar lwybrau blin serth:
fy enaid, ymestyn ymlaen,
    na orffwys nes cyrraedd y tir,
y Ganaan dragwyddol ei chân,
    y Saboth hyfrydol yn wir.

Thomas Jones, 1756–1820
Caneuon Ffydd, 547

Emyn: 'Mi wn fod fy Mhrynwr yn fyw'

Ymddangosodd yr emyn hwn gan Thomas Jones (gweler adran Yr Emynwyr) am y tro cyntaf yn 1799 yn y *Trysorfa Ysprydol*, cyfnodolyn a olygwyd ar y cyd ganddo fe a Thomas Charles, Y Bala. Fe'i cynhwyswyd mewn dau gasgliad arall yn 1802 sef *Mawl i'r Oen a Laddwyd* a *Diferion y Cyssegr*. Mae'r emyn yn seiliedig ar adnodau o Lyfr y Proffwyd Job 19:25–6, 'Canys myfi a wn fod fy Mhrynwr yn fyw, ac y saif yn y diwedd ar y ddaear. Ac er ar ôl fy nghroen i bryfed ddifetha'r corff hwn, eto caf weled Duw yn fy nghnawd.'

Tôn: 'Trewen'

Cyfansoddwyd y dôn gan D. Emlyn Evans (gweler adran Y Cyfansoddwyr) a'i chyhoeddi am y tro cyntaf yn *Gemau Mawl: Attodiad i 'Tonau, Salmau ac Anthemau'*, casgliad David Jenkins yn 1890, ac wedi hynny ym mhob un o'r casgliadau enwadol yng Nghymru. Mae'r dôn wedi'i chynnwys mewn nifer o gasgliadau Saesneg hefyd ers ymddangos yn y *Revised Church Hymnary* (1927).

Elvey MacDonald

'Cenwch i'r Arglwydd'

Ganwyd Elvey MacDonald yn Nhrelew, Yr Ariannin, a daeth i Gymru am y tro cyntaf yn 1965 yn ystod dathliadau canmlwyddiant sefydlu'r Wladfa. Bu'n drefnydd ar ddwy brifwyl yng Nghymru sef yr Eisteddfod Genedlaethol am bum mlynedd ac yna'r Urdd am 24 mlynedd. Bu'n allweddol wrth sefydlu Radio Ceredigion a lansiwyd yn 1992. Ymhlith ei gyhoeddiadau mae *Yr Hirdaith* a *Dyddiadur Mimosa* yn ymwneud â'r ymfudwyr cynnar o Gymru i Batagonia. Cyhoeddodd ei hunangofiant *Llwch* yn 2009.

Dydw i ddim yn cofio'r byd heb emynau, ac mae'n siŵr mai ar liniau Nhad neu Mam yr oeddwn pan glywais y rhai cyntaf – ac yn faban ym mreichiau'r naill neu'r llall (yn ddi-os nes i mi ddysgu cerdded) y cefais fy nghludo bob Sul i gapel y Tabernacl, Trelew, lle'r oedd ein teulu yn addoli. Dilynwyd y patrwm hwn wedi i ni symud i fyw i'r Gaiman a mynychu Bethel – yr addoldy y deuthum i'w ystyried fel 'ein capel ni' wrth i mi dyfu, deall a dysgu – deirgwaith bob Sul: Cwrdd Bore, Ysgol Sul yn y prynhawn, a'r Cwrdd Nos. Yn anochel, byddai i emynau ran bwysig yn y fwydlen a ddarperid yn y tri digwyddiad wythnosol. Bob yn dipyn, daeth y geiriau hefyd yn gyfarwydd i mi, gan greu storfa a dyfodd gyda'r blynyddoedd.

Dwn i ddim a oes gennyf 'hoff emyn'. Fel rhyw fath o geiliog y gwynt, tuedd fy nghof yw gwthio amrywiol rai i flaen fy meddwl ar wahanol adegau neu amgylchiadau ac, yn ddiau, mae nifer o'u plith yn teilyngu cael eu disgrifio o leiaf fel 'ffefrynnau'. Petaswn i'n gorfod ffurfio rhestr, tybiaf y byddai'n debyg i rai y mwyafrif o dablau cynghreiriau pêl-droed y byd, a threfn yr enwau ar y brig yn newid fel y bydd y gwynt yn chwythu.

Cysylltaf rai gyda chymanfaoedd canu a'r nosweithiau ymarfer oedd yn eu rhagflaenu (lle'r oedd y gwaith dyfal o hyfforddi a dysgu yn cael ei gyflawni) – yn enwedig ar ôl i mi dyfu yn ddigon hen (a'm llais wedi 'torri') pryd y disgwylid i mi, bellach, ymuno yn yr 'hwyl'.

Yn Rhagfyr 1949 (a hithau'n haf yn y gwledydd i'r de o'r cyhydedd) chwyldrowyd canu cynulleidfaol Dyffryn Camwy. Gwahoddwyd Clydwyn ap Aeron Jones, cerddor a addysgwyd yn Buenos Aires a Llundain, i arwain Cymanfa Ganu yn Bethel. Am y tro cyntaf erioed, cafwyd rihyrsal y Sul blaenorol. Syfrdanwyd y cantorion pan fentrodd yr arweinydd ifanc dorri ar draws y canu gyda nifer o gyfarwyddiadau ar sut i wella'r mynegiant a rhoi'r pwyslais dyladwy i'r nodau a'r geiriau. Er gwaetha'r grwgnach dan anadl, bu raid i bawb ufuddhau ac, erbyn y Sul canlynol, cafwyd Cymanfa ragorol a muriau Bethel yn atseinio gyda'r canu cynulleidfaol gorau a glywyd yn y dyffryn hyd at hynny. Ar y ffordd allan, canmolai Clydwyn bawb – hyd yn oed y sopranos. Dylanwadodd y profiad hwnnw yn drwm ar fy chwaer fach chwe mlwydd oed. 'Fel Clydwyn dw i isio bod pan fydda i'n fawr,' cyhoeddodd. Yn wyneb anghrediniaeth (sinigaidd ar brydiau), yn y byd cerddorol yn bennaf y gwnaeth ei gyrfa a do, bu hefyd yn arwain Cymanfaoedd Canu.

Yn wahanol i fy chwaer, anaml iawn yr wyf wedi bod mewn Cymanfa Ganu ers i mi ymsefydlu yn yr 'Hen Wlad'. Serch hynny, mae gen i gasgliad eang o hoff emynau y byddaf yn mwynhau gwrando arnynt ac, yn y dyddiau pan oedd amgylchiadau yn caniatáu i mi fynychu Capel y Morfa yn Aberystwyth, roeddwn yn ymuno gydag arddeliad yn y canu. Un o fy hoff emynau yw 'Cenwch i'r Arglwydd ...', geiriau ardderchog Gwili ar y dôn 'Hengoed' gan Jacob Gabriel – asiad perffaith sy'n erfyn am gael ei chanu *con brio* ag argyhoeddiad, a does dim byd yn waeth gennyf na chlywed cynulleidfa (y sopranos, gan amlaf, mae'n ddrwg gen i ddweud, ferched) yn ei harafu nes glastwreiddio'r elfen o fawl sy'n ganolog i'r geiriau. I blesio fy natur farus, efallai y caniateir i mi grybwyll hefyd glasbrint eglur Morgan D. Jones o'r hyn y dylai Eglwys fod pan yw'n cyffelybu'r Eglwys i wir winwydden gyda'i changhennau yn tarddu ohoni'n ir yn ei emyn 'O pâr i'th Eglwys, ti'r Winwydden wir' (*Caneuon Ffydd* 620).

Cenwch i'r Arglwydd,
cenwch i'r Arglwydd,
Iôr ein hymwared ni yw;
aed yn beraidd hyd y nef
aberth moliant iddo ef,
bendigedig fo'r Arglwydd, ein Duw.

Moeswch i'r Arglwydd,
moeswch i'r Arglwydd,
moeswch ogoniant a nerth;
o'u caethiwed, rhoed yn rhydd
fyrdd o etifeddion ffydd,
mawl i enw Preswylydd y berth.

Molwch yr Arglwydd,
molwch yr Arglwydd,
molwch yr Arglwydd, ei saint;
wrth ffynhonnau'r dyfroedd byw
gorfoledded meibion Duw,
byddant hyfryd yng ngwynfyd eu braint.

Dychwel i'w Seion,
dychwel i'w Seion
dyrfa aneirif ryw ddydd;
bydd llawenydd ar eu pen,
ac o flaen yr orsedd wen
Halelwia dragwyddol a fydd.

Gwili, 1872–1936
Caneuon Ffydd, 37

Emyn: 'Cenwch i'r Arglwydd'

Ymddangosodd emyn Gwili (gweler adran Yr Emynwyr) am y tro cyntaf yn 1915 yn *Llawlyfr Moliant* y Bedyddwyr, ond ni ddaeth i amlygrwydd mawr nes ei briodi â thôn Jacob Gabriel, 'Hengoed' yn *Y Llawlyfr Moliant Newydd* (1955).

Tôn: 'Hengoed'

Cynhwyswyd y dôn hon gan Jacob Gabriel (gweler adran Y Cyfansoddwyr) mewn casgliad enwadol am y tro cyntaf yn *Llawlyfr Moliant Newydd* y Bedyddwyr (1955). Roedd John Hughes, golygydd cerddorol *Y Llawlyfr Moliant Newydd*, yn awyddus i lunio tôn addas ar gyfer geiriau mawreddog Gwili, 'Cenwch i'r Arglwydd', oedd wedi'u cynnwys yn *Y Llawlyfr Moliant* (1915) ond heb ddod yn boblogaidd oherwydd anaddasrwydd y dôn yn y casgliad hwnnw. Ar gais John Hughes lluniodd Jacob Gabriel, oedd yn byw yn Hengoed, y dôn ar gyfer geiriau Gwili.

Sian Meinir

'Mae ffrydiau 'ngorfoledd yn tarddu'

Cafodd Sian Meinir ei geni yn Swydd Caer a'i magu yng Ngwynedd. Graddiodd o Brifysgol Bangor a'r Royal Academy of Music yn astudio gyda Kenneth Bowen. Ymunodd â Chorws Opera Cenedlaethol Cymru yn 2003 yn dilyn cyfnod fel aelod o Gorws y Royal Opera House, Llundain. Dyfarnwyd Gwobr Susan Chilcott iddi yn 2007. Ymhlith ei huchafbwyntiau yn Opera Cenedlaethol Cymru mae wedi perfformio rhan Margaret yn *Wozzeck*, Enrichetta yn *I Puritani*, Annina yn *La Traviata*, Kate Pinkerton yn *Madam Butterfly*, ac Iseult of the White Hands yn *Le Vin herbé*. Mae'n hoff o farddoni ac wedi ennill nifer o gadeiriau eisteddfodol ledled Cymru. Mae Sian yn aelod gweithgar ac yn swyddog yn ei heglwys leol sef Y Tabernacl, Y Barri.

Anghofia' i fyth y fraint o gael canu fy hoff emyn, 'O fryniau Caersalem', yn angladd fy nain, a hynny yn ddigyfeiliant ar lan ei bedd ym mynwent Eglwys San Pedr, Niwbwrch. A hithau'n falmaidd o fwyn y diwrnod hwnnw, roedd awel y Fenai yn taenu'n felys a chynnes drosom fel teulu, fel pe bai'n cydymdeimlo'n gysurlon â ni yn ein hiraeth. Profiad cymysglyd o gyfrin oedd y ffarwelio ag anwylyn, ond ymfalchïais o gael arddel y traddodiad Cymreig o ganu tôn 'Crugybar' ar lan y bedd a hynny'n atgyfnerthu'r enaid.

Clywais fy nhad yn adrodd hanesyn am glywed yr emyn yn tarddu o'r union yr un fan flynyddoedd ynghynt. Glaslencyn oedd fy nhad, ar ddiwrnod o haf tesog yn rhoi help llaw i'w dad yntau, sef fy nhaid i, i glirio ffos a redai gydag ymyl clawdd Yr Allt Hir – dim ond lled dau gae oddi wrth safle gweddillion Llys Rhosyr, cartref Llywelyn Fawr. Roedd fy nhaid yn gweithio'n ddiwyd a 'nhad yn cymryd hoe i werthfawrogi'r olygfa tua Chob Malltraeth, pan esgynnodd cnul yr eglwys ar yr awel.

Mae dwy gloch yn yr eglwys – un ohonynt wedi'i harbed o hen Eglwys Dwynwen ar Ynys Llanddwyn. Ar glywed y gloch, eisteddodd fy nhaid wrth fôn y clawdd, fel pe bai'n gwybod bod rhywbeth ar droed. Cyhoeddi angladd yr oedd y gloch – hen forwr o'r pentre' oedd wedi brwydro drwy nifer o stormydd ar gefnforoedd y byd ac wedi profi 'troeon yr yrfa' ar y tir mawr hefyd. Wedi ychydig funudau, daeth lleisiau'r cantorion yn felys o lan y bedd, yn canu mewn harmoni pedwar llais, a llinell y tenor yn arnofio'n uchel ac yn beraidd. Rhoddodd Taid y gaib i orffwys wrth ochr y ffos, ymsythodd ac ymuno yn y canu, a'i lais bariton melfedaidd yn ychwanegu at felyster tangnefeddus y foment. Chlywodd neb ond fy nhad mohono, er efallai i adar bach y ffridd gael gwledd yn ogystal y diwrnod hwnnw; ond erys yr atgof o'r munudau cyfriniol yn drysor yng nghof fy nhad ac yn parhau i wau'r blynyddoedd at ei gilydd.

Un atgof arall sydd gen i yng ngwead y stori hon yw cofio canu mewn cyngerdd yng Nghaernarfon i gynulleidfa oedd wedi dod o gartrefi gofal yr ardal. Wedi i mi gyflwyno'r emyn a sôn am wreiddiau fy nheulu yr ochr arall i'r Fenai, ac wrth i gyfeiliant y piano ddechrau a minnau'n ymbaratoi dyma lais o'r gynulleidfa yn datgan yn ddirybudd, 'Dwi'n eich cofio chi'n canu yn angladd eich nain.' Cefais fy llorio'n llwyr a methais ganu y cymal agoriadol mewn pryd o'r herwydd! Dyma'r tro cyntaf i mi fod dan deimlad o'r fath yng nghanol cyngerdd ac wrth i'r gynulleidfa uno efo mi yn y canu fe ges innau 'nofio mewn cariad a hedd' a'r cydymdeimlo rhyngom i gyd yn y neuadd yn rhywbeth cyffyrddadwy o real.

Byth wedi hynny, pan glywaf yr emyn yn cael ei chanu byddaf yn ail-fyw y wefr ryfeddol sy'n dod o'r geiriau arbennig sy'n llawn cysur dyrchafol.

Mae ffrydiau 'ngorfoledd yn tarddu
  o ddisglair orseddfainc y ne',
ac yno'r esgynnodd fy Iesu
  ac yno yr eiriol efe:
y gwaed a fodlonodd gyfiawnder,
  daenellwyd ar orsedd ein Duw,
sydd yno yn beraidd yn erfyn
  i ni, y troseddwyr, gael byw.

Cawn esgyn o'r dyrys anialwch
  i'r beraidd baradwys i fyw,
ein henaid lluddedig gaiff orffwys
  yn dawel ar fynwes ein Duw:
dihangfa dragwyddol geir yno
  ar bechod, cystuddiau a phoen,
a gwledda i oesoedd diderfyn
  ar gariad anhraethol yr Oen.

O fryniau Caersalem ceir gweled
  holl daith yr anialwch i gyd,
pryd hyn y daw troeon yr yrfa
  yn felys i lanw ein bryd;
cawn edrych ar stormydd ac ofnau
  ac angau dychrynllyd a'r bedd,
a ninnau'n ddihangol o'u cyrraedd
  yn nofio mewn cariad a hedd.

David Charles, 1762–1834
Caneuon Ffydd, 747

Emynau: 'Mae ffrydiau 'ngorfoledd yn tarddu'

Un o'r emynau mwyaf poblogaidd mewn angladdau yng Nghymru oedd emyn David Charles (gweler adran Yr Emynwyr), 'Mae ffrydiau 'ngorfoledd yn tarddu', er y cyfeirir ato rhan amlaf wrth eiriau'r pennill olaf, 'O fryniau Caersalem ceir gweled'. Cyhoeddwyd am y tro cyntaf yn 1808 yn *Hymnau o Fawl i Dduw ac i'r Oen*, ac yn 1823 yn *Hymnau ar Amrywiol Destunau.*

Tôn: 'Crugybar'

Bu cryn ddadlau ac ansicrwydd ynglŷn â tharddiad y dôn hon dros y blynyddoedd. Cynhwyswyd y dôn yn *Moliant Seion: sef Casgliad o Hen Donau ac Emynau Diwygiadau Cymru* (1883) gan John Cledan Williams, Tredegar Newydd a'i nodi fel 'Hen Alaw Gymreig'. Ceir nodyn o dan y dôn yn esbonio mai hon oedd yr alaw a 'ganai "Nancy Crugybar" pan yn nofio i dangnefedd' a dyma'r rheswm dros ei henwi'n 'Crugybar'. Un o ffyddloniaid yr Annibynwyr yng Nghrugybar, Sir Gaerfyrddin oedd Nancy Efan Rhydderch, ac yn adnabyddus yn yr ardal am weiddi allan a chanu yn ystod pregethau yng nghyfnod y diwygiadau crefyddol gwahanol.

Deng mlynedd ar ôl ymddangosiad y dôn yn *Moliant Seion* bu llythyru yn y wasg Gymraeg ynglŷn â hanes y dôn a'i gwreiddiau. Ysgrifennodd Rhidian Griffiths erthygl ddiddorol yn *Canu Gwerin*, rhifyn 9, 1986, tt.5–11 yn olrhain yr holl hanes. Bellach, derbynnir na fu unrhyw gysylltiad arbennig rhwng y dôn â Nancy Crugybar, ac fel cynifer o hen alawon Cymreig eraill, cafodd ei benthyg a'i 'pharchuso' o blith alawon poblogaidd y ffair wrth iddi gael ei throsglwyddo i'r cysegr.

Rhys Meirion

'I Galfaria trof fy ŵyneb'

Mae Rhys yn un o denoriaid mwyaf poblogaidd Cymru. Cafodd ei fagu yn Nhremadog a mynychu ysgolion cynradd y Gorlan ac uwchradd Eifionydd. Graddiodd fel Baglor mewn Addysg o Goleg y Drindod, Caerfyrddin, a bu'n brifathro ym Mhentrecelyn ger Rhuthun cyn cychwyn ar ei hyfforddiant fel canwr yn y Guildhall, Llundain rhwng 1997 ac 1999. Yn 1999, ymunodd Rhys â'r English National Opera Jerwood Young Singers Programme ac ar ôl hynny bu'n Brif Ganwr i'r Cwmni o 2001–2004 mewn nifer o rannau amrywiol. Yn 2002 gwnaeth ei ymddangosiad cyntaf yn y West Australian Opera fel Rodolfo yn *La Bohème*, a'i ymddangosiad cyntaf Ewropeaidd fel Rodolfo ar gyfer Städtische Bühnen, Frankfurt-am-Main. Canodd fel rhan o noson agoriadol Proms y BBC yn 2001 (a gafodd ei ddarlledu ar BBC 2). Mae wedi ymddangos mewn nifer o wyliau cerdd gan gynnwys Cheltenham, Gogledd Cymru ac Abertawe ac mewn cyngherddau dramor ym Marbados, Toronto, Ottawa a Florida. Mae ei brofiad fel canwr cyngerdd, opera, teledu a stiwdio recordio yn un helaeth, ac y mae bellach yn rheng flaen artistiaid clasurol Cymru. Mae ei gyfres deledu *Deuawdau Rhys Meirion* ar S4C yn boblogaidd iawn.

Pan ddaeth y cais i ddewis hoff emyn, roeddwn yn meddwl y byddai'n dasg ddigon syml. Ond brensiach, mae cymaint ohonynt yn ffefryn gen i am wahanol resymau. Rhai dwi wrth fy modd yn eu canu gyda ffrindiau wrth gymdeithasu, gan gynnwys 'Sarah', 'Calon Lân', 'Sanctus' a 'Deep Harmony', ac emynau mawr y cymanfaoedd fel 'Bryn Myrddin', 'Arwelfa' a 'Builth'. Emynau sydd hefyd â chysylltiad emosiynol fel 'Ebeneser' ar y geiriau 'Dyma gariad fel y moroedd' a ddewisom ar gyfer Gwasanaeth Coffa fy chwaer a fy mam.

Ond, wedi hir bendroni dwi wedi penderfynu ar emyn a ddaeth yn gyfarwydd i mi yn ddiweddar iawn. Roeddwn yn paratoi ar gyfer recordio fy CD diweddaraf yn 2019 sef *In Verita*, gyda'r cerddor Brian Hughes yn cyfeilio. Wrth fynd ato am ein hymarfer olaf cyn mynd draw i Stiwdio Sain i recordio, dyma Brian yn troi ataf gan ddweud, 'Be ti'n feddwl o'r emyn yma? Bydda hon yn un dda i ti recordio.' Dyma Brian yn mynd ati i'w chwarae ar y piano, ac yn wir, mi wnaeth argraff ddofn arna i. Doeddwn i erioed wedi ei chlywed cyn hynny, ac roeddwn yn methu deall nad oeddwn i erioed wedi clywed tôn mor fendigedig o'r blaen. Esboniodd Brian ei bod yn y llyfr emynau *Y Caniedydd Cynulleidfaol* a argraffwyd ddechrau'r ugeinfed ganrif, ond ei bod wedi cael ei 'chwynnu' pan argraffwyd *Y Caniedydd* yn 60au'r ganrif honno. Enw'r dôn yw 'Gras Calfaria' i'w chanu ar eiriau dirdynnol Dyfed 'Pen Calfaria'. Cyfansoddwr yr emyn-dôn yw E. T. Davies a oedd yn gyfansoddwr pwysig wrth gwrs, cyfansoddwr 'Ynys y Plant' sydd yn gân greiddiol i *repertoire* pob soprano sydd yn canu yn y Gymraeg. Es ymlaen i'w recordio, a hefyd ei chanu mewn cyngherddau ledled y wlad. Roedd pobl yn gwirioni arni, ac fel finnau yn rhyfeddu ei bod yn ddiarth iddynt. Roedd ambell aelod hŷn yn y cynulleidfaoedd wedi ei chlywed o'r blaen, ond yn y gorffennol pell.

Ym mis Tachwedd 2019 pan oeddwn ar daith o gyngherddau ym Mhatagonia, anghofia i fyth ymateb aelod blaenllaw o'r gymdeithas yn y Gaiman, Eluned Gonzales, pan genais i'r emyn yno mewn cyngerdd. Fe adroddais i hanes yr emyn yn fy rhagarweiniad i'r perfformiad ac yna ei chanu. Ar ddiwedd y cyngerdd daeth Eluned Gonzales ataf a diolch i mi am ganu'r emyn, ond roedd wedi ei siomi ei bod wedi cael ei thynnu allan o'r *Caniedydd Newydd*. 'Cywilydd iddyn nhw! Cywilydd!' oedd ei geiriau. Y diwrnod canlynol, pan oeddem yn ymweld â Chapel Bethel yn y Gaiman, roedd Eluned Gonzales wedi dod â'i chopi personol o'r *Caniedydd Cynulleidfaol* gyda hi, ac fe agorodd y llyfr ar emyn rhif 138 sef 'Gras Calfaria' a'i roi i Menna Griffiths a oedd yn cyfeilio ar y daith i fynd draw at yr organ, ac roedd yn rhaid i mi ei chanu eto, yn y fan a'r lle i bawb oedd yno yn y capel. Profiad arbennig, ac fe gefais lun gydag Eluned i gofio'r achlysur.

I Galfaria trof fy ŵyneb,
  ar Galfaria gwyn fy myd:
y mae gras ac anfarwoldeb
  yn diferu drosto i gyd;
    pen Calfaria,
  yno, f'enaid, gwna dy nyth.

Yno clywaf gyda'r awel
  salmau'r nef yn dod i lawr
ddysgwyd wrth afonydd Babel
  gynt yng ngwlad y cystudd mawr:
    pen Calfaria
  gydia'r ddaear wrth y nef.

Dringo'r mynydd ar fy ngliniau
  geisiaf, heb ddiffygio byth;
tremiaf drwy gawodydd dagrau
  ar y groes yn union syth:
    pen Calfaria
  dry fy nagrau'n ffrwd o hedd.

Dyfed, 1850–1923
Caneuon Ffydd, 496

Emyn: 'I Galfaria trof fy ŵyneb'

Un o emynau cynharaf Dyfed (gweler adran Yr Emynwyr), a'i gyhoeddi am y tro cyntaf yng nghylchgrawn *Cerddor y Cymry* yn Hydref 1883, ac yna mewn casgliad enwadol am y tro cyntaf yn *Y Caniedydd Cynulleidfaol* (1895). Yng nghasgliadau'r Annibynwyr (1895, 1921 a 1960), 'cerddi'r nef yn dod i lawr' a geid yn yr ail bennill, ond 'salmau'r nef' a geid yn *Llawlyfr Moliant Newydd* y Bedyddwyr yn 1955, a dyna'r fersiwn a geir yn *Caneuon Ffydd* (2001).

Tôn: 'Gras Calfaria'

Tôn gan E. T. Davies (gweler adran Y Cyfansoddwyr) a ymddangosodd yn *Y Caniedydd Cynulleidfaol Newydd* (1921).

Barry Morgan

'Tyrd atom ni, O Grëwr pob goleuni'

Brodor o Waun-Cae-Gurwen, addysgwyd yn Ysgol Ramadeg Ystalyfera a Phrifysgolion Llundain a Chaergrawnt. Enillodd radd doethur o Brifysgol Cymru yn 1986 ac ers 2003 ef yw Dirprwy Ganghellor Prifysgol Cymru. Ar ôl ei ordeinio yn yr Eglwys yng Nghymru yn 1972, mae wedi gweithio fel offeiriad plwyf, caplan Prifysgol, darlithydd Prifysgol, golygydd cylchgrawn ac Archddiacon. Etholwyd ef yn Esgob Bangor yn 1993, Esgob Llandaf yn 1999 ac Archesgob Cymru yn 2003 tan ei ymddeoliad yn 2017. Yn gymrawd o bum Prifysgol yng Nghymru ac wedi ei anrhydeddu â gradd doethur gan ddwy ohonynt mae hefyd yn Gymrawd o Gymdeithas Ddysgedig Cymru. Mae wedi cyfrannu i wahanol gyfrolau ac mae wedi ysgrifennu llyfr ar farddoniaeth R. S. Thomas. Mae yn Gomisiynydd ar Gomisiwn Penodiadau Barnwrol yng Nghymru a Lloegr. Bu farw ei wraig Hilary oedd yn gyd-ddisgybl ag ef yn Ystalyfera yn 2016. Mae ganddo ddau o blant a thri o wyron.

Mae gwahanol emynau'n apelio atom ar wahanol adegau o'n bywyd. Petai rhywun wedi gofyn i mi beth oedd fy hoff emyn yn ddeg oed, byddwn fwy na thebyg wedi dewis

O! 'rwyf yn hoffi canu,
    Canu â chalon iach;

Pam? Yn rhannol, am ei fod yn un o'r emynau roeddem yn eu canu'n gyson fel plant yn y cwrdd ar fore Sul. Roedd y dôn yn hawdd ei dysgu, y gytgan sionc yn moli Duw drwy Iesu Grist, a'r neges yn ein cymell i fyw bywyd da a chywir. Neges ddaearol glir y gallwn ei hamgyffred. Roedd cymaint o'r emynau eraill a genid gennym yn canolbwyntio ar y nefoedd. Rhywbeth oedd yn anodd iawn i'w ddirnad a'i ddychmygu. Byd oedd yn afreal ac yn bell, bell i ffwrdd i grwt.

Yn ddiweddarach yn fy mywyd roedd gwahanol emynau, yn Gymraeg ac yn Saesneg, yn apelio ataf. Roedd emynau yng nghalendr litwrgaidd yr eglwys ar gyfer gwahanol achlysuron fel y Nadolig, y Grawys a'r Pasg yn taro deuddeg, yn ogystal â rhai a luniwyd ar gyfer achlysuron arbennig fel angladd neu briodas. Roedd emyn ar gyfer pob tymor. Ond wrth i fi feddwl ac ystyried ymhellach, mae un emyn rwy'n dod nôl ato bob tro: 'Tyrd atom ni, O Grëwr pob goleuni, tro di ein nos yn ddydd' gan W. Rhys Nicholas. Dewisais yr emyn hwn pan gefais fy sefydlu yn Esgob Bangor yn 1993, fel Esgob Llandaf yn 1999 ac yn Archesgob Cymru yn 2003.

Ym mhob gwasanaeth ordeinio y bûm i'n llywyddu ynddo dros gyfnod o bum mlynedd ar hugain canwyd yr emyn yma. Ar adegau prin yn unig mae esgob yn cael dewis emynau i wahanol wasanaethau ac eithriad yw'r gwasanaeth ordeinio. Fel arfer wrth bregethu mewn gwahanol blwyf bob Sul mae'n rhaid derbyn yr emynau sy'n cael eu dewis gan eraill. Rwyf wedi gorfod gwrando ar nifer fawr o emynau diflas dros y blynyddoedd. Rhai gyda neges ddiwinyddol amheus neu weithiau heb neges o gwbl, a'r rheini'n cael eu canu ar donau gwael a di-fflach. Ond mae emyn Rhys Nicholas yn wahanol, ac fe ganwyd hwn yn angladd fy ngwraig Hilary yn Eglwys Gadeiriol Llandaf yn 2016.

Pam fod yr emyn hwn yn teilyngu bod yn rhan o achlysuron mor nodedig?

Mae'r adegau rwyf wedi sôn amdanynt naill ai wedi bod yn gerrig milltir pwysig yn fy mywyd neu ym mywydau'r rhai yr oeddwn â gofal drostynt. Mae'r emyn yn ddiwinyddol gadarn, yn codi rhywun i'r entrychion ysbrydol ac yn hynod deimladwy wrth gael ei ganu ar y dôn 'Berwyn' gan Caradog Roberts. Mae'r elfennau yma'n creu emyn gwych.

Mae canu emyn yn adlewyrchu'r hyn yr ydym yn credu ynddo neu y dylem gredu ynddo. Mae rhai emynau'n creu darlun o Dduw sy'n grac, yn dial a chosbi ond mae'r emyn hwn yn llawn deallusrwydd diwinyddol yn portreadu Duw fel un sy'n llawn cariad a gobaith. Mae'n apelio at y galon a'r meddwl. Nid yw'n honni bod bywyd yn hawdd ac yn ddi-broblem bob amser ond bod angen ffydd a gras i'n cynorthwyo drwy'r cyfnodau anodd. Mae'n realistig a phositif ac yn adlewyrchu'r Ysgrythurau wrth drafod Duw fel yr Un sy'n rhoi bywyd a goleuni: yr Un sy'n iacháu a chynnal yn ystod cyfyngderau bywyd. Mae'n weddi yn ogystal â bod yn emyn sy'n erfyn ar Dduw i droi'r nos yn ddydd. Mae'n gofyn Iddo ein cynorthwyo i ddeall mai Ef yw'n hamddiffynfa'n barhaus ac am ei ofal ysbrydol i'n cadw drwy gyfnodau anoddaf ein rhawd.

Roedd yr emyn hwn yn ddylanwad mawr arnaf wrth i mi ddechrau ar fy ngyrfa fel esgob am ei fod yn pwysleisio y dylwn ymddiried yn nerth a chadernid Duw, nid ar fy mympwy fy hun. Mae dawn a gallu personol yn un peth wrth weinidogaethu, ond mae pwyso ar Dduw am gymorth ac arweiniad yn anorfod. Roedd hwn yr un mor wir i mi ac i'r rhai y bûm yn ddigon ffodus i'w hordeinio ar hyd y daith. Wrth ledaenu'r efengyl mae'n rhaid cofio nad ydym yn wynebu heriau a threialon bywyd ar ein pen ein hunain ond gyda Duw wrth ein hochr i'n cadw a'n cynnal.

Tydi dy hun sy'n tywys drwy'r treialon

Bu farw fy ngwraig yn gymharol ifanc. Cyfnod duaf fy mywyd. Roeddem yn adnabod ein gilydd ers hanner cant a saith o flynyddoedd ac yn briod ers pedwar deg saith. Dyma'r adeg pan oedd gwir angen f'atgoffa bod Duw gerllaw ac mai Duw cariad yw. Duw gras, trugaredd a thosturi. Mae'r emyn yn gwneud yn hollol glir mai dyma brif rinweddau Duw, fel yr amlygir ym mherson Iesu.

Tyrd atom ni, O Grëwr pob goleuni,
   tro di ein nos yn ddydd;
pâr inni weld holl lwybrau'r daith yn gloywi
   dan lewyrch gras a ffydd.

Tyrd atom ni, O Luniwr pob rhyw harddwch,
   rho inni'r doniau glân;
tyn ni yn ôl i afael dy hyfrydwch
   lle mae'r dragwyddol gân.

Tyrd atom ni, Arweinydd pererinion,
   dwg ni i ffordd llesâd;
tydi dy hun sy'n tywys drwy'r treialon,
   O derbyn ein mawrhad.

Tyrd atom ni, O Dad ein Harglwydd Iesu,
   i'n harwain ato ef;
canmolwn fyth yr hwn sydd yn gwaredu,
   bendigaid Fab y nef.

W. Rhys Nicholas, 1914–96
Caneuon Ffydd, 222

Emyn: 'Tyrd atom ni, O Grëwr pob goleuni'

Bu'r Parch. W. Rhys Nicholas (gweler adran Yr Emynwyr) yn ysgrifennydd i fwrdd golygyddion *Y Caniedydd* (1960) er nad yn aelod swyddogol ohono, ac ar gais y golygyddion fe luniodd yr emyn hwn yn benodol ar gyfer y dôn 'Berwyn' gan Caradog Roberts. Yn ôl yr hanes, roedd y Parch. Peter H. Lewis, un o olygyddion cerddorol *Y Caniedydd* ar ei wyliau yng Ngwlad yr Haf yn 1950, a mynychodd oedfa yn eglwys yr Annibynwyr Saesneg yn Taunton ble clywodd y dôn 'Berwyn' yn cael ei chanu gan y gynulleidfa. Awgrymodd y dylid cynnwys y dôn yn *Y Caniedydd*, ond oherwydd mesur anghyffredin y gerddoriaeth doedd dim geiriau addas yn y Gymraeg. Canodd y pwyllgor eiriau Horatius Bonar, 'Light of the world, for ever, ever shining' arni a chomisiynwyd W. Rhys Nicholas i ysgrifennu geiriau Cymraeg ar ei chyfer. Er nad yw'r emyn yn gyfieithiad o'r Saesneg, roedd Rhys Nicholas yn barod iawn i gydnabod dylanwad Bonar ar naws a mynegiant ei eiriau ef. O blith ei emynau i gyd, mae'n debyg taw hwn oedd ffefryn ei briod, Beti.

Tôn: 'Berwyn'

Ymddangosodd y dôn 'Berwyn' gan Caradog Roberts (gweler adran Y Cyfansoddwyr) am y tro cyntaf yn y *Congregational Hymnary* (1916) a'i phriodi â geiriau Horatius Bonar, 'Light of the world, for ever, ever shining, there is no change in Thee'. Gweler uchod am hanes ei chynnwys yn *Y Caniedydd* (1960) a llunio emyn Cymraeg gan W. Rhys Nicholas ar ei chyfer.

D. Densil Morgan

'O am ysbryd i weddïo'

Gweinidog Cylch Bedyddwyr Gogledd Teifi er 2019. Cyn hynny bu'n Athro Diwinyddiaeth ym Mhrifysgol Cymru Y Drindod Dewi Sant, Llanbedr Pont Steffan, ac yn Athro Diwinyddiaeth ym Mhrifysgol Bangor. Addysgwyd ef ym Mangor ac yng Ngholeg Regent's Park, Rhydychen. Mae'n Aelod o'r Center for Theological Inquiry, Princeton, New Jersey, ac yn Gymrawd Cymdeithas Ddysgedig Cymru. Ysgrifennodd yn helaeth ar hanes diwinyddiaeth, crefydd a chymdeithas yng Nghymru a gwaith y diwinydd o'r Swistir Karl Barth. Mae'n briod ag Ann Bowen Morgan, cyn-faer Llambed, yn dad i Angharad ac Iwan, ac yn dad-cu i Alisha, Cai ac Elis.

'O! am ysbryd i weddïo ...'

Prynhawn tesog o haf oedd hi, ddiwedd y 1980au, a minnau, ynghyd ag Ann fy ngwraig ac Angharad y ferch deirblwydd oed, wedi cyrraedd pentref Gomer, Allen County, yng ngogledd-orllewin talaith Ohio. Ymweld â'n teulu Americanaidd yr oeddem yr haf hwnnw, a'r bwriad gen i ers blynyddoedd, petawn i byth yn cael y cyfle, oedd cael mynd i Gomer. Roedd fy nhad-cu, Samuel Morgan o'r Hendy, Pontarddulais, wedi ymfudo i America ar ôl y Rhyfel Byd Cyntaf er mwyn gweithio yn y gweithiau tún, ac ar ôl cyrraedd wedi galw ar fy mam-gu, Maggie Morgan o Langyfelach, ynghyd â'u tri chrwtyn, fy nhad yn eu plith, i ymuno ag ef. Canlyniad yr anturiaeth honno, wedi i fy mam gyrraedd America yn nechrau'r 1950au, a phriodi fy nhad, oedd mai teulu Cymreig traws-Iwerydd a fyddem.

Daeth Mam a minnau nôl i Gymru yn 1958 gan adael fy nhad a'r cysylltiadau eraill yn eu gwlad fabwysiedig. Wedi dychwelyd, ein harfer, fel llawer ar y pryd, oedd mynychu'r oedfaon bore a nos yn ogystal ag Ysgol Sul y pnawn. A phan oedd pregeth y cwrdd nos, i grwt wyth mlwydd oed, yn feichus o hir, yr hyn a wnawn yn aml oedd troi dail *Y Llawlyfr Moliant Newydd* a syllu ar enwau awduron yr emynau. Rhai dieithr oeddent oll i mi, ar wahân i 'Fred Morgan, Treforus' a fu, ar un adeg, yn weinidog capel Soar. Ac yna des i o hyd i'r enw annisgwyl 'Josiah Jones, Gomer, Ohio'. Wyddwn i ddim oll amdano, nac am Gomer, ond roedd gen i gof lled fyw y pryd hynny o'm plentyndod cynnar yn nhalaith Ohio. Gafaelodd yr enw yn fy nychymyg, ac meddwn i mi fy hun, os byth yr awn yn ôl i Ohio, bydd rhaid mynd i chwilio am Gomer.

Ymhen hir a hwyr, a'r Ffydd Gristnogol wedi gafael ynof o ddifri yng nghanol fy arddegau, dechreuais fynychu'r cwrdd gweddi yn fy nghapel gartref, Calfaria, Treforus, a'r emyn a ganwyd yno yn ddieithriad oedd 440 yn *Y Llawlyfr Moliant Newydd.*

O! am ysbryd i weddïo –
  Byw dan geisio Iesu gwiw,
Gorsedd gras yw ne'r credadun,
  Ar ei ddeulin gyda'i Dduw;
Arglwydd cu, rho i ni
Anian ceisio gennyt Ti.

Roedd yn emyn delfrydol ar gyfer cwrdd gweddi, yr ymbil diffuant ar i Dduw'r Ysbryd Glân eneinio'r weddi a rhoi i'r gweddïwr awydd i brofi'r fendith. A'r awdur? Josiah Jones, Gomer, Ohio.

Wedi treigl y blynyddoedd, cyrhaeddais bentref Gomer y prynhawn hafaidd hwnnw yn wythdegau'r ganrif o'r blaen. Pentref bach amaethyddol oedd Gomer (ac yw o hyd am a wn i) yng nghanol y paith, a'r tiroedd yn doreithiog a'r cnydau i'w gweld yn fras. Roedd enwau Cymraeg ar y ffermydd, 'Bryn Hyfryd', 'Tŷ'n-y-clawdd', 'Llwyncelyn' ac yn y blaen, ac yng nghanol y pentref gapel, lled fawreddog yr olwg, a'r enw 'Welsh Congregational Church' ar ei dalcen. Holais am y lle. Pobl Llanbryn-mair oedd y gwladychwyr cynnar, Annibynwyr radicalaidd yn nhras S. R., wedi ffoi oddi wrth landlordiaeth ormesol a thlodi cefn gwlad er mwyn cyrchu byd gwell. Cyrhaeddodd y to cyntaf yn yr 1830au, ac eraill wedi'u dilyn, eto o Lanbryn-mair, Carno a mannau eraill yn Sir Drefaldwyn, hyd at ddegawdau cynnar yr ugeinfed ganrif. Cymraeg oedd iaith yr addoli hyd at yr 1930au. Heb fod ymhell yr oedd y fynwent, a'r enw 'Tawelfan' ar ei phorth. Ac yna, ymhlith yr enwau cyfarwydd – Jones, Williams, Davies ac yn y blaen, ac enwau Sir Drefaldwyn fel Peate, Bebb a Wigley – roedd beddrod hynod: 'Man Claddu Josiah Jones, 1807-87, "Joseia Bryn-mair"'. Mae'n amlwg mai patriarch ydoedd yn ei fro fabwysiedig, a beddau ei blant: Llywelyn, Thomas, Dafydd ac eraill, yn y gweryd o'i gwmpas. Roeddent yn huno'n dawel yn nhes a heulwen y prynhawn.

Erbyn hynny roedd yr haul yn machlud ond awyr yr hwyr yn wresog o hyd. Bu'n brynhawn hudolus i ninnau, yn deulu bach o Gymry ymhell oddi cartref, a'r awelon yn dwyn i gof y geiriau cyfareddol:

> Cydymbiliwn ar ein gliniau
>   Am gael gwenau'r Ysbryd Glân;
> O! am deimlo yn bresennol
>   Bur effeithiau'r nefol dân;
> Rhown ein llef, tua'r nef,
> Am ei ddylanwadau Ef.

Wn i ddim faint sy'n gyfarwydd â'r emyn erbyn hyn am iddo gael ei ysgymuno, ysywaeth, o *Ganeuon Ffydd*. Ond mae'n dal yn rhan o'm cynhysgaeth bersonol i. A phob tro y byddaf yn troi ato, byddaf yn cofio am y diwrnod tesog ym mhaith pellennig Ohio gymaint o flynyddoedd yn ôl.

O! am ysbryd i weddïo –
    Byw dan geisio Iesu gwiw,
Gorsedd gras yw ne'r credadun,
    Ar ei ddeulin gyda'i Dduw;
Arglwydd cu, rho i ni
Anian ceisio gennyt Ti.

Cydymbiliwn ar ein gliniau
    Am gael gwenau'r Ysbryd Glân;
O! am deimlo yn bresennol
    Bur effeithiau'r nefol dân;
Rhown ein llef, tua'r nef,
Am ei ddylanwadau Ef.

Josiah Jones, Gomer, Ohio 1807–87
Y Llawlyfr Moliant Newydd, 440

Emyn: 'O am ysbryd i weddïo'

Ymddangosodd emyn Josiah Jones (gweler adran Yr Emynwyr) yn Y *Caniedydd Cynulleidfaol* (1895) ac yna yn y *Llawlyfr Moliant* (1915) a'r *Llawlyfr Moliant Newydd* (1955).

Tôn: 'Dolfor'

Hen alaw Gymreig a ymddangosodd yng nghasgliad Morris Davies, Bangor *Juduthun* (1860). Yn sicr, bu'n hysbys i gynulleidfaoedd Cymru cyn hynny. Enwyd y dôn yn 'Brynmor' a 'Sardis' mewn ambell gasgliad hefyd.

Dewi Pws Morris

'O'r fath newid rhyfeddol a wnaed ynof fi'

O Dre-boeth, Abertawe yn wreiddiol a mynychu Ysgol Gymraeg Lôn Las ac yna ymlaen i Ysgol Ramadeg Dinefwr a choleg addysg Cyncoed i hyfforddi fel athro. Ar ôl cyfnod hir yng Nghaerdydd ac yna Tresaith mae wedi ymgartrefu ers pum mlynedd bellach yn Nefyn, Penrhyn Llŷn. Bu'n dysgu am ddwy flynedd yn Y Sblot, Caerdydd ac wedyn ymuno â Chwmni Theatr Cymru. Gwnâi fywoliaeth fel actor ar deledu, ffilm ac ar lwyfan a theithio Cymru fel canwr a chyfansoddwr gyda'r 'Tebot Piws', 'Edward H. Dafis', 'Mochyn 'Apus' ac yn ddiweddar y band gwerin 'Radwm'. Bu'n actio rhan Wayne yn *Pobol Y Cwm*, Islwyn yn *Rownd a Rownd* a Glyn Lloyd Evans yn y ffilm boblogaidd *Grand Slam*. Yn ogystal, cafodd gyfle i gyflwyno a theithio'r byd yn ffilmio'r cyfresi *Byd Pws*, *Straeon Tafarn* a llawer rhaglen arall ar S4C. Mae wedi cyhoeddi nifer o lyfrau barddoniaeth a llyfrau i blant. Nawr yn 72 mae wrth ei fodd yn dysgu chware 'Bluegrass' ar y banjo!

Yn rhyfedd iawn, fy atgof cynta i o ganu emyne o'dd nid yn y capel, ond ym Mharc yr Arfe nôl yn y pumdegau gyda Dad (a finne yn laslanc deng mlwydd oed) yn gwrando ar y 'North Stand' yn 'i morio hi, a PHAWB yn gwybod y geiriau i gyd! Hefyd nosweithie ar sgwâr y dre yn y steddfod, a channoedd o bobol yn harmoneiddio'n berffaith a rhyw foi ar ben stôl yn arwain. Ro'n i'n teimlo rywsut bod pobol yn mynd i'r hwyl fanna yn fwy nag yng nghapel Moreia, Trebôth.

Ro'dd yr emyne yn rwbeth i fwynhau a'u canu ar dop ein lleisie. 'Run peth yn ddiweddarach yn y coleg – pawb yn y New Ely ar nos Sadwrn yn canu nerth eu penne a'r harmonîs yn clatsho'r welydd a deffro strydoedd Caerdydd.

O! i gael y dyddie nôl pan oedd pawb yn gwbod y geirie, a'r emyne yn ffordd o fwynhau Cymreictod a chyfeillgarwch gyda gwên fawr yn llyged pawb. Ro'n nhw'n rhan annatod o fywyd bob dydd. Mae llawer o'r emyne yn dal i ddod i'r cof a fy ffefrynne hyd at heddi yw 'Y Darlun', 'Rwy'n canu fel cana'r aderyn', 'Mae popeth yn dda' a'r un sy'n dod â hapusrwydd a'r wên fwya yw banjo, ffidil a gitâr yn cyfeilio i 'Daeth Iesu i'm calon i fyw'.

O'r fath newid rhyfeddol a wnaed ynof fi,

>   daeth Iesu i'm calon i fyw;
> torrodd gwawr ar fy enaid, atebwyd fy nghri,
>   daeth Iesu i'm calon i fyw.

>   Daeth Iesu i'm calon i fyw,
>   daeth Iesu i'm calon i fyw,
>   cwyd llawenydd fy mron megis ton ar ôl ton,
>   daeth Iesu i'm calon i fyw.

O'm holl lwybrau afradlon dychwelwyd fy nhraed,
>   daeth Iesu i'm calon i fyw;
ac fe olchwyd fy meiau di-rif yn ei waed,
>   daeth Iesu i'm calon i fyw.

Y mae gobaith fy enaid yn ddiogel yn awr,
>   daeth Iesu i'm calon i fyw;
ac fe chwalwyd pob cwmwl, mae'r ffordd fel y wawr,
>   daeth Iesu i'm calon i fyw.

Collodd angau ei fraw, y mae golau'n y glyn,
>   daeth Iesu i'm calon i fyw;
y mae'r llwybr i'r ddinas dragwyddol yn wyn,
daeth Iesu i'm calon i fyw.

R. H. McDaniel, 1850–1940 cyf. Nantlais, 1874–1959
Caneuon Ffydd, 797

Emyn: 'O'r fath newid rhyfeddol a wnaed ynof fi'

Cyfieithiad W. Nantlais Williams (gweler adran Yr Emynwyr) o emyn Saesneg Rufus McDaniel, 'What a wonderful change in my life has been wrought'. Ymddangosodd yr emyn Saesneg gwreiddiol am y tro cyntaf yn *Songs for Service* (1915), a'i ysgrifennu fel mynegiant o ffydd yr awdur wedi marwolaeth ei fab ieuengaf. Mae'r pennill olaf yn crisialu gobaith y Cristion yn wyneb angau. Cyhoeddwyd cyfieithiad Nantlais yn *Yr Efengylydd* (Medi 1922) ac fe'i cynhwyswyd mewn sawl casgliad wedi hynny gan gynnwys *Llawlyfr Moliant yr Ysgol Sabothol* (1925), *Y Caniedydd* (1960) a *Caneuon Ffydd* (2001).

Tôn: 'Daeth Iesu i'm calon i fyw'

Cyfansoddwyd y dôn gan C. H. Gabriel (gweler adran Y Cyfansoddwyr) ar gyfer geiriau Rufus McDaniel, 'What a wonderful change in my life has been wrought', a'i ddefnyddio mewn ymgyrch efengylu gan Billy Sunday yn Philadelphia yn 1915. Cyhoeddwyd am y tro cyntaf yn yr un flwyddyn gan Homer Rodeheaver yn *Songs for Service*.

Judith Morris

'Ar y mynydd gyda Duw'

Brodor o Bontardawe, Cwmtawe. Addysgwyd yn Ysgol Gyfun Ystalyfera a Phrifysgolion Manceinion a Bangor. Bu'n gweithio gyda phobl ddifreintiedig cyn cyflawni gwaith gweinyddol gyda Gwasanaeth Tân ac Achub Canolbarth a Gorllewin Cymru. Yn 2007 derbyniodd alwad i weinidogaethu ym Methel, Aberystwyth a Horeb, Penrhyn-coch. Fe'i penodwyd yn Ysgrifennydd Cyffredinol Undeb Bedyddwyr Cymru yn 2015.

Rhaid troi at y *Llawlyfr Moliant Newydd* a gyhoeddwyd gan Undeb Bedyddwyr Cymru yn 1955 i ddod o hyd i fy hoff emyn, sef 'Y Mynydd Sanctaidd'. Awdur yr emyn yw Myfyr Hefin, (David Bowen 1874–1955), un a fu'n weinidog Bedyddiedig yn Bethel, Capel Isaf, ger Aberhonddu a Horeb, Pum Heol, ger Llanelli. Ymddiddorai'n fawr ym myd llenyddiaeth a chyfrannodd yn helaeth i waith plant a phobl ifainc yr enwad. Gan nad oedd yr emyn hwn wedi'i ddethol ar gyfer y gyfrol *Caneuon Ffydd*, mae bellach ysywaeth yn ddieithr i'n cynulleidfaoedd.

Pam felly dewis yr emyn hwn? Mae gen i dri rheswm.

Yn gyntaf, am ei fod yn dwyn atgofion cynnes iawn am fy magwraeth ysbrydol yn Adulam, Eglwys y Bedyddwyr, Pontardawe lle cenid yr emyn yn gyson yn yr oedfaon ar y dôn 'Bremen'. Eglwys ddi-weinidog oedd hon ond cyflawnai weinidogaeth dyner a chydwybodol gan fod iddi gymdeithas o gredinwyr oedd yn caru'r Arglwydd Iesu. Er nad oedd y gynulleidfa yn niferus roedd yna naws arbennig yn perthyn i'r oedfaon boreol a hwyrol fel ei gilydd ac roedd y profiad o ganu'r emyn hwn yn ein cynorthwyo, yn dawel ac yn ddefosiynol, i agosáu gerbron gorsedd gras ac ymdeimlo â phresenoldeb y Duw byw.

Rwy'n cofio bod yn bresennol mewn oedfa ar fore Sul pan oeddwn yn f'arddegau cynnar a'r pregethwr gwadd wedi methu cyrraedd. Rhaid felly oedd troi at 'dechnoleg' saithdegau yr ugeinfed ganrif, sef gwrando ar bregeth trwy gyfrwng y 'record'. Mae'n rhaid i mi gyfaddef nad oeddwn wedi canolbwyntio rhyw lawer ar y genadwri a chefais syndod pan ddaeth y bregeth i ben a gweld un o'r diaconiaid, Mrs Eileen Bradley, yn codi ar ei thraed i annerch y gynulleidfa am yr hyn a glywyd. Daeth i'r amlwg yn fuan fod y neges wedi creu argraff arbennig arni ac yn gwbl ddirybudd dyma hi'n troi ataf o flaen pawb gan ofyn i mi (fel y person ifancaf yn yr oedfa) mewn llais llawn arddeliad, a oeddwn yn barod i dderbyn yr Arglwydd Iesu yn Waredwr personol. Roedd hyn yn gwbl annisgwyl gan nad oedd aelodau Adulam yn dueddol o wneud y fath ddatganiadau personol yn gyhoeddus. Ond sut oeddwn yn mynd i ymateb? Amhosib oedd dychmygu siom Mrs Bradley a gweddill y gynulleidfa pe byddwn wedi gwrthod y gwahoddiad, ac felly ateb cadarnhaol oedd yr unig ateb posib! O edrych yn ôl, yr oedd cwestiwn Mrs Bradley yn gam pwysig yn fy natblygiad ysbrydol o feithrin perthynas gyda Duw a bu'r emyn hwn yn gydymaith cyson ar y daith wedi hynny.

Rheswm arall dros ddewis yr emyn yw'r ffaith fod y mynydd yn gwbl ganolog ynddo. Rwyf innau yn mwynhau mynydda pan fydd amser yn caniatáu a chefais fwy nag un cyfle dros y blynyddoedd i weld rhai o fynyddoedd prydferthaf Ewrop, megis y Matterhorn a'r Monte Rosa yn y Swistir. Er nad yw'r emyn yn cyfeirio at yr un mynydd yn benodol mae'n dwyn i gof bwysigrwydd y profiadau ysbrydol a gaed ar ben rhai o fynyddoedd enwog y Beibl megis Sinai, Mynydd yr Olewydd a Bryn Calfaria. Maent oll yn hawlio lle arbennig. Yn ogystal, roedd Iesu yn hoff iawn o gilio i'r mynydd ar ei ben ei hun yn ystod ei weinidogaeth i dreulio amser mewn gweddi gyda'i Dad nefol. Pa le gwell felly na'r mynydd i geisio presenoldeb Duw?

Yn olaf, rwyf wrth fy modd gyda'r emyn hwn am ei fod yn fynegiant syml a diffuant o'r berthynas sy'n bodoli rhwng y crediniwr a'i Dduw. 'Slawer dydd byddai aelodau ein Heglwysi Rhyddion yn aml yn cyfeirio at brofiadau 'pen y mynydd', sef y profiadau hynny a fyddai wedi cyffwrdd â'r enaid ac wedi creu argraff arbennig mewn oedfa bregethu neu gyfarfod gweddi. Dyma oedd y man delfrydol: ar y mynydd gyda Duw. Mae'r emyn hefyd yn ein hatgoffa nad perthynas statig yw'r berthynas rhwng y Cristion a Duw, ond un sydd yn datblygu ac yn tyfu ar hyd yr amser. Ond rhaid wrth ymdrech barhaus i'w meithrin, yn union fel wrth ddringo mynydd er mwyn cyrraedd y copa. Pererindod yw bywyd y Cristion a'r nod yw cyrraedd 'pen y mynydd gyda Duw'. Yn sicr, yn yr emyn hwn, ceir rhagflas o'r hyn a fydd yn ein disgwyl ar ddiwedd y daith.

Ar y mynydd gyda Duw
O! mor ogoneddus yw;
Dwndwr pechod byd ymhell,
Ninnau gyda'r bywyd gwell.

Ar y mynydd gyda Duw,
Dyma nefol fan i fyw;
Gweld yr haul yn codi draw,
Gweld borëau Duw gerllaw.

Rhaid yw dringo uwch y byd
Cyn cael cwmni Duw o hyd;
Temel hardda'r Cristion yw
Pen y mynydd gyda Duw.

Myfyr Hefin, 1874–1955
Y Llawlyfr Moliant Newydd, 400

Emyn: 'Ar y mynydd gyda Duw'

Cyhoeddwyd yr emyn gan Myfyr Hefin (gweler adran Yr Emynwyr) am y tro cyntaf mewn cyfrol o'r enw *Emynau Pen y Mynydd* (1905), ac ymddangosodd mewn casgliad enwadol cyflawn am y tro cyntaf yn *Y Llawlyfr Moliant Newydd* (1955).

Tôn: 'Bremen'

Tôn gan Justin Heinrich Knecht a ymddangosodd yn *Vollstandige Saumling*, cyfrol o alawon corâl a olygwyd gan Knecht ar y cyd gyda J. F. Christmann yn Stuttgart yn 1799.

Meirion Morris

'Na foed i'm henaid euog trist'

Penodwyd y Parch. Meirion Morris yn Ysgrifennydd Cyffredinol Eglwys Bresbyteraidd Cymru ym Medi 2012. Mae'n gyfrifol am weithredu penderfyniadau'r Gymanfa Gyffredinol ac am ddarparu arweiniad a chefnogaeth fugeiliol i'r eglwysi. Mae'n gweithio yn rheolaidd gydag arweinwyr Cristnogol eraill ac yn cynrychioli Eglwys Bresbyteraidd Cymru yn lleol, yn genedlaethol ac yn rhyngwladol.

Un o nodweddion amlycaf ein hemynyddiaeth yn y Gymraeg yw'r modd cyhyrog y mae amryw byd o'n hemynwyr yn mynegi eu hawydd i addoli, ac i gymell cydaddoli. Wrth gyfeirio at hyn, yr wyf yn cyfeirio'n arbennig at y ddealltwriaeth Feiblaidd, nid yn unig o ran gwybod yr hanesion, ond o ran medru cymhwyso gwirioneddau'r Beibl yn ddiwinyddol ac ymarferol. Y mae awen cynifer o'r awduron wedi ei chynnau yng ngwres eu profiad o ddaioni Duw yn yr Arglwydd Iesu Grist, ac mae'r oll y maent wedi ei adnabod o ras a thrugaredd Duw yn cael ei fynegi i hyrwyddo mawl gyda'r galon a'r meddwl.

Yr oedd Robert Owen (Eryron Gwyllt Walia) yn un o fechgyn Caernarfon. Yno yn 1818 y daeth i adnabyddiaeth o rym a realiti yr efengyl, a hynny mewn cyfarfodydd a gynhaliwyd yn y dref yn sgil Diwygiad Beddgelert. Nid fod y pethau yma yn ddirgelwch i'w deulu. Yr oedd ei fam yn chwaer i'r Parch. Robert Roberts (yr Angel o Glynnog) a'r Parch. John Roberts Llangwm. Yn wir, yr oedd dylanwad duwiol ei fam, ochr yn ochr â'i brofiad yng nghapel Pen'rallt, yn rhywbeth yr adroddai amdano gydol ei oes. Yn ei farwnad i'w fam, mae'n ysgrifennu amdani yng nghyd-destun ei harfer o dreulio amser wedi i'r plant noswylio yn darllen ei Beibl:

Hwyr arosaist lawer noswaith, wedi'n myned oll i'n hun,
gyda Dwyfol Air y Bywyd, grasol 'wyllys Tri yn Un.
Ynddo 'roedd dy holl serchiadau, ynddo profaist lawer pryd
gynnydd yn yr adnabyddiaeth, newydd nerth i gario'r dydd.

Dylanwad arall amlwg iawn oedd John Elias. Daeth i'w adnabod drwy
ei frawd, Joseff Elias oedd yn flaenor yn Pen'rallt. Wedi iddo symud i
Lundain i ddilyn ei grefft fe godwyd Robert Owen yn flaenor yn Jewin
Crescent. O gael ei alw, tystiodd mai John Elias oedd y pregethwr a'i
dysgodd i chwilio'r Ysgrythurau, ac yr oedd hyn ochr yn ochr â'i hoffter
o John Owen a rhai Piwritaniaid eraill yn amlwg yn y ffordd y byddai'n
cyfansoddi ei emynau. Yr oedd yn gynnil ei awen, gan fynegi ei feddyliau
mewn ychydig eiriau dewisol. Teg nodi bod ei allu barddonol, yn arbennig
ei allu i gyfansoddi englynion unodl yn cyfrannu at hyn. Un o'm hoff
englynion yw ei englyn clo i gyfres ar ddioddefaint Iesu:

Gwelaf Ŵr ar Galfaria – dan wae dost,
   Oen Duw yn y ddalfa;
  Un cyfiawn, (enaid cofia!)
  Dyn o'n plith yn dwyn ein pla!

Mae dau o'i emynau yn ffefrynnau gennyf. Y naill, 'Hwn ydyw'r dydd y
cododd Crist gan ddryllio pyrth y bedd;' a'r llall, wel, fy hoff emyn! Rwyf
yn dyfynnu'r penillion a gynhwysir yn y Llyfr Emynau (122) o dan y teitl
'Digonolrwydd Aberth Crist'.

Na foed i'm henaid euog trist
   Ond haeddiant Crist yn gyfran;
  Ei aberth Ef, llawn ddigon yw
   I feddwl Duw ei Hunan.

Os daw cydwybod lawn o dân,
   Cyfiawnder glân, a'r gyfraith,
  I'm gofyn mwy, fy ateb llawn
   Yw'r Iawn a dalwyd unwaith.

Pwy draetha'n llawn ddyfnderoedd gwerth
  Yr aberth a'i fendithion?
I ddyn caed heddwch nef yn ôl,
  A Duw'n dragwyddol fodlon.

Rhyfeddir byth y geni'n dlawd,
  Y byw dan wawd a chroesau,
Y dioddef cosb heb unrhyw fai,
  A'r ufuddhau heb rwymau.

Yr uchel gân fydd "Iddo Ef!"
  Trwy nef y nef yn seinio:
Yr ing, yr Iawn, a'r gwaedlyd chwŷs,
  A felys gofir yno.

Robert Owen, Eryron Gwyllt Walia, 1803–1870
Llyfr Emynau a Thonau y Methodistiaid
Calfinaidd a Wesleaidd, 122

Emyn: 'Na foed i'm henaid euog trist'

Ymddangosodd yr emyn hwn gan Robert Owen, Eryron Gwyllt Walia
(gweler adran Yr Emynwyr) am y tro cyntaf yn rhifyn Hydref 1838 o'r
Drysorfa. Cynhwyswyd yn *Llyfr Emynau a Thonau y Methodistiaid Calfinaidd
a Wesleaidd* (1929).

Tôn: 'Bryn Meini'

Cyfansoddwyd gan T. Hopkin Evans (gweler adran Y Cyfansoddwyr)
pan oedd ar ymweliad ag Ynys Môn. Bu'n arwain cymanfa ganu yn ardal
Rhosneigr ac yn aros gyda Glyn Elias a'i briod ym Mryn Meini, ar lan Llyn
Maelog. Wrth gerdded ger y llyn, cafodd ysbrydoliaeth i gyfansoddi'r dôn.
Cynhwyswyd mewn casgliad enwadol am y tro cyntaf yn *Llyfr Emynau a
Thonau y Methodistiaid Calfinaidd a Wesleaidd* (1929).

Garry Owen

'Yn y dyfroedd mawr a'r tonnau'

Mae Garry yn ddarlledwr a newyddiadurwr profiadol sydd yn wyneb a llais cyfarwydd i gynulleidfaoedd radio a theledu yng Nghymru. Ar ôl graddio yn y gyfraith yn Aberystwyth symudodd i weithio i orsaf radio Sain Abertawe cyn ymuno â'r BBC fel gohebydd yn Abertawe. Bu'n un o brif gyflwynwyr rhaglen *Newyddion* ar S4C ac roedd yn gyflwynydd *Post Cyntaf* a *Taro'r Post* ar BBC Radio Cymru. Mae eisteddfota yn bwysig iddo ac mae yn feirniad llefaru prysur mewn eisteddfodau lleol a chenedlaethol. Nid yw wedi symud ymhell o'i filltir sgwâr sef ardal Pontarddulais a'r Hendy, sy'n agos iawn at ei galon, ac yno mae ei gartref.

Ar lan afon Llwchwr, ger Pontarddulais a Hendy saif hen fwthyn gwyngalchog Llandeilo Fach. Wrth basio ar frys ar draffordd yr M4 gerllaw go brin y byddech chi yn sylweddoli y bu y ffermdy unig yma ar un adeg yn gartre i Dafydd William, un o'n hemynwyr mwyaf medrus ni.

Fel un o feibion y fro, rwy'n cofio yn dda yr hen stori iddo gyfansoddi yr emyn ar ôl cyrraedd adre yn hwyr un nos wedi iddo fod allan yn pregethu, a chanfod drws y tŷ wedi'i gloi.

Roedd hi'n noson stormus, ac i gysgodi rhag y ddrycin dwedir iddo geisio lloches ger hen eglwys Llandeilo Tal-y-bont gyferbyn â'i gartre. Bellach, mae'r addoldy hanesyddol o'r 12fed ganrif wedi ei symud i Amgueddfa Sain Ffagan.

Tra oedd e yno fe welodd, ynghanol y storom wyllt, y llif yn codi yn afon Llwchwr a'r tonnau yn taro yn wyllt. Roedd yr olygfa yn ysbrydoliaeth iddo ac yn fan cychwyn ar ei emyn mwyaf adnabyddus sy'n agor â'r geiriau pwerus:

Yn y dyfroedd mawr a'r tonnau,
   nid oes neb a ddeil fy mhen

Mae dylanwad byd natur yn drwm ar yr emyn. Yn amlwg roedd y tir corsiog, rhu y tonnau a'r perygl posib wrth i lefel y dŵr godi yn sbardun i Dafydd William ac yn ysbrydoliaeth iddo:

cyfaill yw yn afon angau,
   ddeil fy mhen i uwch y don;
golwg arno wna im ganu
   yn yr afon ddofon hon.

Mae sawl fersiwn o'r stori am sut y cafodd y geiriau eu pennu. Wn i ddim a ydyn nhw yn wir ai peidio, ond maen nhw wedi dal fy nychymyg yn sicr i chi!

Dyma emyn sy'n gyfuniad o ddelweddau trawiadol a dwyster llawn emosiwn, diffuantrwydd a ffydd.

Yn y dyfroedd mawr a'r tonnau,
   nid oes neb a ddeil fy mhen
ond fy annwyl Briod Iesu
   a fu farw ar y pren:
cyfaill yw yn afon angau,
   ddeil fy mhen i uwch y don;
golwg arno wna im ganu
   yn yr afon ddofon hon.

O anfeidrol rym y cariad,
   anorchfygol ydyw'r gras,
digyfnewid yw'r addewid
   bery byth o hyn i maes;
hon yw f'angor ar y cefnfor,
   na chyfnewid meddwl Duw;
fe addawodd na chawn farw,
   yng nghlwyfau'r Oen y cawn i fyw.

Dafydd William, 1721?–94
Caneuon Ffydd, 736

Emyn: 'Yn y dyfroedd mawr a'r tonnau'

Ymddangosodd y ddau bennill gan Dafydd William (gweler adran Yr Emynwyr) mewn dwy ran o gasgliadau o'i emynau ei hun, *Gorfoledd ym Mhebyll Seion* 1777/8. Ymddangosodd yr ail bennill o flaen y pennill cyntaf yn wreiddiol, cyn eu cyplysu fel emyn cyfan. Yn ôl yr hanes traddodiadol, dywedir iddo lunio'r penillion wrth geisio lloches ger eglwys Llandeilo Tal-y-bont ar noson stormus. (Safai'r eglwys honno ar y darn o dir rhwng yr M4 a thref Pontarddulais, ac sydd bellach wedi'i symud i Amgueddfa Werin Sain Ffagan.) Mae'n debyg bod ei wraig yn un ffyrnig a byr ei thymer a'i bod wedi cloi Dafydd William allan o'r tŷ y noson stormus honno. Wrth weld yr afon Llwchwr yn gorlifo ei glannau cafodd ysbrydoliaeth i ysgrifennu'r geiriau.

Tôn: 'Ebeneser' (Tôn-y-botel)

Cyfansoddwyd y dôn gan T. J. Williams (gweler adran Y Cyfansoddwyr) yn 1896 a'i henwi 'Ebenezer' ar ôl ei gapel yn Rhos, Pontardawe. Cyhoeddwyd am y tro cyntaf yn *Yr Athraw* (1897). Mae nifer o straeon amrywiol a diddorol ynglŷn â tharddiad y dôn hon – y mwyaf adnabyddus ohonynt yw honno a gafwyd ym mhapur newydd y *Daily Mail* yn Ionawr 1902 pan honnwyd iddi chael ei darganfod mewn potel ar un o draethau Pen Llŷn. O ganlyniad cafodd ei bedyddio â'r enw 'Tôn-y-botel' – enw sydd wedi glynu wrthi hyd heddiw.

Karen Owen

'Ar fôr tymhestlog teithio 'rwyf'

Bardd, newyddiadurwraig a darlledydd yw Karen Owen. Fe'i ganwyd ym Mangor ac fe'i magwyd ym Mhen-y-groes, yn ardal chwareli llechi Dyffryn Nantlle, Gwynedd lle y mae'n parhau i fyw. Cafodd ei haddysg yn Ysgol Gynradd Pen-y-groes ac Ysgol Dyffryn Nantlle, ac yna astudiodd Fathemateg Bur ym Mhrifysgol Cymru Bangor cyn penderfynu y byddai'n well ganddi yrfa mewn newyddiaduraeth. Ymunodd â staff y cylchgrawn Cymraeg wythnosol *Golwg* fel Gohebydd Celfyddydau cyn dod yn olygydd y cylchgrawn. Wedi treulio cyfnod fel Cynhyrchydd Rhaglenni Crefyddol BBC Cymru ym Mangor dychwelodd at y cyfryngau print a gweithio i'r papur Cymraeg *Y Cymro*. Yn ysgrifenwraig lawrydd, mae'n awdures nifer o gyfrolau o farddoniaeth.

Nid mater hawdd, yn yr oes gymhleth hon, ydi dewis hoff emyn. Waeth, a ydan ni'n sôn am eiriau? Am dôn? Am effaith y gerddoriaeth arnaf? Ar adeg benodol? Fel cyfeiliant i fywyd ar y pryd? Neu ai'r geiriau'n unig sydd bwysicaf?

Cymaint o gwestiynau, a hynny heb i ni ddechrau ystyried diwinyddiaeth a syniadaeth y geiriau; pryd y cawson nhw eu cyfansoddi; a p'un ai ydyn nhw'n cyfarch Duw, Iesu neu'n amhersonol; ac yn siarad o ran y person cyntaf unigol, neu o safbwynt y 'ni' cynulleidfaol ...

O'm rhan i, emynau sy'n annerch Duw ydi'r rhai mwyaf perthnasol. Mi awn yn bellach na hynny a dweud bod cyfarch Iesu yn gwneud i mi deimlo'n anghysurus, gan na ofynnodd ef i ni erioed ei addoli, ond yn hytrach ganolbwyntio ar diwnio i mewn i Dduw, sut bynnag ydan ni'n disgrifio neu'n dehongli ef/hi yn ôl ein profiadau bywyd.

Am gymhleth ydan ni bob un. Mae meddwl sut y mae unrhyw emyn a thôn yn llwyddo i gyffwrdd unrhyw un ohonon ni yn wyrth.

Ac un peth arall sy'n fy mhoeni am y cyfnod hwn ydi diffyg iaith gyfoes addas i siarad efo Duw. Mae ieithwedd 250 mlwydd oed yn dal i hongian yn gysgod trwm dros y ffordd yr ydan ni'n dal i geisio tiwnio i mewn a chysylltu efo Duw ... ac i berson sydd wedi treulio 30 mlynedd o'i gyrfa yn ceisio cyfleu digwyddiadau gyda'r union eiriau addas, mae hyn yn fy anesmwytho.

Ac mae awdur y geiriau, bob amser, yn bwysig. Rhowch i mi bob amser seicoleg gorfforol y darpar-feddyg William Williams Pantycelyn neu ddelweddau traed-ar-y-ddaear Elfed tros obsesiwn Ann Griffiths a W. Rhys Nicholas gyda pherson Iesu Grist.

Felly, pa emynau sydd yn – ac allan – o'r ras?

Doedd gan neb ohonom yn Ysgol Dyffryn Nantlle y syniad lleiaf beth oedd ystyr 'Esgyn gyda'r lluoedd fry i fynydd Duw' gan Watcyn Wyn (rhif 29 yn *Caneuon Ffydd*). Ond erbyn hyn mae modd dirnad beth ydi dal ati i ddringo 'ar ein gliniau' ... ac mae yna reswm tros gredu mai 'Duw sydd wedi addo cymorth ar y daith'. Mae'r teimlad o olyniaeth o wneud 'fel ein tadau' wedi dod yn gynyddol bwysig i mi.

Pe bawn yn cael newid yr un gair 'Iesu' yn llinell gyntaf Williams, 'Cymer, Iesu, fi fel 'rydwyf, / fyth ni allaf fod yn well;' a chael cyfarch 'Arglwydd' yn lle hynny, yna hwn fyddai fy hoff emyn, i'w ganu'n dorfol, yn rymus ac yn y lleddf. Emyn y Pasg, trwy gonfensiwn, erbyn hyn, ond mae lle i ni i gyd agor ein meddyliau a pheidio â bod ofn canu ein hemosiynau ac nid yn ôl y calendr. Pennill olaf hwn mor rymus, 'Gwaed dy groes sy'n codi i fyny / 'r eiddil yn goncwerwr mawr' ac yr un mor bwysig ydi'r gwrthwyneb, sef 'darostwng cewri cedyrn fyrdd i lawr'. Y cydbwysedd yma yn allweddol i fy ffydd bersonol i.

Sy'n gadael un emyn i mi. Ac nid oes modd sôn am hwn heb feddwl amdanaf fy hun yn ferch fach saith-a-thri-chwarter oed yn cerdded i mewn i Eglwys Sant Aelhaearn, Llanaelhaearn, y tu ôl i arch fy nain (mam fy nhad), yn Ionawr 1982, a'r gynulleidfa yn canu'r geiriau ar y dôn 'Penmachno'. 'Ar fôr tymhestlog teithio 'rwyf i fyd sydd well i fyw, gan wenu ar ei stormydd oll: fy Nhad sydd wrth y llyw.' Mae'r emynydd yn dychwelyd at yr un llinell glo ar gyfer pob pennill. Dim ots beth ddaw, na pha sawl storm sydd 'ynghadw gan fy Nuw', mae yna sicrwydd tawel sy'n ei gwneud hi'n bosib i mi, ym mhob drycin, ildio, derbyn, ac ymddiried. Hwn ydi'r emyn sy'n fy modloni amlaf am resymau personol. Mae ynddo alar, oes, ond mae yma gadernid hamddenol a llygaid glas, pefriog, oesol fy nain a'n gadawodd yn llawer rhy ifanc.

Ar fôr tymhestlog teithio 'rwyf
   i fyd sydd well i fyw,
gan wenu ar ei stormydd oll:
   fy Nhad sydd wrth y llyw.

Trwy leoedd geirwon, enbyd iawn,
   a rhwystrau o bob rhyw
y'm dygwyd eisoes ar fy nhaith:
   fy Nhad sydd wrth y llyw.

Er cael fy nhaflu o don i don,
   nes ofni bron cael byw,
dihangol ydwyf hyd yn hyn:
   fy Nhad sydd wrth y llyw.

Ac os oes stormydd mwy yn ôl,
   ynghadw gan fy Nuw,
wynebaf arnynt oll yn hy:
   fy Nhad sydd wrth y llyw.

A phan fo'u hymchwydd yn cryfhau,
   fy angor, sicir yw;
dof yn ddiogel drwyddynt oll:
   fy Nhad sydd wrth y llyw.

I mewn i'r porthladd tawel, clyd,
   o swn y storm a'i chlyw
y caf fynediad llon ryw ddydd:
   fy Nhad sydd wrth y llyw.

Ieuan Glan Geirionydd, 1795–1855
Caneuon Ffydd, 167

Emyn: 'Ar fôr tymhestlog teithio 'rwyf'

Ymddangosodd y geiriau gan Ieuan Glan Geirionydd (gweler adran Yr Emynwyr) am y tro cyntaf mewn casgliad o'i donau o'r enw *Y Seraph* yn 1838. Pump pennill a geir yn yr emyn pan gynhwyswyd yn *Y Llawlyfr Moliant Newydd* (1955), pedwar yn unig yn *Y Caniedydd* (1960) a chwech yn *Caneuon Ffydd* (2001).

Tôn: 'Penmachno'

Cyhoeddwyd y dôn hon gan T. Hopkin Evans (gweler adran Y Cyfansoddwyr) am y tro cyntaf yn Hydref 1919 a hynny mewn rhifyn o'r cylchgrawn *Cymru*. Yn ei gyfrol *Tonau a'u Hawduron*, dywed Huw Williams fod T. Hopkin Evans wedi cyfansoddi'r dôn er cof am Cadwaladr Jones, blaenor ac arweinydd y gân yng nghapel Rhyd-y-meirch, a bod y nodau cerddorol a osodwyd ar gyfer y geiriau 'Fy Nhad' yn llinell olaf pob pennill yn adleisio'r un seiniau yn union a glywodd Hopkin Evans yng ngoslef Cadwaladr Jones pan oedd ar ei liniau yn gweddïo.

Leah Owen

'Mor dyner yw'r hanes am Iesu mwyn gynt'

O Ynys Môn yn wreiddiol, aeth i Ysgol Gyfun Llangefni ac yna ymlaen i Brifysgol Bangor gan ennill gradd B.Mus. dan arweiniad yr Athro William Mathias. Recordiodd bump LP ac mae wrth ei bodd yn hyfforddi plant a phobl ifanc i ganu. Sefydlodd Parti'r Ynys, cyn symud i fyw i Ddyffryn Clwyd i hyfforddi Meibion Twm o'r Nant, Côr Merched Glyndŵr, Parti Dyffryn Clwyd, y grŵp Enfys a Chôr Merched Lleisiau'r Nant. Bu'n athrawes yn Ysgol Hirael, Bangor, cyn symud i Ddinbych, a chael blynyddoedd hapus iawn yn Ysgol Twm o'r Nant. Bu'n rhan wedyn o Dîm Ymgynghorol y Gymraeg yn y Sir cyn troi'n ôl at y canu ac ymuno â chwmni Cerdd Cydweithredol Sir Ddinbych. Mae'n briod ag Eifion Lloyd Jones ac yn fam i Angharad, Elysteg, Ynyr a Rhys. Bellach mae wedi ymddeol ac yn mwynhau cael cyfle i dreulio amser gyda'i hwyrion bach.

Cefais fy magu ym mhentref bach Rhos y Meirch yng nghanol Ynys Môn. Ers i mi fod yn hogan fach, roedd mynd i'r capel yn bwysig iawn, a'r capel hwnnw oedd Capel Ebenezer, capel cyntaf yr Annibynwyr ym Môn. Bu fy nhad yn Ysgrifennydd yno am flynyddoedd maith a byddem fel teulu yn mynychu'r oedfaon dair gwaith bob Sul. Yn aml iawn, hefyd, byddai fy rhieni a minnau yn mynd i Gymanfa Ganu a fyddai'n cael eu cynnal yn aml o gwmpas yr Ynys. Felly, roedd canu emynau yn fy ngwaed. Yn wir, roedd bywyd yn troi o gwmpas y capel, nid yn unig ar y Sul ond yn ystod yr wythnos hefyd, gyda chyfarfod y plant, y sosial a'r gymdeithas.

O geisio dewis fy hoff emyn, mae sawl un yn dod i'r cof, fel ffefryn fy nhad, 'Rho im yr hedd' ar y dôn 'Rhys'. Hefyd 'Tydi a roddaist liw i'r wawr' – roeddwn yn hoffi hon am fod merch ifanc yn y gynulleidfa yn gallu cyrraedd y nodau uchel yn yr 'Amen' ar ddiwedd y dôn, a chofiaf ryfeddu at ei llais (mam Mari Pritchard, yr arweinydd corau, oedd hi, sef Annwen Evans, Nant Fadog). Emyn arall yr oeddwn yn ei hoffi, oherwydd y llinell fas yn bennaf, oedd 'Cyduned y nefolaidd gôr' ar y dôn 'Diadem' – roedd hi'n werth cael fy llusgo i Gymanfa i glywed y baswyr yn rhuo 'mai cariad ydyw Duw'.

Mi fedrwn yn hawdd hefyd ddewis emyn gan Edward Jones, Maes y Plwm, 'Cyfamod hedd, cyfamod cadarn Duw', am y rheswm fod hen garreg aelwyd y bardd yma yn ein cartref ni ym Mhrion. Pan adeiladwyd ein tŷ, roedd Robert William Davies, yr adeiladwr, yn adnabod ei ardal fel cefn ei law, ac fe aeth i Maes y Plwm gerllaw, a oedd erbyn hynny'n furddun, a dod â'r garreg aelwyd lechen oddi yno yma i'r Gelli.

Ond o fynd yn ôl i Gapel Ebenezer, Rhosmeirch, mae'r atgofion yn llifo. Roedd yno organyddes o'r enw Morfydd Edwards, a hi fyddai'n ein dysgu ni'r plant i ganu ar gyfer gwahanol oedfaon. Byddai Nia, merch Morfydd, a minnau yn aml yn canu deuawdau efo'n gilydd, ac mae un emyn yn dod i'r cof, sef 'Atat Ti, Iesu da', y dôn gan Phillip Paul Bliss a'r emyn gwreiddiol gan H. G. Spafford wedi'i gyfieithu gan Gethin Davies. Ar y cychwyn, fi fyddai'n canu'r llinell alto a Nia y soprano. Byddai Morfydd Edwards yn rhoi llawer o'i hamser i'n dysgu, a dwi'n credu mai hon oedd y ddeuawd gynta' i ni ei chanu efo'n gilydd yn y capel. Roedd y penillion yn swynol ac yn symud yn daclus mewn trydeddau neu chwechawdau ac yna byddai'r cytgan yn dod i ddangos ein lleisiau unigol, cyn ymuno eto tua'r diweddglo. Roedd y geiriau'n weddol hawdd eu deall i ni blant, ac felly'n apelio. Mae fy niolch i Morfydd Edwards am fy nysgu i ganu alto ac felly ddeall cynghanedd gerddorol.

Tydw i ddim wedi clywed yr emyn yma'n cael ei chanu ers oes, ac fe fyddai'n braf ei chlywed eto.

Mor dyner yw'r hanes am Iesu mwyn gynt,
    Pan oedd ar ein daear yn ddyn:
Cymerai blant bychain, fel ŵyn bach i'w gôl,
    O! Na chawswn fod yno fy hun!

Byrdwn:
Atat Ti, Iesu da,
Rwyf yn dod.

Pe buasai Ef yma yn clywed fy nghân,
    Wrth geisio dyrchafu ei glod,
Mi seiniwn Hosanna â'm calon ar dân,
    Ac ymwasgwn yn nes nag erioed.

Ond heddiw mewn gweddi caf fynd ato Ef,
    Fy annwyl Waredwr i yw;
Ac os dyfal geisio yr Iesu a wnaf,
    Caf fynd ato i'r nefoedd i fyw.

O! hyfryd baradwys mae'n ei pharatoi,
    I bawb sydd yn byw iddo Ef,
A lluoedd o'i blant a ddaw ato o hyd,
    Canys eiddynt yw teyrnas y nef.

H. G. Spafford cyf. Gethin Davies
Y Caniedydd, 916

Emyn: 'Mor dyner yw'r hanes am Iesu mwyn gynt'

Er i gyfeirnod yn *Y Caniedydd* (1960) nodi mai cyfieithiad Gethin Davies o eiriau Saesneg H. G. Spafford 'It is well with my soul' yw'r emyn, ymddengys nad oes tebygrwydd rhwng yr emyn Saesneg gwreiddiol a'r geiriau Gymraeg.

Tôn: 'Atat Ti, Iesu Da'

Cyfansoddwyd y dôn gan P. P. Bliss (gweler adran Y Cyfansoddwyr) ar gyfer emyn H. G. Spafford 'It is well with my soul' a'i chyhoeddi am y tro cyntaf yn yr ail gasgliad o *Gospel Hymns* gan Ira D. Sankey yn 1876.

Wynford Ellis Owen

'Os gwelir fi, bechadur'

Wedi gyrfa o 40 mlynedd ym myd y theatr a theledu fel actor, ysgrifennwr a chyfarwyddwr – ef fu'n gyfrifol am greu'r cymeriadau eiconig, Syr Wynff a Plwmsan a'r cyfresi comedi gyflwynodd inni gymeriadau echreiddig Llanllewyn yn *Porc Peis Bach* i S4C – dychwelodd Wynford i'r coleg i'w gymhwyso'n therapydd yn 2006. Yn fuan wedyn penodwyd ef yn brif weithredwr ar Gyngor Cymru ar Alcohol a Chyffuriau Eraill. Arweiniodd hynny at sefydlu Stafell Fyw Caerdydd, y ganolfan gymuned enwog sy'n cynnig triniaeth, cefnogaeth ac ôl-ofal i bobl sy'n dioddef o bob math o ddibyniaethau ac ymddygiadau niweidiol eraill, a'u teuluoedd. Ymddeolodd yn ddiweddar o'r swydd honno ac yn awr mae'n cael ei gyflogi fel Ymgynghorydd Cwnsela Arbenigol i CAIS, rhiant gwmni'r Stafell Fyw, er mwyn ymestyn y gwasanaeth i rannau eraill o Gymru a gofalu am rai mentrau penodol fel Cynnal, y gwasanaeth cwnsela i glerigwyr, gweinidogion yr efengyl a gweithwyr Cristnogol; Curo'r Bwci, y gwasanaeth i gamblwyr eithafol; ac Enfys, y gwasanaeth cenedlaethol i feddygon a gweithwyr meddygol eraill. Mae'n credu mai salwch ysbrydol yw dibyniaeth sy'n mynnu datrysiad ysbrydol. Wrth ddathlu 29 mlynedd o sobrwydd yn ddiweddar, dywedodd, 'Er mwyn newid natur pethau, bu raid imi newid nid y digwyddiadau, ond y meddyliau rheini a greodd y digwyddiadau yn y lle cyntaf.' Mae'n awdur ar dri llyfr hyd yma, a nifer o ddramâu llwyfan a radio. Mae'n briod â Meira, arwres ei hunangofiant, *Raslas bach a mawr!* (Gomer, 2004), yn dad i Bethan a Rwth ac yn daid balch iawn i Begw, Efa, Bobi a Jac.

Mae dewis fy hoff emyn yn broses anodd – oherwydd y dewis eang sydd ar gael a'u pwysigrwydd i enaid a thyfiant ysbrydol dyn ar adegau penodol ar daith bywyd. Dwi'n cofio'r BBC yn dod i Gapel Coffa Henry Rees, Llansannan – y capel roedd fy nhad, y diweddar Barchedig Robert Owen yn weinidog arno ar y pryd – i recordio *Caniadaeth y Cysegr* ar y radio. Dwi hyd yn oed yn cofio un o'r emynau: 'Y Gŵr wrth Ffynnon Jacob' (*Caneuon Ffydd* 328). Yn y flwyddyn 2001 cefais y fraint o gyflwyno fy hoff emynau i ar *Dechrau Canu Dechrau Canmol* i S4C, ac roedd yr emyn hwnnw yn un o'm ffefrynnau i. Cafodd yr emyn argraff fawr arna i pan glywais i o gyntaf yn Llansannan bryd hynny oherwydd y dôn hyfryd a'r darlun byw greodd y geiriau yn fy meddwl i, a'r dyblu a'r treblu angerddol ar y cytgan.

Mwy, mwy,
am achub llawer mwy,
mae syched arno eto
am achub llawer mwy.

Sut bynnag, nid yw'r emyn yn cael ei ganu mor aml bellach, os o gwbl – (ydy hynny'n adlewyrchiad o'n tlodi ysbrydol ni fel cenedl tybed?) – ac mae'i berthnasedd i mi hefyd wedi pylu rywfaint wrth i'r syched am achubiaeth y cyfeiria Thomas William ato yn ei emyn gael ei ddiwallu'n ddramatig yn fy mywyd i ar 20 Gorffennaf 1992 pan fendithiwyd fi â'r cariad 'llawn gras a gwirionedd' hwnnw y bûm i'n chwilio amdano drwy f'oes, ond yn y llefydd anghywir. Digwyddodd o ganlyniad i ddioddefaint – y grym mwyaf creadigol o bosib sy'n bod ym myd natur – pan ddisodlwyd yr ego, a rhois y gorau i yfed alcohol, y cyffur a fu'n ymlyniad mor niweidiol yn fy mywyd am yn llawer, llawer rhy hir.

Emyn Heddwch fy nhad achosodd benbleth arall imi (*Caneuon Ffydd* 850). Yn y Bala roedd Eisteddfod 1967 pan enillodd fy nhad y wobr gyntaf am gyfansoddi emyn – yr unig dro iddo gystadlu ar y gystadleuaeth cyfansoddi emyn. Cefndir y penillion ydi rhyfel Fietnam. Brwydro ddechreuodd yn y pumdegau pan oedd Eisenhower yn Arlywydd. Rhyfel oedd hi rhwng yr Americanwyr yn Ne Fietnam a'r Fietcong oedd yn y Gogledd. Pymtheg mlynedd a mwy i mewn i'r cythrwfl fe ddechreuodd gweddill y byd ddeffro i'r lladd a'r rheibio oedd yn mynd mlaen yn y Dwyrain Pell, a hynny yn bennaf oherwydd dewrder newyddiadurwyr – ac, yn arbennig, ffotograffwyr tebyg i Philip Jones Griffiths. Roedd delweddau camera'r Cymro o Ruddlan oedd yn bartnar dylanwadol yn Magnum, cwmni cydweithredol o wŷr a merched oedd yn mynnu cofnodi erchylltra'r gwrthdaro unochrog, yn drawsnewidiol. Lluniau tebyg i'r un o Phan Thi Kim Phuc, merch fach naw mlwydd oed, yn rhedeg yn noeth i gyfeiriad lens camera ac i ffwrdd o'r fflamau losgodd ei dillad wedi i awyren rhyfel yr Unol Daleithiau fomio ei phentref. Roedd fy nhad yn dilyn y brwydro a'r protestiadau byd-eang gyda chymysgedd o sioc a thristwch, a dyma ysgogodd o i gyfansoddi yr emyn sy'n diweddu gyda'r pennill yma:

Rho'n hael i ni dy nerth bob awr
i droi'n baradwys ddaear lawr;
a thyfed blodau'n ôl ein traed
hyd erwau a fu'n feysydd gwaed:
Dduw nef, gwna'n holl benaethiaid ni
yn dangnefeddwyr ynot ti.

Pan deithiodd y teulu i'r ŵyl ym Mhenllyn yn Awst 1967 i glywed y feirniadaeth roedd yr Arlywydd Johnson yn Washington yn cyhoeddi bod 45,000 o filwyr ychwanegol i fynd i Fietnam. Golygai hynny bod hanner miliwn o filwyr Americanaidd yn Laos, Cambodia a Fietnam. Dyma ddywedodd yr arlywydd, 'I wish I could report to you that the conflict is almost over. This I cannot do. We face more cost, more loss and more agony.' Gwir bob gair. Fe barodd y lladd am wyth mlynedd arall, gan adael miliwn o'r Fietcong a thrigain mil o Americanwyr yn farw.

Er cystal yw Emyn Heddwch fy nhad, a'i pherthnasedd i ni heddiw – mae yna 10 o ryfeloedd yn cael eu brwydro ar hyn o bryd drwy'r byd a sawl cythrwfl arall sy'n lladd a dinistrio – nid dyma fy newis i o fy hoff emyn, chwaith.

Fy hoff emyn i yn ddiymwad yw un Harri Siôn, Dafydd Morris a Hannah Joshua, 'Os gwelir fi, bechadur' (*Caneuon Ffydd* 718) ar y dôn 'Clawdd Madog' gan D. Christmas Williams – tôn sy'n briodas berffaith rhwng y geiriau, eu hystyron, a'r emosiwn sy'n adeiladu'n gelfydd drwy'r tri phennill. Yr emyn hwn sy'n crynhoi orau fy nhaith i i wynfyd a'r dioddefaint fu'n rhan anorfod ohono.

Dim ond cyrraedd a chynnal sobrwydd oedd fy nod ar ddechrau 'nhaith, ac mae medru cyflawni hynny – sef gwneud rhywbeth na fedrwn ei wneud drosof fi'n hun cyn hynny – yn wyrth ynddo'i hun. Ond ar ben hynny, erbyn hyn, mae gen i'r gallu i fyw gydag urddas, i garu fy hun ac eraill, i chwerthin, ac i ddarganfod llawenydd a phrydferthwch yn fy amgylchfyd.

Mae'r rhyddid hwnnw y cyfeiria'r emyn ato yn amlygu'i hun yn fy mywyd bellach drwy un o roddion gwerthfawroca'r daith ysbrydol, sef y gallu i fyw yn y foment – pob eiliad effro o'r dydd. Ac yn y foment, wrth gwrs, does dim pryderon o gwbl, dim poen, dim tlodi, dim hunllefau, dim unigrwydd chwaith. Mae popeth yn berffaith yn y foment.

Dyw hyn ddim yn cynnig imiwnedd imi o'r trafferthion hynny sy'n codi o ddydd i ddydd ac o'r ffaith fy mod i'n ddynol; ond mae yn cynnig imi dangnefedd wrth fynd drwyddynt gan fy mod i'n gwybod bod gen i'r nerth, y doethineb, y gallu a'r modd i ddelio â nhw'n fuddugoliaethus; ac mae wedi dangos imi ystyr i'r problemau a'r anawsterau rheini yn fwy effeithiol a llawer cliriach nag unrhyw beth arall.

Os gwelir fi, bechadur,
   ryw ddydd ar ben fy nhaith,
rhyfeddol fydd y canu
   a newydd fydd yr iaith,
yn seinio buddugoliaeth
   am iachawdwriaeth lawn
heb ofni colli'r frwydyr
   na bore na phrynhawn.

Fe genir ac fe genir
   yn nhragwyddoldeb maith
os gwelir un pererin
   mor llesg ar ben ei daith,
a gurwyd mewn tymhestloedd,
   a olchwyd yn y gwaed,
a gannwyd ac a gadwyd
   drwy'r iachawdwriaeth rad.

Os dof fi drwy'r anialwch
   rhyfeddaf fyth dy ras,
a'm henaid i lonyddwch
   'r ôl ganwaith golli'r maes;
y maglau wedi eu torri,
   a'm traed yn gwbwl rydd:
os gwelir fi fel hynny,
   tragwyddol foli a fydd.

1 Casgliad Harri Siôn, 1773;
2 Dafydd Morris, 1744–91;
3 Hannah Joshua, bl. 1812
Caneuon Ffydd, 718

Emyn: 'Os gwelir fi, bechadur'

Cyfuniad o dri phennill gwahanol gan awduron gwahanol yw'r emyn hwn. Ymddangosodd y pennill cyntaf yn *Amryw Hymnau Dymunol a Phrofiadol* (1773), a adwaenir yn gyffredinol fel 'Casgliad Harri Siôn'. Ymddangosodd yr ail, gan Dafydd Morris, Twr-gwyn, yn yr un flwyddyn yn ei gasgliad yntau o emynau *Cân y Pererinion Cystuddiedig ar eu Taith tu a Seion;* a'r olaf gan Hannah Joshua yn *Casgliad o Hymnau at Wasanaeth y Trefnyddion Calfinaidd* (1841).

Tôn: 'Clawdd Madog'

Er yn gyfarwydd i gynulleidfaoedd Cymru ymhell cyn 1960, yn y flwyddyn honno ymddangosodd y dôn boblogaidd hon gan D. Christmas Williams (gweler adran Y Cyfansoddwyr) am y tro cyntaf mewn casgliad enwadol yn *Y Caniedydd* (1960).

Annette Bryn Parri

'Canaf yn y bore'

Addysgwyd yn Ysgol Gwaen Gynfi Deiniolen, Ysgol Uwchradd Brynrefail a Choleg Cerdd Manceinion. Mae Annette wedi bod yn gyfeilydd proffesiynol i unawdwyr ac offerynwyr dros y byd. Bu'n arweinyddes Côr Merched Alawon Menai a Chôr Meibion y Traeth. Cyfeilydd a chynhyrchydd a lleisydd i dros gant o recordiadau gyda Cwmni Sain, enillodd Dlws y Cerddor Grace Williams a Rhuban Glas offerynnol Eisteddfod Genedlaethol Cymru. Mae'n gyfeilyddes swyddogol Eisteddfodau Cymru, Yr Urdd a'r Genedlaethol ac Eisteddfod Ryngwladol Llangollen. Yn ferch i Evan a Hannah Roberts, yn wraig i Gwyn Parri, mam Heledd, Ynyr a Bedwyr, ac yn nain i Ela, Erin, Macsen, Alys a Twm.

Fy hoff emyn wedi bod erioed ers i mi fod yn blentyn yw 'Canaf yn y bore' ar y dôn 'Llys Aeron'. Tydw i ddim yn siŵr ai y geiriau sydd yn fy nghyffwrdd ynteu y dôn anfarwol 'Llys Aeron'.

Dwi'n cofio pan yn blentyn bach cael y cyfle i gyfeilio yn y gwasanaeth boreol yn Ysgol Gwaen Gynfi, Deiniolen, a phob tro y buasai Mr Eames ein prifathro yn dewis hon roedd rhywbeth yn fy nghyffwrdd i na fedra i ddim egluro.

Mae'n debyg am fy mod yn chwarae y piano a chanu, meddai Mam fy mod i yn codi yn y bore yn canu a mynd at y piano cyn mynd i'r ysgol, mae miwsig wedi bod yn fy ngwythiennau erioed. A finna ddim yn hoff o dywyllwch, tybed oedd y geiriau yn fy ngwneud i'n hapusach, 'Drwy yr hirnos dywyll gwyliaist drosof fi.'

Mi dyfais i fyny fel pianydd a chyfeilio i gymaint o gantorion enwog Cymru a'r byd. Ac fe ddaeth y cyfle amhrisiadwy i mi gyfansoddi cân ar gyfer Gwyn Hughes Jones y tenor enwog a'i wraig Stacey Wheeler soprano sydd yn llysgenhadon i Achub y Plant (Save the Children). Aeth Gwyn y gŵr a minnau ati i gyfansoddi cân 'Mae 'na Obaith' yn ddwyieithog, 'There is Hope', a chael plant ysgol gynradd Penisarwaen i ddechrau'r gân hefo 'Canaf yn y bore', Trio Cymru sef ein mab Bedwyr a'i ffrindiau Emyr a Steffan, ac yn diweddu'r gân mae ein hwyres annwyl Ela yn cloi ar ei phen ei hun bach, 'gwyliaist drosof fi', 'you looked after me'. Cawsom gyngerdd yn y Gadeirlan ym Mangor a chodi dros £6000 i Achub y Plant. Mae'r gân bellach ar wefan Savethechildren.org.uk

Wedi edrych yn fanwl ar y geiriau a sylwi ar y ddwy linell olaf – 'Canaf nes im gyrraedd broydd Gwynfa lân' – teimlaf fod y ddwy linell yma yn bersonol iawn i mi.

Canaf yn y bore
  am dy ofal cu;
drwy yr hirnos dywyll
  gwyliaist drosof fi.

Diolch iti, Arglwydd,
  nid ateliaist ddim;
cysgod, bwyd a dillad,
  ti a'u rhoddaist im.

Cadw fi'n ddiogel
  beunydd ar fy nhaith;
arwain fi mewn chwarae,
  arwain fi mewn gwaith.

Boed fy ngwaith yn onest,
  rho im galon bur;
nertha fi i ddewis
  rhwng y gau a'r gwir.

"Diolch iti, Arglwydd,"
  yw fy llawen gân;
canaf nes im gyrraedd
  broydd Gwynfa lân.

W. Bryn Davies, 1865–1921
Caneuon Ffydd, 118

Emyn: 'Canaf yn y bore'

Yng nghylchgrawn *Cymru'r Plant* (Ionawr 1920) y cyhoeddwyd yr emyn hwn gan W. Bryn Davies (gweler adran Yr Emynwyr) am y tro cyntaf. Ymddangosodd yn wreiddiol gyda thôn gan E. Davies, Porth-cawl, ond y dôn 'Llys Aeron' gan L. J. Roberts yw'r fwyaf cyfarwydd o lawer erbyn hyn.

Tôn: 'Llys Aeron'

Cyfansoddwyd y dôn gan L. J. Roberts (gweler adran Y Cyfansoddwyr), a'i chyhoeddi am y tro cyntaf yn rhaglen Cymanfa Ganu Eisteddfod Y Barri wedi'i phriodi ag emyn W. Bryn Davies. Cynhwyswyd hi yn *A Students' Hymnal* (1923) dan yr enw 'Canaf yn y bore', ond newidiwyd yr enw i 'Llys Aeron', sef enw cartref L. J. Roberts yn Aberaeron.

Nic Parry

'Rho im yr hedd na ŵyr y byd amdano'

Ers ugain mlynedd bu Nic Parry yn Gofiadur ac yna'n Farnwr ar gylchdaith Cymru, yn arbenigo mewn cyfraith trosedd. Mae'n wyneb a llais cyfarwydd fel sylwebydd pêl-droed ar S4C a Radio Cymru ac arweinydd llwyfan yr Eisteddfod Genedlaethol, Eisteddfod yr Urdd ac Eisteddfod Gerddorol Ryngwladol Llangollen. Yn flaenor yng Nghapel Gellifor, Sir Ddinbych, mae'n briod â Sioned, yn dad i Anna a Beca, yn daid i Lois Gwenllian a cherddwr ffyddlon ei gi, Pabi.

Dau o fy hoff eiriau yw 'Cyfiawnder' a 'Hedd'. Fe fydda i'n deisyfu ymgyrraedd at sicrhau y cyntaf ym mhob un diwrnod gwaith tra'n dyheu am yr ail bron bob eiliad o 'mywyd!

Ond tybed ai yng Nghapel Plentyndod y magwyd fy hoffter o'r geiriau hyn, gan eu bod yn eiriau creiddiol dau emyn fu'n ffefrynnau gen i erioed. Drwy ryw gyd-ddigwyddiad llwyr mae'r ddau yn emynau gan Elfed,

Cofia'n gwlad, Benllywydd tirion,
   dy gyfiawnder fyddo'i grym

a

Rho im yr hedd na ŵyr y byd amdano

Yn fab i ddau riant oedd yn flaenoriaid yng Nghapel y Methodistiaid Calfinaidd yn Rhosesmor, Sir y Fflint, roedd emynau'n rhan o fywyd ac fe fyddai gan Ron a Ceinwen ddiddordeb mawr clywed heddiw pa un o'i ddau ffefryn mawr fyddai Niclas yn ei ddewis at bwrpas y gyfrol hon!

Â'r Capel wedi ei ddymchwel union ugain mlynedd yn ôl, bellach yn stad o dai, newidiodd y pentref yn llwyr. Prin, os o gwbl, y clywir gair o Gymraeg yno a bu farw addoliad Cymraeg, yn unol â thranc brawychus anghydffurfiaeth yn y sir, fel yng ngweddill Cymru. Eto, mae dylanwad geiriau'r emynydd yn parhau.

Tra'n cymryd rhan mewn cwis go feiddgar, gofynnwyd i bob un cystadleuydd ddisgrifio cystadleuydd arall mewn tri gair! O'r pedwar gafodd y dasg o fy nisgrifio i, y ceisiadau'n gwbl gyfrinachol cofiwch, roedd yna debygrwydd rhyfedd rhwng disgrifiadau dau ohonynt. Yn ôl un, fi oedd,

'Methu deud Na!'

tra mentrodd y llall,

' 'Run munud llonydd!'

Oedd 'na neges gynnil imi yno tybed?

Roedd 'na wirionedd yn y gwamalu am brysurdeb bywyd. Oherwydd hynny – yr angen am lonyddwch a thawelwch – gwaith tyner Elfed, 'Rho im yr hedd ...' sy'n mynd â hi (hynny ar ôl amser ychwanegol, ciciau o'r smotyn a dadansoddiad VAR wrth gwrs!)

Mae sylwebu ar bêl-droed, a hynny'n fyw, yn yr eiliad, yn dod â'i gyffro ei hun wrth gwrs ac efo hynny y don barhaus o adrenalin sy'n gadael dyn yn lluddedig ar ei diwedd. Ond realiti y bywyd arall, y Farnwriaeth, bywyd fel y'i hamlygir ym mywyd dyddiol Llys y Goron sy'n llorio. Yno mae dyn yn gweld y byd ar ei fwyaf amrwd. Ie, bywyd o ddrygioni eithafol yn sicr ond bywyd hefyd o dymestl bersonol sy'n aml y tu hwnt i amgyffred dyn fel fi. Mae dyddiau'r Llys Barn yn awr ar ôl awr o ganolbwyntio ar ddigwyddiadau sy'n deillio o dlodi; o ddiffyg addysg a chyfleon; o annhegwch; o gasineb a chreulondeb at gyd-ddyn.

Fe fydda i'n meddwl yn aml, mae'n rhaid mai dyma'r 'stormydd garwaf' y mae Elfed yn canu amdanynt. Dyma pam mae 'f'enaid gwan yn curo', a dyma pryd y byddaf yn ysu am 'yr hedd na ŵyr y byd amdano ... sy'n llifo megis afon ... heb ofni dim ...'

Dyma bedwar pennill sy'n cyfleu y llonyddwch sydd o fewn ein cyrraedd, dim ond inni chwilio amdano, yr 'hedd wedi'r loes'. Rwy'n ei ddeisyfu drosof fy hun yn aml, ond yn meddwl hefyd peth mor amheuthun fyddai ym mywydau toredig cymaint o'n cyd-ddyn.

Rho im yr hedd na ŵyr y byd amdano,
 hedd, nefol hedd, a ddaeth drwy ddwyfol loes;
pan fyddo'r don ar f'enaid gwan yn curo
 mae'n dawel gyda'r Iesu wrth y groes.

O rho yr hedd na all y stormydd garwaf
 ei flino byth na chwerwi ei fwynhad
pan fyddo'r enaid ar y noson dduaf
 yn gwneud ei nyth ym mynwes Duw ein Tad.

Rho brofi'r hedd a wna im weithio'n dawel
 yng ngwaith y nef dan siomedigaeth flin;
heb ofni dim, ond aros byth yn ddiogel
 yng nghariad Duw, er garwed fyddo'r hin.

O am yr hedd sy'n llifo megis afon
 drwy ddinas Duw, dan gangau'r bywiol bren:
hedd wedi'r loes i dyrfa'r pererinion
 heb gwmwl byth na nos, tu hwnt i'r llen.

Elfed, 1860–1953
Caneuon Ffydd, 787

Emyn: 'Rho im yr hedd na ŵyr y byd amdano'

Ysgrifennwyd y geiriau gan Elfed (gweler adran Yr Emynwyr), ac ymddangosodd yr emyn am y tro cyntaf yn *Y Caniedydd Cynulleidfaol* yn 1895. Mae rhai wedi nodi tebygrwydd rhwng yr emyn hwn ac emyn Saesneg gan Jane Crewdson, 'O for the peace which floweth as a river', ond ar wahân i linell agoriadol y pennill olaf, 'O am yr hedd sy'n llifo megis afon', mae'r ddau emyn yn wahanol i'w gilydd o ran cynnwys a mynegiant.

Ceir tri diweddglo amrywiol i'r emyn mewn cyhoeddiadau gwahanol. Pan ymddangosodd yn gyntaf, mae'r cwpled olaf yn darllen fel hyn:

Yr hedd sy'n llanw bywyd yr angylion,
Yr hedd wna nefoedd inni byth – Amen.

Erbyn cyhoeddi'r *Caniedydd Cynulleidfaol Newydd* yn 1921, mae'n darllen fel hyn:

Hedd wedi'r loes i dyrfa'r pererinion;
Heb gwmwl byth na nos – tu hwnt i'r llen.

Yn *Llawlyfr Moliant Newydd* y Bedyddwyr a gyhoeddwyd yn 1955, ceid y cwpled hwn:

Yr hedd sy'n llenwi bywyd yr angylion:
Yr hedd fydd inni'n nefoedd byth. Amen.

Gan fod Elfed ei hun yn un o olygyddion *Y Caniedydd Cynulleidfaol Newydd* yn 1921, derbyniwn mai fersiwn 1921 yw'r agosaf at ddymuniad a bwriad yr awdur. Wrth feddwl am ddirywiad golwg Elfed a'i ddallineb cynyddol erbyn y cyfnod hwn, mae'r cyfeiriad at 'gwmwl' a 'nos' yn cymryd ystyr ac arwyddocâd ychwanegol i ddyhead yr emyn.

Tôn: 'Rhys'

Cyfansoddwyd y dôn 'Rhys' gan W. J. Evans (gweler adran Y Cyfansoddwyr), ac ymddangosodd am y tro cyntaf yn *Y Caniedydd Cynulleidfaol Newydd* yn 1921. Mae naws a theimlad y gerddoriaeth yn gweddu'n berffaith i eiriau Elfed ac yn briodas annatod rhwng emyn a thôn.

Enwyd y dôn ar ôl tad y cyfansoddwr, sef Rees Evans (1835–1917), brodor o Rydaman yn wreiddiol ond symudodd i Aberdâr a chyfrannu'n sylweddol i fywyd cerddorol yr ardal. Roedd y teulu'n addoli gyda'r Annibynwyr yn Siloa, Aberdâr.

Adroddir hanes am un o'r oedfaon yng Nghapel Seion, Baker Street, Aberystwyth yn ystod anterth brwydro'r Ail Ryfel Byd ar ddydd Sul 15 Awst 1943. Elfed oedd yn pregethu ac yntau'n ledio ei emyn ei hun, 'Rho im yr hedd na ŵyr y byd amdano', gyda W. J. Evans yn cyfeilio wrth yr organ i'w dôn ei hun.

Delyth Morgans Phillips

'Mi wn fod fy Mhrynwr yn fyw'

Merch fferm o Ddyffryn Aeron yw Delyth. Derbyniodd ei haddysg yn Ysgol Gynradd Trefilan, Ysgol Gyfun Aberaeron, Prifysgol Cymru Bangor a Phrifysgol Cymru Aberystwyth. Bu'n Is-Warden Neuadd Pantycelyn, cyn ymchwilio ac yna ysgrifennu'r gyfrol *Cydymaith Caneuon Ffydd*. Treuliodd gyfnod yn gweithio i Undeb yr Annibynwyr Cymraeg, ac yn agos i ddeng mlynedd yn y Cyngor Llyfrau. Bellach, mae wedi rhoi heibio waith y swyddfa gan ddychwelyd i'r fferm ddefaid deuluol ac i fagu teulu. Mae'n bregethwr lleyg, yn organydd yn Noddfa, Llanbedr Pont Steffan, ac yn arwain cymanfaoedd canu yn lleol. Mae hefyd yn swyddog gyda Chymdeithas Emynau Cymru ac yn aelod o'r Panel Mawl Cydenwadol. Ymhlith ei diddordebau eraill mae cerdded, papurau bro, eisteddfodau lleol ac yfed coffi.

Emynau (ac emyn-donau) fu'r allwedd i agor drws Cristnogaeth i fi'n bersonol. Yn aml pan oeddwn yn blentyn fe fyddwn i wrth y piano yn troi at *Lyfr Emynau a Thonau'r Methodistiaid Calfinaidd a Wesleaidd* (1929) i gael seibiant o'r darnau clasurol a'r 'scales'. Byddwn i'n esgus taw ymarfer fy 'sight reading' oeddwn i – ac efallai bod yna elfen o wirionedd yn hynny ar y dechrau. Ond buan y des i sylweddoli fy mod i'n hoffi pori yn y llyfr. Roedd barddoniaeth a siâp yr emynau yn fy swyno, er nad oeddwn i'n deall eu cynnwys na'u neges yn llwyr. Ac roedd strwythur a harmonïau'r tonau pedwar-llais yn apelgar.

Emyn Robert ap Gwilym Ddu, 'Mae'r gwaed a redodd ar y groes', oedd yr emyn cyntaf i beri i fi feddwi fel petai ar emynau, a hynny pan oeddwn i yn fy arddegau cynnar. 'Arglwydd, gad im dawel orffwys' ac 'Arwelfa' oedd y briodas gyntaf rhwng emyn a thôn i aros gyda fi, a dyma rywffordd selio fy mherthynas oes gydag emynau a thonau. Yn wahanol i emyn Robert ap Gwilym Ddu, roeddwn i'n clywed emyn Emrys a thôn John Hughes mewn aml i gymanfa ganu ac ar *Dechrau Canu Dechrau Canmol*. Daeth rhywbeth yn gyfarwydd ac yn gysurus am y geiriau a'r dôn. Wedi'r cwbwl, beth nad oedd i'w hoffi am yr emyn hwn, hyd yn oed os nad oeddwn i'n gallu uniaethu'n llawn â'r pererin gobeithiol? Gymaint mwy oedd fy ngwerthfawrogiad o'r geiriau wedi dod yn Gristion, wrth gwrs.

Er fy mod i, fel y rhelyw, â'm hoff emyn yn amrywio yn ôl fy sefyllfa ar y pryd, y ffefryn yw emyn ysgubol Thomas Jones o Ddinbych, 'Mi wn fod fy Mhrynwr yn fyw'. Dyma'r emyn rwy'n troi ato dro ar ôl tro. Dyma emyn cyhyrog sy'n ddatganiad clir, pendant a digwestiwn fod Iesu yn fyw. Mae'r emynydd yn edrych ymlaen yn hyderus, gyda'r nod o gyrraedd pen y daith yn 'y Ganaan dragwyddol ei chân, / y Saboth hyfrydol yn wir'. Er taw dim ond dau bennill sydd i'r emyn, dyma eiriau i ddod â fi nôl at galon y ffydd. Mae'n rhoi hyder a chysur i fi, waeth beth yw fy amgylchiadau ar y pryd. A dyma gyfannu'r cylch – nid yn unig licio'r farddoniaeth ydw i bellach, ond cael fy nghodi gan brofiad y geiriau.

A beth all rhywun ei ddweud am dôn D. Emlyn Evans ond 'waw'?! Os bu priodas odidog rhwng emyn a thôn, dyma hi! Er, mae'n rhyfedd meddwl nad â geiriau Thomas Jones y cyhoeddwyd 'Trewen' am y tro cyntaf, ond emyn Pantycelyn, 'Wrth gofio'r Jerwsalem fry'. Nid oes ryfedd efallai fy mod i wedi penderfynu ysgrifennu traethawd ymchwil ar y cerddor D. Emlyn Evans, gan werthfawrogi nid yn unig fwrlwm traddodiad y gymanfa ganu yn ystod ail hanner y bedwaredd ganrif ar bymtheg, ond hefyd y cynnwrf ysbrydol a diwylliannol oedd ar gerdded trwy'r wlad.

Anfynych y bydd cyfle i wneud cyfiawnder â'r emyn ac â'r dôn erbyn hyn, ond pan mae cyfle i'w canu mewn cymanfa dda, does dim cyffur gwell i'w gael!

Mi wn fod fy Mhrynwr yn fyw,
  a'm prynodd â thaliad mor ddrud;
fe saif ar y ddaear, gwir yw,
  yn niwedd holl oesoedd y byd:
er ised, er gwaeled fy ngwedd,
  teyrnasu mae 'Mhrynwr a'm Brawd;
ac er fy malurio'n y bedd
  ca'i weled ef allan o'm cnawd.

Wel, arno bo 'ngolwg bob dydd,
  a'i daliad anfeidrol o werth;
gwir awdur, perffeithydd ein ffydd,
  fe'm cynnal ar lwybrau blin serth:
fy enaid, ymestyn ymlaen,
  na orffwys nes cyrraedd y tir,
y Ganaan dragwyddol ei chân,
  y Saboth hyfrydol yn wir.

Thomas Jones, 1756–1820
Caneuon Ffydd, 547

Emyn: 'Mi wn fod fy Mhrynwr yn fyw'

Ymddangosodd yr emyn hwn gan Thomas Jones (gweler adran Yr Emynwyr) am y tro cyntaf yn 1799 yn y *Trysorfa Ysprydol*, cyfnodolyn a olygwyd ar y cyd ganddo fe a Thomas Charles, Y Bala. Fe'i cynhwyswyd mewn dau gasgliad arall yn 1802 sef *Mawl i'r Oen a Laddwyd* a *Diferion y Cyssegr*. Mae'r emyn yn seiliedig ar adnodau o Lyfr y Proffwyd Job 19:25–6, 'Canys myfi a wn fod fy Mhrynwr yn fyw, ac y saif yn y diwedd ar y ddaear. Ac er ar ôl fy nghroen i bryfed ddifetha'r corff hwn, eto caf weled Duw yn fy nghnawd.'

Tôn: 'Trewen'

Cyfansoddwyd y dôn gan D. Emlyn Evans (gweler adran Y Cyfansoddwyr) a'i chyhoeddi am y tro cyntaf yn *Gemau Mawl: Attodiad i 'Tonau, Salmau ac Anthemau'*, casgliad David Jenkins yn 1890, ac wedi hynny ym mhob un o'r casgliadau enwadol yng Nghymru. Mae'r dôn wedi'i chynnwys mewn nifer o gasgliadau Saesneg hefyd ers ymddangos yn y *Revised Church Hymnary* (1927).

Mici Plwm

'Wele'n sefyll rhwng y myrtwydd'

Ganwyd Michael Lloyd Jones yn Llan Ffestiniog, Sir Feirionnydd. Mynychodd Ysgol Gynradd Llan Ffestiniog (Ysgol Bro Cynfal erbyn hyn) ac Ysgol Sir Ffestiniog (Ysgol y Moelwyn erbyn hyn). Yn y 1960au roedd yn troelli disgiau dan yr enw 'DJ Plummy'. Fe'i hysbrydolwyd gan ymgyrchoedd iaith Cymdeithas yr Iaith i gael gwared o'i recordiau Saesneg a chychwynnodd y Disco Cymraeg cyntaf gan newid ei enw DJ i Mici Plwm. Gwnaeth 'Disco Teithiol Mici Plwm' deithio o gwmpas clybiau a neuaddau pentref trwy Gymru gyfan am ugain mlynedd gan rannu llwyfan gyda bandiau fel Edward H Dafis. Daeth yn enwog yn ystod yr 1970au a'r 1980au am chwarae rhan Plwmsan y Twmffat Twp yn y rhaglenni teledu *Teliffant* ac *Anturiaethau Syr Wynff a Plwmsan* ynghyd â Wynford Ellis Owen. Bu'n gynghorydd ar Gyngor Tref Pwllheli ers 2011 ac fe'i hetholwyd yn Faer Tref Pwllheli ym mis Mai 2021.

Heb os mae fy magwraeth wedi sicrhau bod gen i nifer luosog iawn o emynau yng nghypyrddau fy nghof, ac mae mynychu Capel yn gyson ar y Sul, Y Gobeithlu a'r Gymdeithas a Chymanfaoedd Canu niferus dros y blynyddoedd wedi fy mharatoi ar gyfer digwyddiadau ble byddai canu yn rhan annatod ohonynt. Hyd heddiw mae fy nghefndir wedi sicrhau fy mod i'n medru morio canu llawer iawn o emynau.

Mae'r canu emynau pedwar llais mewn tai tafarnau wedi mynd yn beth prin iawn, a'r nosweithiau diwedd dydd yn ystod yr Eisteddfod Genedlaethol dan arweiniad Tawe Williams bellach wedi diflannu o'r tir. Pe byddech yn gofyn i mi nodi fy hoff emyn, rhaid cyfaddef fe fyddai'n dasg anodd; ond pe byddech yn fy holi a oes emynwyr yn fy nheulu fe atebwn ar unwaith fod yna nifer ohonynt, gan enwi o leiaf dri y byddech yn wybyddus â nhw, sef

Y Parchedig David Jones Treffynnon, Ann Griffiths Dolwar Fach a'r
Parchedig W. E. 'Penllyn' Jones.

Y Parchedig David Jones (Treffynnon)

Ganwyd David Jones ym mis Hydref 1770 yng Nghoed y Ddôl, Llanuwchllyn,
Sir Feirionnydd. Ei alwedigaeth oedd gwneuthurwr llestri coed. Aeth am
gwrs o addysg yn ddyn ifanc i'r athrofa yn Wrecsam o dan yr athro Jenkin
Lewis. Aeth i Dreffynnon i ofalu am yr eglwys Annibynnol yno yn 1801. Yn
1821 cyhoeddodd gasgliad o emynau, a chafwyd ail argraffiad yr un flwyddyn
yn cynnwys *Egwyddorion neu Don-raddau Peroriaeth a amcanwyd yn bennaf
er anogaeth a chynhorthwy i bobol ieuanc* (3ydd argraffiad yn 1826). Yn 1831
aeth i Fanceinion i gasglu at gynorthwyo eglwysi gweiniaid. Bu farw ar 25
Awst 1831 yn Lerpwl trwy ddamwain. Claddwyd ef yn Nhreffynnon.

Ann Griffiths Dolwar Fach

Ganwyd Ann Thomas mewn ffermdy o'r enw Dolwar Fach ym mhlwyf
Llanfihangel-yng-Ngwynfa, Sir Drefaldwyn, y pedwerydd o bum plentyn
Sion Ifan Tomos (1736–1802), ffermwr tenant, a'i wraig, Jane, nee Theodore
(1744–1794). Cafodd ei bedyddio yn eglwys blwyf Llanfihangel ar 21 Ebrill
1776. Derbyniodd Ann rywfaint o addysg ffurfiol, ac er ei fod yn brin, mi
fyddai yn fwy na chafodd y mwyafrif o ferched ei statws yn ei chyfnod.
Bu'n cael ei hyfforddi gan wraig o'r enw Mrs Ann Owen yn Llanfihangel
cyn symud ymlaen i ysgol a gedwid gan giwrad y plwyf, Ezeciel Hamer, lle
dysgodd ddarllen ac ysgrifennu yn y Gymraeg a siarad Saesneg elfennol. Cyn
ei thröedigaeth bu Ann yn cyfansoddi rhigymau a byddai'n eu hadrodd iddi'i
hun a'i chyfeillion er mwyn diddanwch. Wedi ei thröedigaeth dechreuodd
Ann gyfansoddi cerddi crefyddol yn lle'r rhigymau ac eto yn eu hadrodd wrth
fynd o amgylch ei dyletswyddau ar y fferm. Yn 1806 cyhoeddwyd y cerddi
roedd tad Ann wedi eu cofnodi mewn cyfrol o'r enw *Casgliad o Hymnau* a
daeth yn gyfrol boblogaidd iawn. Mae nifer o emynau Ann yn cael eu canu
yn gynulleidfaol o hyd gyda 14 ohonynt yn ymddangos yn *Caneuon Ffydd*.
Mae'n debyg mai ei hemyn enwocaf yw 'Wele'n sefyll rhwng y myrtwydd'
sy'n cael ei ganu'n aml ar y dôn 'Cwm Rhondda'.

W. Evans Jones (Penllyn) 1854–1938

Yr oedd Penllyn yn Weinidog yr Annibynwyr. Ganwyd ef yn Ffridd Gymen, Llangower ger Y Bala yn un o ddeg o blant. Roedd ei frawd Lewis Davies 'Llew Tegid' (1851–1928) yn arweinydd eisteddfodau ac ymfudodd brawd arall iddo sef Owen Cadwalader i Batagonia. Bu Penllyn yn fardd eisteddfodol blaenllaw yn ei ddydd ac addolai yn yr Hen Gapel, Llanuwchllyn. Gweinidogaethodd am dros ddeugain mlynedd yn eglwys Ebenezer, Hen Golwyn a bu'n un o olygyddion y *Caniedydd Cynulleidfaol Newydd* 1921.

Wele'n sefyll rhwng y myrtwydd
  wrthrych teilwng o'm holl fryd,
er mai o ran yr wy'n adnabod
  ei fod uchlaw gwrthrychau'r byd:
    henffych fore
  y caf ei weled fel y mae.

Rhosyn Saron yw ei enw,
  gwyn a gwridog, teg o bryd;
ar ddeng mil y mae'n rhagori
  o wrthrychau penna'r byd:
    ffrind pechadur,
  dyma ei beilot ar y môr.

Beth sydd imi mwy a wnelwyf
  ag eilunod gwael y llawr?
Tystio 'rwyf nad yw eu cwmni
  i'w gystadlu â'm Iesu mawr:
    O am aros
  yn ei gariad ddyddiau f'oes.

Ann Griffiths, 1776–1805
Caneuon Ffydd, 319

Emyn: 'Wele'n sefyll rhwng y myrtwydd'

Un o emynau mwyaf cyfarwydd Ann Griffiths (gweler adran Yr Emynwyr) y credir iddi ysgrifennu'r ail bennill ym mis Rhagfyr 1802 ar ôl gwrando ar John Parry, Caer, yn pregethu ar yr adnod, 'Fy anwylyd sydd wyn a gwridog, yn rhagori ar ddengmil' (Caniad Solomon 5:10). Yn debyg i'w hemynau eraill, mae'r emyn ar ei hyd yn llawn o gyfeiriadaeth Feiblaidd gyda chyfeiriadau at rannau o lyfrau y proffwydi Sechareia, Hosea a rhannau eraill o Ganiad Solomon. Cyhoeddwyd yr emyn cyfan am y tro cyntaf yn ailargraffiad *Grawn-Syppiau Canaan* (1805/6) ac yn *Casgliad o Hymnau* (1806).

Tôn: 'Cwm Rhondda'

Tôn gan John Hughes, Llanilltud Faerdref (gweler adran Y Cyfansoddwyr) sydd wedi dod yn adnabyddus yn rhyngwladol. Yn ôl rhai ffynonellau, fe'i canwyd am y tro cyntaf yng Nghymanfa Ganu'r Bedyddwyr ym Mhontypridd yn 1905, ac yn ôl eraill mewn cyfarfodydd dathlu yng Nghapel Rhondda, Trehopcyn yn 1907. Mae'n debyg taw 'Rhondda' oedd enw gwreiddiol y dôn, ond oherwydd tôn adnabyddus arall M. O. Jones o'r un enw, fe'i newidiwyd i 'Cwm Rhondda'. Cyhoeddwyd mewn casgliad enwadol cyflawn am y tro cyntaf yn *Y Llawlyfr Moliant Newydd* (1955).

Gwennant Pyrs

'Arglwydd, gad im dawel orffwys'

Magwyd Gwennant yn Llanuwchllyn ac fe'i haddysgwyd yn Ysgol O. M. Edwards ac Ysgol y Berwyn, Y Bala. Graddiodd mewn Cerddoriaeth ym Mhrifysgol Bangor. Bu'n Bennaeth Cerdd yn Ysgol David Hughes, Porthaethwy am dros 30 mlynedd, a threuliodd gyfnod yn darlithio Cerdd yn Adran Addysg Prifysgol Bangor. Bellach, mae'n gweithio'n rhan amser i Wasanaeth Cerdd Gwynedd a Môn. Sefydlodd Gôr Seiriol yn 1991 ac mae'n parhau o dan ei harweinyddiaeth hyd heddiw. Cyhoeddodd bedair cyfrol o geinciau cerdd dant ynghyd â chyfrol o ganeuon Nadoligaidd. Mae'n byw ym Mangor ac yn parhau i fwynhau cyfansoddi.

Mae sawl emyn yr wyf wedi eu mwynhau dros gyfnod o amser. 'Bod Alwyn' (David Jenkins) oedd yr emyn-dôn cyntaf i mi ei chwarae ar organ yr Ysgoldy bach yn Llanuwchllyn, lle cefais y cyfle yn ifanc iawn i gyfeilio'n achlysurol mewn gwasanaeth. Dyma brentisiaeth ardderchog a roddodd yr hyder i mi ddysgu a pharhau.

O safbwynt emyn cynulleidfaol sy'n cysuro, ac yn cwmpasu cyffes ffydd, ac alaw a harmonïau arbennig, y mae'r dôn 'Godre'r Coed' Matthew W. Davies i eiriau David Charles 'Tydi sy deilwng oll o'm cân'. Cofiaf y wefr mewn sawl oedfa neu gymanfa o glywed yr alaw yn adeiladu'n gelfydd yn y llinell fas at uchafbwynt ar ddiwedd pob pennill. Roedd y dôn hon hefyd yn ffefryn gan fy rhieni.

Cefais y fraint o drefnu sawl emyn ar gyfer Côr Seiriol ac mae 'Rho im yr hedd', geiriau Elfed, ar y dôn Rhys (W. J. Evans) bob amser yn rhoi cysur ac yn falm i'r enaid. Tôn arall sydd wedi ei chanu'n gyson gan y côr yw

'Ellers', ond y tro hwn ar eiriau a ysgrifennwyd yn arbennig gan y Parch. John Gwilym Jones:

Diolch ein Tad am weld dy gariad di
Heddiw yn llifo i'n bywydau ni.
Er baeddu'n daear, ac er llygru'n tir,
Diolch am ffynnon lle mae'r ffrwd yn glir.

Emyn mwy diweddar y byddaf yn hoff iawn o'i chwarae ar organ Capel Emaus Bangor yw 'Fel yr Hydd', sydd hefyd yn gyfuniad gwych o eiriau ac alaw sy'n priodi'n berffaith.

Ond yn sicr rhaid yw dewis y dôn 'Arwelfa' John Hughes i eiriau Emrys fel yr un sydd bob amser yn cynnig cysur, gwefr a gobaith. Ac er mor drist yr achlysur, nid anghofiaf fyth y profiad iasol a deimlais o glywed yr emyn hwn yn cael ei ganu yn yr Hen Gapel Llanuwchllyn yn angladd fy nhad. Bu fy nhad David Pierce Jones yn arweinydd y gân yn y capel hwnnw am dros hanner can mlynedd, ac o wybod mai 'Arwelfa' oedd ei hoff emyn yntau, rhywfodd, cefais gysur mawr o glywed y capel llawn yn ei chanu'n wefreiddiol ac yn dyblu'r gân fel teyrnged iddo.

Arglwydd, gad im dawel orffwys
   dan gysgodau'r palmwydd clyd
lle yr eistedd pererinion
   ar eu ffordd i'r nefol fyd,
lle'r adroddant dy ffyddlondeb
   iddynt yn yr anial cras
nes anghofio'u cyfyngderau
   wrth foliannu nerth dy ras.

O mor hoff yw cwmni'r brodyr
   sydd â'u hŵyneb tua'r wlad
heb un tafod yn gwenieithio,
   heb un fron yn meithrin brad;
gwlith y nefoedd ar eu profiad,
   atsain hyder yn eu hiaith;
teimlant hiraeth am eu cartref,
   carant sôn am ben eu taith.

Arglwydd, dal ni nes mynd adref,
  nid yw'r llwybyr eto'n faith;
gwened heulwen ar ein henaid
  wrth nesáu at ben y daith;
doed y nefol awel dyner
  i'n cyfarfod yn y glyn
nes in deimlo'n traed yn sengi
  ar uchelder Seion fryn.

Emrys, 1813–73
Caneuon Ffydd, 617

Emyn: 'Arglwydd, gad im dawel orffwys'

Ymddangosodd yr emyn hwn gan Emrys (gweler adran Yr Emynwyr) am y tro cyntaf yn *Aberth Moliant* (1873), casgliad o emynau a thonau dan olygyddiaeth Emrys ei hun a Gwilym Hiraethog. Wedi hynny, fe'i cyhoeddwyd yn gyson mewn casgliadau enwadol eraill, ac ers ei briodi â thôn John Hughes 'Arwelfa' yn *Y Llawlyfr Moliant Newydd* yn 1955, ar y dôn honno y clywir yr emyn fel arfer.

Tôn: 'Arwelfa'

Bu'r dôn hon gan John Hughes (gweler adran Y Cyfansoddwyr) yn boblogaidd iawn mewn cymanfaoedd canu ers ei chyhoeddi am y tro cyntaf yn 1926 yn Rhaglen Cymanfa Ganu Bedyddwyr Treorci a'r Cylch yn y flwyddyn honno. Cynhwyswyd hi am y tro cyntaf mewn casgliad enwadol yn *Y Llawlyfr Moliant Newydd* (1955) dan olygyddiaeth John Hughes ei hun, ac ers hynny mae wedi ennill ei phoblogrwydd ymhlith cynulleidfaoedd Cymru.

Dyfrig Rees

'Addolwn Dduw, ein Harglwydd mawr'

Brodor o Bancffosfelen, Cwm Gwendraeth. Wedi gadael Ysgol Ramadeg y Gwendraeth treuliodd rai blynyddoedd ym myd amaeth. Derbyniodd ei addysg ddiwinyddol yn y Coleg Coffa, Aberystwyth cyn derbyn galwad i Lanbryn-mair a Charno ym Maldwyn. Dychwelodd i fro ei febyd gan fugeilio eglwysi yn y Tymbl, Llannon a Drefach cyn symud wedyn i Rydaman a Thycroes ac yna i Ben-y-bont ar Ogwr. Ers 2018 ef yw Ysgrifennydd Cyffredinol Undeb yr Annibynwyr Cymraeg.

Breintiwyd fi'n fawr iawn â magwraeth Gristnogol ac ni chofiaf adeg yn fy mywyd pan nad oeddwn yn perthyn i gymuned ffydd. O ddyddiau cynnar iawn yn Ysgol Sul Libanus, Bancffosfelen a Chaersalem, Pontyberem gwyddwn am gymdeithas yr eglwys ac o dipyn i beth deuthum yn fwyfwy ymwybodol o natur ei bywyd a'i gwaith. Un o'r argraffiadau cynharaf sydd gennyf o fod yn y cwrdd yw fod rhywbeth mawr ar waith. Roedd popeth ynghylch Caersalem, drigain mlynedd yn ôl, yn ymddangos yn fawr i blentyn – capel, organ, côr, cynulleidfa, pregethwr. Wrth dyfu ac aeddfedu, deuthum i sylweddoli bod mawredd cynulleidfa addolgar yn ymestyn ymhell tu hwnt i fesur y synhwyrau. Yr oedd, ac y mae mawredd tu hwnt i'm deall.

Gweld pobl mewn oed yn plygu pen wrth gymryd at eu seddau, clywed y tawelwch dwfn, llethol oedd yn meddiannu'r lle funud neu ddwy cyn dechrau'r oedfa, pawb yn disgwyl yn eiddgar am gyhoeddi'r emyn o fawl, a seiniau mawreddog, dirgrynol yr organ yn galw'r gynulleidfa i addoli. Cannoedd o bobl, wrth godi, yn tywyllu'r fangre a'u moliant yn angerddol. 'Addolwn Dduw, ein Harglwydd mawr', heb ddal dim yn ôl. Pryd bynnag y clywaf yr emyn hwn daw'r argraffiadau ffurfiannol hynny i gof ac ni fu un dim yng nghwrs fy mhererindod ysbrydol, hyd yma, i'w tanseilio.

Ffrwyth y Diwygiad Protestannaidd yw'r dôn, wedi ei chorlannu i Sallwyr Genefa 1551. Mae saint yr oesoedd wedi ei chanu a Christnogion o bob traddodiad eglwysig yn ymfalchïo ynddi ac yn ei defnyddio'n ganllaw i'w moliant. Cydia gymunedau ffydd ddoe, heddiw a byth. Bydd 'mawl holl ddyddiau'r nef'. Una ni â moliant y greadigaeth gyfan, holl weithredoedd Duw. Mae'n arwyddocaol iawn mai gostwng wna nodau cynta'r dôn wrth ein hebrwng i addoli Duw. Ninnau mewn gostyngeiddrwydd yn mentro dyrchafu'n cri ato am iddo ef, y gymuned ddwyfol, 'y Tri yn Un a'r Un yn Dri', ddarostwng ei hunan, a dod atom ni, yn Dduw gyda ni yn Iesu a thrwy'r Ysbryd.

Y mae hwn yn un emyn na fynnwn fyw hebddo. Emyn o fawl ydyw sy'n adleisio moliant Llyfr y Salmau, caniedydd yr Iddew, gan bwyso'n arbennig ar gymalau o Salmau 100, 145 a 147. I mi, does dim ail i hwn fel emyn i agor oedfa ac i gymell addoliad.

Canwyd y dôn, nid gyda'r un eneiniad, mae'n wir, wrth inni fynd am ein cinio yn Ysgol y Banc. 'Bydd wrth ein bwrdd ...' ond stori arall yw honno!

Addolwn Dduw, ein Harglwydd mawr,
mewn parch a chariad yma nawr;
y Tri yn Un a'r Un yn Dri
yw'r Arglwydd a addolwn ni.

Mae ganddo i'n gwasanaeth hawl,
a gweddus inni ganu mawl;
down ger ei fron â llafar gân,
rhown iddo glod o galon lân.

Ei orsedd sydd yn nef y nef,
sanctaidd a chyfiawn ydyw ef;
i ddig y mae'n hwyrfrydig iawn,
fe rydd o'i ras drugaredd lawn.

Y mae'i weithredoedd ef bob un
yn ei glodfori yn gytûn;
ei fawr gadernid draethant hwy,
a'i enw a folwn ninnau mwy.

Mawr yw a chanmoladwy iawn,
cyduno i'w ddyrchafu wnawn;
bendithiwn byth ei enw ef,
a chaiff y mawl holl ddyddiau'r nef.

Gwyllt Y Mynydd
(William Hugh Evans), 1831–1909
Caneuon Ffydd, 14

Emyn: 'Addolwn Dduw, ein Harglwydd mawr'

Gwyllt y Mynydd (gweler adran Yr Emynwyr) yw awdur y geiriau ac ymddangosodd yr emyn am y tro cyntaf yn *Llyfr Emynau y Wesleaid* (1900).

Tôn: 'Yr Hen Ganfed'

Un o donau hynafol yr Eglwys Brotestannaidd. Yn Sallwyr Genefa (Geneva Psalter) 1551 y cyhoeddwyd y dôn hon am y tro cyntaf, a'i chyflwyno i ni'r Cymry mor bell nôl â 1621 gyda *Salmau Cân* Edmwnd Prys.

Elinor Wyn Reynolds

'Mae'r gwaed a redodd ar y groes'

Bardd, awdur a golygydd yw Elinor Wyn Reynolds. Fe'i ganwyd yn Nhreorci, Cwm Rhondda ac fe'i magwyd yng Nghaerfyrddin. Addysgwyd hi ym Mhrifysgol Cymru, Aberystwyth a Choleg Iesu, Rhydychen. Erbyn hyn, a hithau wedi byw mewn sawl ardal o Gymru, mae wedi ymgartrefu nôl yng Nghaerfyrddin unwaith yn rhagor gyda'i theulu. Cyrhaeddodd ei nofel gyntaf, *Gwirionedd*, restr fer Llyfr y Flwyddyn 2020, a dewiswyd y nofel honno hefyd ar gyfer Silff Lyfrau 2020–21 Cyfnewidfa Lên Cymru. Mae'n Swyddog Cyhoeddiadau Undeb Yr Annibynwyr Cymraeg ac yn aelod o Gapel Annibynnol Y Priordy, Caerfyrddin.

Yn aml iawn y mae emynau yn cynnwys delweddau cryfion, darluniau byw sy'n dawnsio yn y pen ac sy'n rhoi gwefr i'r galon. Mewn dyddiau di-lyfr, byddai'r ddelwedd yn bwysig iawn ac roedd yr emyn yn fodd i gynulleidfa ddeall rhai egwyddorion astrus a berthynai i Gristnogaeth drwy ychydig eiriau grymus y gân.

Fy hoff emyn i yw emyn gorchestol Robert ap Gwilym Ddu, 'Mae'r gwaed a redodd ar y groes'. Ganed Robert Williams yn 1766 ar fferm Betws Fawr ym mhlwyf Llanystumdwy, roedd yn ffermwr wrth ei waith ac yn fardd crefyddol heb ei ail – yn wir, ei brofiadau crefyddol a'i hysgogodd i ganu. Y mae Robert ap Gwilym Ddu yn adnabyddus hefyd am ei farwnad ysgytwol i'w ferch, Jane Elizabeth, a fu farw'n sydyn yn ddwy ar bymtheg oed. Dewiswyd ei gerdd goffa i'w ferch i fod yn rhan haeddiannol o gasgliad *Hoff Gerddi Coffa Cymru* cymaint yw'r argraff a greodd.

Mae'n amlwg fod Robert Williams yn ddyn oedd yn ystyried pethau'n ddwys ac yn teimlo pethau i'r byw, ac er ei fod yn adnabod y beirdd eisteddfodol yn ei gyfnod, ni fu'n cystadlu wedi'r un tro iddo golli mewn cystadleuaeth. Chafodd Robert ap Gwilym Ddu mo'i fedyddio erioed ac ni fu'n aelod o eglwys ychwaith a hynny wedi iddo ystyried ei gymhellion yn drylwyr. Er hyn oll, y mae dwyster ei brofiadau ysbrydol fel emynydd ac emosiynol fel bardd ynghyd â grym ei awen wedi treiglo drwy'r canrifoedd ac mae'n siarad â ni'n utgorn o glir heddiw.

Fe gladdwyd Robert ap Gwilym Ddu mewn bedd di-nod ym mynwent Abererch ger Pwllheli; yn wir mae'n anodd iawn cael hyd i'w fedd yno – fe dybiech eich bod chi'n edrych ar wal yr eglwys, ond yma y mae bedd Robert ap Gwilym Ddu.

Yr hyn sy'n cydio ynof bob tro wrth ganu'r emyn hwn yw anferthedd amser, neu dragwyddoldeb, ac er gwaetha'r ffaith bod amser yn hir, yn ddiderfyn, nad oes digon ohono i fedru sôn yn gyflawn am holl ogoniannau a gwychder Duw, dyna pa mor ardderchog yw Duw. Ac mae Robert ap Gwilym Ddu yn rhoi pwynt terfyn i dragwyddoldeb diderfyn drwy sôn am 'dragwyddoldeb llawn', mae'n ddatganiad sydd y tu hwnt i 'nghrebwyll i:

rhy fyr yw tragwyddoldeb llawn
  i ddweud yn iawn amdano.

At hyn hefyd y mae'r odl fewnol yn yr emyn yn diasbedain a thasgu yn fy mhen ac yn fy meddwi ar yr un pryd a'r ddelwedd agoriadol hynod graffig o waed, o Galfarî a phoen ac ing yn tynnu sylw o'r cychwyn, ac eto y mae gorfoledd yma hefyd:

Mae'r gwaed a redodd ar y groes
  o oes i oes i'w gofio;
rhy fyr yw tragwyddoldeb llawn
  i ddweud yn iawn amdano.

Yn y pedwerydd pennill, mae'r ddelwedd o ronynnau bychain dirifedi ar draeth yn un sy'n fy swyno i hefyd. Dychmygwch gyfrif pob un gronyn ar draeth – amhosib! Y mae hwn hefyd y tu hwnt i 'nirnadaeth i a meddyliwch bod ffermwr cyffredin o Eifionydd yn creu'r fath ddelwedd anhygoel o faint rhywbeth sydd mor anferth nad oes modd ei ddeall, na fedrwn ni gael ein hymenyddion o gwmpas y maint! Hyd yn oed yn yr oes dechnolegol, wyddonol hon lle mae modd cyfrif pethau bychain bach a niferoedd dirifedi, byddai cyfrif gronynnau ar draeth yn amhosibl. A hyd yn oed wedyn, meddai, dim ond dechrau mae'r gân, dim ond dechrau mae'r moli – mae'r syniad hwn na fedr gwyddoniaeth hyd yn oed ddim cyrraedd at dafoli yr hyn yw Duw yn un cynhyrfus, y mae'r tu hwnt i bob deall ac y mae hynny i'w fawrygu:

> 'Mhen oesoedd rif y tywod mân
>   ni fydd y gân ond dechrau;

Ac yna yn y pennill olaf y mae Robert ap Gwilym Ddu yn datgan:

> Ni thraethir maint anfeidrol werth
>   ei aberth yn dragywydd:
> er treulio myrdd o oesoedd glân
>   ni fydd y gân ond newydd.

Dychmygwch hynny, megis dechrau y mae popeth o hyd! Megis dechrau y mae ein moliant ni ac mae newydd-deb cyffrous yn perthyn i'r canu hwnnw. Eto, y mae'r bardd yn mynegi pethau sydd y tu hwnt i'n dealltwriaeth meidrol ni, oherwydd yn ein bywydau ni, y mae dechrau, canol a diwedd. Yr ydym ni ar ras i bobman ac mae amser yn elyn i ni'n feunyddiol – ond yma nid oes diwedd i'r moliant, nid oes diwedd i anferthedd Duw, na'i ras, na'i gariad; a sut y mae gwyddoniaeth yn esbonio hynny, dwedwch? Y mae'r emyn hwn y tu hwnt i 'neall i ac eto mae'n fy llonni y tu hwnt i eiriau ac rwy'n llawenhau yn fy niffyg deall.

Fe ysgrifennodd y bardd ifanc, talentog, Nicholas Heiney gyfrol o'r enw *The Silence at the Song's End* (mab Libby Purves a Paul Heiney oedd Nicholas, cyflawnodd hunanladdiad yn ddyn ifanc) ond dywedodd e ei fod yn gwybod ble mae Duw, y mae Duw yn byw yn y tawelwch ar ddiwedd pob cân. Y mae barddoniaeth drist, hiraethus yng nghanu Nicholas Heiney ond y mae Robert ap Gwilym Ddu yn parhau i ganu, yn dal i foliannu – llawenydd ac nid hiraeth sydd i'w eiriau ef.

Bob tro bydda i'n canu'r emyn hwn, rwy'n rhyfeddu at allu'r bardd i grisialu pethau astrus mewn ychydig eiriau. Dyna gamp yr emynydd, onide? Mae'r emynydd yn y fan hon yn distyllu gwyddoniaeth a phethau anesboniadwy i mewn i'r un emyn anhygoel hwn. Ac ar ben hynny, mae Robert ap Gwilym Ddu yn gwneud i ni deimlo'r un pethau ag ef, yn gwneud i ni orfoleddu at yr hyn yw Duw a gwychder ei deyrnas. Amen ac amen i hynny.

Mae'r gwaed a redodd ar y groes
 o oes i oes i'w gofio;
rhy fyr yw tragwyddoldeb llawn
 i ddweud yn iawn amdano.

Prif destun holl ganiadau'r nef
 yw "Iddo ef" a'i haeddiant;
a dyna sain telynau glân
 ar uchaf gân gogoniant.

Mae hynod rinwedd gwaed yr Oen
 a'i boen wrth achub enaid
yn seinio'n uwch ar dannau'r nef
 na hyfryd lef seraffiaid.

'Mhen oesoedd rif y tywod mân
 ni fydd y gân ond dechrau;
rhyw newydd wyrth o'i angau drud
 a ddaw o hyd i'r golau.

Ni thraethir maint anfeidrol werth
 ei aberth yn dragywydd:
er treulio myrdd o oesoedd glân
 ni fydd y gân ond newydd.

Robert ap Gwilym Ddu, 1766–1850
Caneuon Ffydd, 492

Emyn: 'Mae'r gwaed a redodd ar y groes'

Yn ôl yr hanes traddodiadol, cyfansoddodd Robert ap Gwilym Ddu (gweler adran Yr Emynwyr) yr emyn hwn yn dilyn cyfarfod pregethu gyda'r Bedyddwyr ar fferm ei chwaer, Anne Wynne, Cefncymerau, Sir Feirionnydd. Mae'n debyg i'w chwaer ofyn iddo ysgrifennu emyn addas i'w ganu yn yr oedfa gymun. Cyhoeddwyd yr emyn am y tro cyntaf yn Y *Gwyliedydd* ym mis Medi 1823.

Tôn: 'Brynhyfryd'

Mae'r alaw yn cael ei phriodoli i John Williams, Dolgellau (gweler adran Y Cyfansoddwyr) er nad oes sicrwydd pendant am hynny. 'Aber' oedd enw'r dôn pan ymddangosodd gyntaf yn 1817 yng nghasgliad Owen Williams *Brenhinol Ganiadau Sion*. Trefniant J. T. Rees a geir yn *Caneuon Ffydd* (2001), er bod rhai cerddorion yn ffafrio trefniant John Hughes yn y *Llawlyfr Moliant Newydd* (1955).

Ceri Wyn Richards

'O! 'rwyf yn hoffi canu'

Dilynodd Ceri yrfa yn y cyfryngau ar ôl gadael Prifysgol Cymru, Aberystwyth. Bu'n gynhyrchydd radio a theledu gyda BBC Cymru cyn iddi droi at y sector annibynnol gan weithio gyda chwmni Opus cyn sefydlu ei chwmni ei hun. Yn ystod y cyfnod yma bu'n cynhyrchu rhaglenni teledu i BBC Cymru, S4C ac ITV a chyfresi i Radio 4, Radio Cymru a Radio Wales. Erbyn hyn mae ei chwmni, Parrog Cyf yn canolbwyntio ar raglenni radio, gan gynnwys *Caniadaeth y Cysegr* ar Radio Cymru. Bu hefyd yn ddarlithydd ym maes y cyfryngau am gyfnodau yn ystod ei gyrfa. Bu'n darlithio yn Ngholeg y Drindod, Caerfyrddin cyn dod yn arholwr allanol yno. Bu'n dysgu ym Mhrifysgol De Cymru a hi oedd y prif gynghorydd diwydiannol i Brifysgol Aberystwyth pan ddilyswyd cwrs newydd MA mewn cynhyrchu radio (ffeithiol) ganddynt. Roedd Ceri'n gyfrifol am strwythuro a datblygu'r cwrs yn ogystal â darlithio.

Ystrydeb yw dweud bod cerddoriaeth yn rhan annatod o'm magwraeth, ond rwy'n amau fy mod yn gallu canu a siarad tua'r un pryd! Roedd miwsig ar ein haelwyd ers fy mod yn cofio. Roedd fy mam wedi etifeddu dawn gerddorol ei thad, D. C. Watkins, organydd ac arweinydd Côr Plant Nantyffyllon – côr llwyddiannus iawn yn ei ddydd. Ymhen amser ffurfiwyd côr ganddi hi yn Ysgol Gymraeg Maesteg lle roedd yn athrawes. Hi sefydlodd gôr adran ac aelwyd yr Urdd yn y dref hefyd ac felly roedd alawon gwerin, caniadau Cymreig a cherdd dant yn rhan o'm bywyd bob dydd naill ai wrth ganu yn y côr neu wrth glywed Mam yn dewis, dethol ac ymarfer y caneuon ar y piano gartref.

Doedd dim llawer o ddawn gan fy nhad o ran canu a darllen cerddoriaeth ond roedd ei hoffter o fiwsig a'i chwaeth eang yn ddylanwad arnaf i a'm chwaer. Yn wahanol i Mam, cerddoriaeth glasurol ac opera oedd byd cerddorol Dad ac mae gen i sawl un o'i hen recordiau 78 gan Gigli a Caruso o hyd.

Ond beth am emynau? Roedd yn draddodiad yn ein tŷ ni i fynd i'r cwrdd yng nghapel Saron, Nantyffyllon, lle roedd fy nhad yn ysgrifennydd, dair gwaith y Sul. I'r gwasanaeth yn y bore a'r nos ac i'r Ysgol Sul yn y prynhawn. Rhwng yr Ysgol Sul a chwrdd y nos y drefn oedd cael te – ffrwyth tun gyda llaeth Ideal a tharten afal – wrth wrando ar *Ganiadaeth y Cysegr*, gyda'r pregethwr gwadd yn ymuno gyda ni'n achlysurol. Roeddwn wedi fy nhrwytho yn ein traddodiad emynyddol felly. Roedd cymanfa wythnos y Pasg yn rhan bwysig o'n calendr fel teulu. Emynau dieithr i'w dysgu, anthem i'w pherfformio a dillad newydd i'w prynu wrth gwrs!

Roedd emynau'n rhan o'm bywyd y tu allan i'r capel hefyd. Byddai Mam yn eu canu'n gyson ar y piano a phawb yn ymuno. Gwnaeth sawl record gyda'i chôr yn cynnwys gwaith Joseph Parry, *Ymgom yr Adar* a ffilmiwyd ar gyfer teledu HTV. Ond yr hyn sy'n aros yn y cof yn bennaf yw'r record *Cymanfa Ganu'r Plant*. Roeddwn yn dal yn yr ysgol gynradd pan recordiwyd hon, ac rwy'n cofio'r wefr o fod yn rhan o rhyw gant o'm cyd-ddisgyblion yn canu clod i Dduw. Roedd 'Awn ymlaen dan ganu', 'Rwy'n canu fel cana'r aderyn', 'Pwy all beidio canu' ac 'A oes gennych chwi delynau' yn rhan o'r arlwy. Emynau gwych i blant.

Ers deng mlynedd rwy'n cynhyrchu *Caniadaeth y Cysegr* i BBC Radio Cymru, ac yn freintiedig i ymwneud â chyfres a fu'n gymaint rhan o'm magwraeth. Mae'n un o gonglfeini'r BBC ac yn rhan o batrwm darlledu'r gwasanaeth ers dros 70 o flynyddoedd.

Bu farw fy nhad cyn i mi ymgymryd â'r gwaith ond byddai wedi bod mor falch. Roedd Mam yn dal yn fyw ac roedd ei balchder yn amlwg wrth iddi ddweud wrth ffrind, 'Ma' Ceri ni wedi gweithio gyda nifer o bobl enwog yn ystod ei gyrfa. 'Na chi Bryn Terfel, Pierce Brosnan a Stephen Sondheim ond sdim ots am 'ny, mae'n cynhyrchu *Caniadaeth y Cysegr* nawr!'

Oherwydd fy ngwaith, mae emynau'n dal yn rhan allweddol o'm bywyd bob dydd. Rwyf wedi recordio cymanfaoedd dirifedi o gwmpas y wlad. Y tristwch yw bod y cymanfaoedd yma'n mynd yn brinnach, a'r canu pedwar llais yn llai cyhyrog nag y bu yn y gorffennol. Mae pryder felly y bydd ein traddodiad emynyddol yn edwino fwyfwy. Oherwydd hyn mae cynllun gen i ar y gweill i recordio'r holl emynau sydd yng *Nghaneuon Ffydd* er mwyn sicrhau archif gyflawn o'r etifeddiaeth bwysig hon i genedlaethau'r dyfodol.

Ystyriais ddewis emyn o archif *Caniadaeth y Cysegr* ar gyfer y gyfrol hon. Emyn â neges ddiwinyddol bwysig wedi ei briodi a thôn addas. Ond rwy'n mynd nôl at *Gymanfa Ganu'r Plant* a recordiais gyda chôr Mam dros ddeugain mlynedd yn ôl, ac at un o'r emynau o gyfnod yr wyf yn ei drysori – 'O! 'rwyf yn hoffi canu'. Mae'n adlewyrchu cyfnod hapus, diniwed yn llawn atgofion braf ac mae'r neges yn oesol:

Canaf, mi ganaf,
Hosanna a seiniaf,
Yr Iesu a folaf hyd derfyn fy oes.

O! 'rwyf yn hoffi canu,
   Canu â chalon iach;
Swyno y byd a'i synnu,
   Fel yr aderyn bach;
Sisial fy nghân bob bore –
   Cyn daw gofidiau'r dydd,
Canu i'r Iesu fy ngorau –
   Hyn imi'n fwyniant fydd.

Cytgan:
Canaf, mi ganaf,
Hosanna a seiniaf,
Yr Iesu a folaf hyd derfyn fy oes.
Canaf, mi ganaf,
Hosanna a seiniaf,
Yr Iesu a folaf hyd derfyn fy oes.

Llenwir y byd â moliant
  Pan ddaw y byd i'w le,
Ni fydd un lle i siomiant,
  'R un fydd â chân y ne';
Melys fydd sôn am Iesu,
  Ceidwad i blentyn yw,
O! fel mae'n hoffi caru
  Pawb sydd yn caru Duw.

Cysur i galon plentyn
  Ydyw ei gân bob pryd,
Ni ddaw i'w fron un gelyn,
  Canu wna ef o hyd.
Cilia pob ysbryd aflan,
  Telyn geir yn ei law, –
Cwmni yr Iesu ym mhobman
  Ymlid bob gelyn draw.

Edward Jones
(Myfyr Elfed), 1869?–1934
Caniedydd Newydd
yr Ysgol Sul, 102

Emyn: 'O! 'rwyf yn hoffi canu'

Y geiriau gan Edward Jones 'Myfyr Elfed' (gweler adran Yr Emynwyr). Cyhoeddwyd yn *Caniedydd Newydd yr Ysgol Sul* (1930) er mae'n debyg i'r emyn a'r dôn ymddangos mewn rhaglenni cymanfaoedd canu yn ardal Y Rhondda a Maesteg o'r flwyddyn 1909 ymlaen.

Tôn: 'O! 'rwyf yn hoffi canu'

Cyfansoddwyd y dôn gan Sol (Solomon) Watkins (gweler adran Y Cyfansoddwyr) a'i chyhoeddi gyda geiriau Myfyr Elfed yn *Caniedydd Newydd yr Ysgol Sul* (1930). Bu'r geiriau a'r dôn yn boblogaidd mewn cymanfaoedd canu cyn hynny, a cheid cyfeiriad at ffynhonnell y dôn yn *Caniedydd Newydd yr Ysgol Sul* fel 'Rhaglen Cymanfa Ganu Bethania, Maesteg, 1909'.

Ynyr Roberts

'Tydi a wnaeth y wyrth, O Grist, Fab Duw'

Cafodd Ynyr ei fagu ar gyrion pentrefi Llanrug a Phenisa'r-waun yn ardal Eryri. Ers ei arddegau, mae ganddo ddiddordeb mewn bod yn greadigol ac mae'n ymddiddori mewn dylunio, cerddoriaeth a choginio ac yn hoff iawn o chwaraeon. Ers iddo raddio o Brifysgol Sheffield Hallam yn 2001 mae wedi dilyn gyrfa fel dylunydd graffeg, yn bennaf yn gweithio ar ei liwt ei hun, gan weithio ar brosiectau i gwmnïau fel Cyhoeddiadau'r Gair, y BBC ac S4C. Mae wedi bod yn gyflogedig hefyd gyda sefydliadau fel Cytûn (Yr Eglwysi Ynghyd yng Nghymru) a Menter a Busnes. Yn deillio o'i ddiddordeb mewn cerddoriaeth, mae'n chwarae'r gitâr, y ffidil a'r bouzouki geltaidd ac wedi sefydlu dau fand, Epitaff a Brigyn.

'Mae'r Haleliwia yn fy enaid i ...' Dyna linell sy'n rhan bwysig o'r emyn 'Tydi a wnaeth y wyrth, O Grist, Fab Duw', sy'n cael ei chanu ar y dôn 'Pantyfedwen'. Mae'r geiriau hyn yn golygu llawer i mi, mewn mwy nag un ystyr.

W. Rhys Nicholas yw awdur y geiriau. Enillodd y wobr am ysgrifennu emyn yn Eisteddfod Pantyfedwen, Llanbedr Pont Steffan yn y flwyddyn 1967. Flwyddyn yn ddiweddarach, yn yr un Eisteddfod yn 1968, enillodd Eddie Evans am ysgrifennu tôn i gyd-fynd â geiriau'r emyn hwnnw. Yr enw a roddwyd ar y dôn fuddugol honno oedd 'Pantyfedwen'. Erbyn hyn mae'r enw'n aml yn cyfeirio at y geiriau a'r dôn y maen nhw'n cael eu canu iddi, a'r enw wrth gwrs yn gysylltiedig â'r eisteddfod lle y gwobrwywyd yr emynydd a'r cerddor.

Pan fyddaf yn clywed neu'n canu geiriau cytgan yr emyn hwn rwy'n aml yn gwenu wrthyf fy hun, gan fy mod yn teimlo bod y gair 'Haleliwia' wedi'i engreinio ynof rywsut.

Fel un rhan o'r grŵp 'gwerin/pop' Brigyn, wrth i ni ganu yma ac acw does dim un cyngerdd yn gyflawn ers 2006 heb i mi ganu'r gân 'Haleliwia'. Sôn yr ydw i am ganu geiriau Cymraeg Tony Llewelyn ar alaw enwog Leonard Cohen 'Hallelujah'.

Yn ôl yn niwedd 2005 y gwnes i ddechrau canu'r gân. Roedd Eurig fy mrawd ieuengaf, sef rhan arall y grŵp Brigyn, a minnau'n canu mewn cyfres o gyngherddau yn San Francisco ym mis Tachwedd 2005. Yn ystod y daith roedd ein ffrind Nia, a oedd yn canu'r piano a'r delyn gyda Brigyn, yn sôn ei bod wedi clywed bachgen ifanc yn canu'r gân 'Haleliwia' mewn eisteddfod yn Llithfaen yn gynharach y flwyddyn honno, a'i bod wedi dotio arni. Ar noson olaf y daith a ninnau'n ciniawa ar ôl cyngerdd, dyma fersiwn Jeff Buckley o'r gân yn chwarae ar y radio. Teimlem fod hyn yn rhyw fath o arwydd y dylwn i recordio'r fersiwn Gymraeg newydd o 'Haleliwia' unwaith roeddem yn ôl yng Nghymru a chyn Nadolig 2005. Fe aethom ati yn sydyn iawn i recordio trefniant Nia o'r gân 'Haleliwia' a'i chyflwyno i Radio Cymru heb feddwl o gwbl ar y pryd cystal fyddai'r ymateb i'r trefniant. O hynny ymlaen, felly, fe wreiddiwyd y gair Haleliwia yn fy enaid innau.

Ond cyn hyn i gyd, roedd y gair Haleliwia a sŵn emynau wedi treiddio i fy enaid er pan oeddwn i'n ifanc iawn. Fy nhad oedd ficer lleol y plwyf pan oeddwn i'n blentyn a thrwy fy arddegau. Yn naturiol felly, roedd rhaid mynychu'r gwasanaethau yn eglwysi Penisa'r-waun, Deiniolen neu Ddinorwig bob Sul. Ac roedd emynau amlycaf Cymru i gyd yn cael eu canu ag arddeliad yno ar y Suliau. Drwy fod wedi cael magwraeth ar aelwyd Gristnogol a chael ein trwytho yn sŵn litwrgi ac emynau, mae rhyw ddiddanwch i'w gael wrth wrando ar emynau. Cofiaf adeg yn yr ysgol, yn fy arddegau, pan fyddai plant eraill yn tynnu coes ac yn gweiddi 'Haleliwia' arna i oherwydd bod Dad yn ficer – mewn ymgais i fy ngwylltio mae'n siŵr! Ond i'r gwrthwyneb, roedd clywed y gair 'Haleliwia' fel petai'n dod â rhyw falchder i mi. Roedd yr Haleliwia yn fy enaid i!

Ers i mi symud o ardal Eryri a chyfarfod fy ngwraig Gwenllian a magu teulu yng Nghaerdydd, i'r Capel y bydda i'n mynd bellach. Yn ffodus i mi, mae'r canu yng Nghaerdydd lawn cystal ag yn Eryri! Pan oedd Gwenllian a minnau'n trefnu ein gwasanaeth priodas roedden ni eisiau emyn cwbl Gymreig o ran geiriau a thôn, emyn y byddai pawb yn ei adnabod ac yn mwynhau ei ganu, emyn a fyddai'n 'codi'r to' fel petai ac yn ein helpu ni i 'godi'r angor' a'n hannog i hwylio ar daith bywyd priodasol. Roedden ni'n dau'n gytûn mai 'Tydi a wnaeth y wyrth, O Grist, Fab Duw' ar y dôn 'Pantyfedwen' fyddai'r dewis.

A hyn i gyd sy'n dod â fi i'r casgliad mai dyma pam mai dyma yw fy hoff emyn, ac yn enwedig y frawddeg odidog honno, 'Mae'r Haleliwia yn fy enaid i, a rhoddaf, Iesu, fy mawrhad i ti.'

Tydi a wnaeth y wyrth, O Grist, Fab Duw,
tydi a roddaist imi flas ar fyw:
fe gydiaist ynof drwy dy Ysbryd Glân,
ni allaf tra bwyf byw ond canu'r gân;
'rwyf heddiw'n gweld yr harddwch sy'n parhau,
'rwy'n teimlo'r ddwyfol ias sy'n bywiocáu;
mae'r Halelwia yn fy enaid i,
a rhoddaf, Iesu, fy mawrhad i ti.

Tydi yw haul fy nydd, O Grist y groes,
yr wyt yn harddu holl orwelion f'oes;
lle'r oedd cysgodion nos mae llif y wawr,
lle'r oeddwn gynt yn ddall 'rwy'n gweld yn awr;
mae golau imi yn dy Berson hael,
penllanw fy ngorfoledd yw dy gael;
mae'r Halelwia yn fy enaid i,
a rhoddaf, Iesu, fy mawrhad i ti.

Tydi sy'n haeddu'r clod, ddihalog Un,
mae ystyr bywyd ynot ti dy hun;
yr wyt yn llanw'r gwacter drwy dy air,
daw'r pell yn agos ynot, O Fab Mair;
mae melodïau'r cread er dy fwyn,
mi welaf dy ogoniant ar bob twyn;
mae'r Halelwia yn fy enaid i,
a rhoddaf, Iesu, fy mawrhad i ti.

W. Rhys Nicholas, 1914–96
Caneuon Ffydd, 791

Emyn: 'Tydi a wnaeth y wyrth, O Grist, Fab Duw'

Geiriau buddugol cystadleuaeth llunio emyn yn Eisteddfod flynyddol Rhys Thomas James (Pantyfedwen), Llanbedr Pont Steffan, 1967 gan W. Rhys Nicholas (gweler adran Yr Emynwyr). Beirniaid y gystadleuaeth oedd y Parchedigion E. Gwyndaf Evans a Gwilym R. Tilsley.

Yn ôl tystiolaeth yr awdur ei hun, ysbrydolwyd yr emyn wedi iddo bregethu ar yr adnod, 'Un peth a wn i, lle yr oeddwn i yn ddall, yr wyf fi yn awr yn gweled.' (Ioan 9:25) Teimlai fod rhywbeth ar goll gyda diweddglo'r emyn, ac awgrymodd ei briod Beti fod angen mwy o 'Haleliwia' yn y geiriau, ac o ganlyniad ychwanegodd y cwpledi clo ym mhob pennill.

Yn fuan, daeth yr emyn a'r dôn yn boblogaidd gyda chynulleidfaoedd gan ymddangos mewn rhaglenni cymanfaoedd canu ledled Cymru (gan gynnwys *Detholiad* y ddau gyfundeb Methodistaidd yn 1974–75) cyn eu cyhoeddi mewn casgliad am y tro cyntaf yn 1980, yn *Caniedydd yr Ifanc*.

Mae'r emyn wedi'i gyfieithu i'r Saesneg gan J. H. Griffiths, 'You did this mighty deed, O Christ, God's Son' (rhif 908 yn *Caneuon Ffydd*), a cheir cyfieithiadau Sbaeneg a Siapanaeg hefyd.

Tôn: 'Pantyfedwen'

Cyfansoddwyd y dôn gan M. Eddie Evans (gweler adran Y Cyfansoddwyr), a gwobrwywyd y dôn yn Eisteddfod flynyddol Rhys Thomas James (Pantyfedwen), Llanbedr Pont Steffan, yn 1968 mewn cystadleuaeth cyfansoddi tôn ar gyfer geiriau buddugol W. Rhys Nicholas y flwyddyn gynt. Mae'n ddiddorol nodi mai'r ail wobr a ddyfarnwyd i'r dôn yn wreiddiol gan y beirniad, Yr Athro Ian Parrott, Prifysgol Cymru, Aberystwyth. Yn ôl yr hanes, roedd yr wythawd oedd i ganu'r dôn fuddugol yn teimlo ei bod yn anaddas ar gyfer cynulleidfa pedwar llais ac yn anghanadwy o'r herwydd. Perswadiwyd y beirniad i wobrwyo'r ail, a dyna ddechreuad y briodas annatod rhwng emyn a thôn sydd wedi profi'n hynod boblogaidd hyd heddiw.

Bryn Terfel

'Tydi, a roddaist liw i'r wawr'

Yn enedigol o Bantglas. Mab fferm Nantcyll Uchaf, Pantglas, a adawodd Ysgol Dyffryn Nantlle am Lundain bell i astudio canu dan bwysau un o enwogion y byd operatig, Syr Geraint Evans. Ar ôl cyfnod o chwe mlynedd yng Ngholeg Cerdd y Guildhall, bu 1988–89 yn gyfnod llewyrchus lle cipiodd wobr Kathleen Ferrier a dod yn ail agos iawn i enillydd Cystadleuaeth Canwr y Byd y BBC. Ers hynny, mae wedi troedio neuaddau a thai opera'r byd. Byddai Syr Geraint yn sicr wedi ymfalchïo yn ei lwyddiant. Mae Bryn yn artist recordio unigryw i Deutsche Grammophon, ac yn falch iawn o fod yn un o'r artistiaid a ddewiswyd i gynrychioli cwmni anhygoel Rolex yn fyd-eang.

Fe allwch fentro bod canu a pherfformio yr emyn a'r dôn 'Tydi a roddaist liw i'r wawr' yn rhan annatod o 'mywyd cerddorol i. Yn sicr, fe alla i ategu a phwysleisio bod yr emyn-dôn wedi bod yn gysgod ffyddlon ar hyd fy siwrnai i fod yn ganwr clasurol proffesiynol.

O'm dyddiau yn cystadlu ac yn ganwr cyngherddau pan yn fyfyriwr, roedd emyn newydd i'w ddysgu o dro i dro, a diolch i'r drefn am hynny. Ond tydi cyflwyno emyn ddim fel reidio beic, ac yn sicr mae angen ymroddiad ac amynedd i'w pherfformio. Dysgu'r farddoniaeth, dysgu'r dôn, mynd dan groen y mynegiant a theimlo i'r byw bob emosiwn sydd dan yr haul, a hyn heb sôn am frawddegu, yr anadl i gario cwpledi yn hyderus a chadw tonyddiaeth, heb os nac oni bai, yn berffaith.

Ar ôl hyn i gyd mae gwir angen i emynau fod ar gof. Mae gen i sawl un yn fy mhoced sydd yn barod i fynd ar unrhyw achlysur. Yn sicr mae rhai ohonynt ar frig y rhestr.

Pan oeddwn yn fachgen ifanc ac yn morio canu emynau yng Nghapel Libanus, Pantglas, roedd yna un emyn fyddai yn fy mhlesio doed a ddelo – y geiriau, y diwn a'r cyfle i bawb oedd yn y capel harmoneiddio yn hyderus. Yn sicr roedd pawb i'w weld yn adnabod yr emyn hwn efallai yn well na rhai eraill.

Fy nhad yn canu rhan y bas yn daclus iawn ac yn soniarus, fy mam a'i soprano ysgafn yn hwyliog braf gyda'r alaw, ac Yncl Will Cwmbran yn hedfan y llinell uchaf gyda'i lais tenor medrus, a finna yn gyfuniad ansicr, swil, o'r pedwar llais, yn arbrofi ar sut i ddal i fyny â phawb yn y capel. Hwn oedd yr emyn fyddai yn fy ngadael yn gwenu fel giât o glywed y sain campus oedd yn y capel bach gwledig, ac ar y llaw arall yn fy ngadael yn dwys-fyfyrio am y farddoniaeth.

Am dôn ac am eiriau. Emyn sydd bellach wedi'i berfformio gan sawl côr a sawl unawdydd ac i gyfeiliant syml y piano ac i seiniau swmpus y gerddorfa. Er hyn, yr un yw teimlad ysbrydoledig y gerddoriaeth hudolus yma a gyfansoddwyd mewn mater o funudau ar blatfform stesion wrth symud o un trên i'r llall. Y gerddoriaeth gan Arwel Hughes a'r farddoniaeth gan T. Rowland Hughes – 'Tydi a roddaist liw i'r wawr' yw fy ffefryn i!

Tydi, a roddaist liw i'r wawr
   a hud i'r machlud mwyn,
tydi, a luniaist gerdd a sawr
   y gwanwyn yn y llwyn,
O cadw ni rhag colli'r hud
sydd heddiw'n crwydro drwy'r holl fyd.

Tydi, a luniaist gân i'r nant,
   a'i su i'r goedwig werdd,
tydi, a roist i'r awel dant
   ac i'r ehedydd gerdd,
O cadw ni rhag dyfod dydd
na yrr ein calon gân yn rhydd.

Tydi, a glywaist lithriad traed
   ar ffordd Calfaria gynt,
tydi, a welaist ddafnau gwaed
   y Gŵr ar ddieithr hynt,
O cadw ni rhag dyfod oes
heb goron ddrain na chur na chroes.

T. Rowland Hughes, 1903–49
Caneuon Ffydd, 131

Emyn: 'Tydi, a roddaist liw i'r wawr'

Ysgrifennodd T. Rowland Hughes (gweler adran Yr Emynwyr) y geiriau fel diweddglo ar gyfer rhaglen radio Saesneg a ddarlledwyd gan y BBC ar Ddydd Gŵyl Ddewi 1938. Teitl y rhaglen oedd *Wales, a Verse Play for Radio* a dyma'r tro cyntaf i'r geiriau a'r gerddoriaeth gan Arwel Hughes gael eu canu. Cyhoeddwyd yr emyn yn *Cân neu Ddwy* (1948), casgliad o farddoniaeth gan T. Rowland Hughes, ac wedi hynny yng nghasgliadau'r Bedyddwyr a'r Annibynwyr, *Emynau Llawlyfr Moliant* (1952); *Y Llawlyfr Moliant Newydd* (1955); *Y Caniedydd* (1960).

Tôn: 'Tydi a roddaist'

Cyfansoddodd Arwel Hughes (gweler adran Y Cyfansoddwyr) y gerddoriaeth yn benodol ar gyfer geiriau T. Rowland Hughes. Yn ôl tystiolaeth y cyfansoddwr ei hun, lluniwyd alaw a chynllun y dôn ar blatfform gorsaf trenau yn Yr Amwythig wrth iddo ddisgwyl am drên i Gaerdydd tra'n dychwelyd adref o Fangor. Ceir pedwar 'Amen' fel diweddglo i'r dôn sydd wedi ennill eu lle fel y rhai mwyaf adnabyddus yn y Gymraeg! Clywais stori fod y rhaglen radio wreiddiol ychydig yn fyr o ran hyd, ac mai dyna'r rheswm am ychwanegu'r 'Amens' at ddiwedd y dôn, er nad oes sicrwydd am hynny.

Siân Thomas

'Yn Eden, cofiaf hynny byth'

Mae Siân yn ferch y cymoedd go iawn. Cafodd ei geni yng Nghwm Rhondda i rieni o Gwm Cynon, a derbyn ei magwraeth yng Nghwm Tawe. Mae ganddi radd M.A. mewn tafodieitheg a chymdeithaseg iaith, gan ganolbwyntio ar galedu cytseiniaid yng Nghwm Tawe Uchaf. Mae'n un o wynebau a lleisiau mwyaf cyfarwydd y byd darlledu yng Nghymru. Roedd hi yno ar noson agoriadol S4C, ac mae'n dal i ymddangos nifer o weithiau'r wythnos fel un o gyflwynwyr *Prynhawn Da* a *Heno*. Mae'n hoffi cerddoriaeth, darllen a theithio, ac mae'n dwli ar archaeoleg a hanes yr hen Aifft yn arbennig.

Fel merch y Mans, cefais fy magu yn sŵn emynau. Bob nos cyn mynd i gysgu byddai Mam neu Dad yn canu 'Iesu Tirion' neu 'Dwy law yn erfyn' tra'n eistedd ar erchwyn fy ngwely. Dyma, dwi'n siŵr, oedd rhai o'r caneuon cyntaf i mi allu eu canu ar fy mhen fy hun. Bob nos Sadwrn byddai'r tŷ yn atseinio gydag emynau wrth i Dad ddewis y rhai fyddai'n cael eu canu yn yr oedfa ar y Sul. Yn aml, wrth i mi dyfu'n hŷn, bydden i'n cael dewis yn ei le, a'r emynau gyda chytgan da fyddai ar ben y rhestr. Roedd caneuon yr Ysgol Sul yn ail natur i mi, fel yn wir roedd emynau mawr y Gymanfa Ganu flynyddol. Mae emynau yn dod ag atgofion yn llifo yn ôl i mi, ac mae'n dasg anodd iawn dewis ffefrynnau, heb sôn am un yn benodol.

Felly , dyma roi cynnig arni.

Cefais fy ngeni yng Nghwm Rhondda pan oedd Dad yn weinidog yng Nghapel Saron Trewiliam, yn ymyl Penygraig, Tonypandy. Mae'r Cwm yn agos iawn at fy nghalon, a'r dôn 'Cwm Rhondda' yn fy atgoffa yn syth o wres a chyfeillgarwch pobol y Rhondda Fach a'r Rhondda Fawr, a'r cyfle cyntaf, yn groten fach, i ddweud adnod yn y sedd fawr, neu yn hytrach yn sefyll ar ben y sedd fawr!

Pan oeddwn i'n bedair oed symudodd y teulu i Ystalyfera yng Nghwm Tawe, lle bu Dad yn weinidog yng Nghapel y Wern yno am dros wyth mlynedd ar hugain tu hwnt o hapus. Roedd cymanfa ganu undebol y pentref ar ddydd Llun y Pasg yn un o'r mwyaf yn ne Cymru, ac yn cael ei chynnal yn ein capel ni. Roedd cantorion gwych yng Nghapel y Wern, ac mae clywed emynau fel 'Clawdd Madog' a geiriau gwych 'Os gwelir fi, bechadur', 'Pantyfedwen' a 'Llef' yn fy atgoffa yn syth o'r dorf flynyddol, y capel mor orlawn fel bo rhaid gosod seddau ychwanegol yn y ddwy ale, a'r canu mwyaf gogoneddus glywyd erioed.

Mae clywed 'Sanctus' yn fy atgoffa yn syth o weld Dad yn morio canu gyda'r baswyr ar y galeri yn y gymanfa, ac wrth glywed tôn hyfryd 'Crugybar' daw llais swynol Mam yn syth i'r cof – dyma un o'i ffefrynnau mawr hi. Mae 'O fy Iesu bendigedig' yn codi'r ysbryd bob tro, a 'Gwawr wedi hirnos, cân wedi loes' o blith y geiriau mwyaf gwych yn y Gymraeg.

Felly beth sydd ar y brig? Dyma fynd yn ôl at gefndir teulu Mam a Dad a gafodd eu geni yn y stryd nesaf i'w gilydd yng Nhresalem, Aberdâr. Capel Salem yn y pentref oedd capel y ddau deulu. Sefydlwyd yr Achos yn 1836, gyda'r aelodau yn cwrdd ar y dechrau yn ystafell uchaf Tafarn y White Lion ar Y Gadlys cyn codi capel o bren a'i alw yn 'Tŷ Planca'. Yna yn 1841 cwblhawyd y capel bach a godwyd o gerrig yr afon Cynon gerllaw. Mae hanes y teulu i gyd yn ddwfn ym muriau'r capel, ac yma fydda i'n mynd i'r oedfa bob nos Sul. Fan hyn briodes i hefyd – yn yr un capel â Mam a Dad. Fe gyfansoddodd Dafydd (David) Evans, un o ddiaconiaid y capel, yr emyn-dôn fwyaf bendigedig a genir i eiriau godidog Pantycelyn 'Yn Eden, cofiaf hynny byth'. Geiriau a thôn sy'n ein cario o dawelwch y llinellau cyntaf i fawredd 'buddugoliaeth Calfarî' yn ail hanner y dôn, ac sy'n codi'r to bob tro y cenir hi.

Dwi'n falch iawn o ddweud mod i'n ferch y cymoedd, ac yn y pentref hwn y mae ein hanes fel teulu. Dyma lle mae fy ngwreiddiau, a 'Tresalem', heb os, yw fy hoff emyn.

Yn Eden, cofiaf hynny byth,
bendithion gollais rif y gwlith;
   syrthiodd fy nghoron wiw.
Ond buddugoliaeth Calfarî
enillodd hon yn ôl i mi:
   mi ganaf tra bwyf byw.

Ffydd, dacw'r fan, a dacw'r pren
yr hoeliwyd arno D'wysog nen
   yn wirion yn fy lle;
y ddraig a 'sigwyd gan yr Un,
cans clwyfwyd dau, concwerodd un,
   a Iesu oedd efe.

William Williams, 1717–91
Caneuon Ffydd, 522

Emyn: 'Yn Eden, cofiaf hynny byth'

Ymddangosodd yr emyn hwn am y tro cyntaf yn 1754, a hynny yn nhrydedd ran cyfrol William Williams Pantycelyn (gweler adran Yr Emynwyr), *Hosanna i Fab Dafydd*. Dau bennill sy'n gyfarwydd bellach, er bod pedwar pennill i'r emyn yn wreiddiol. Roedd un o'r penillion gwreiddiol yn gynwysedig yn y casgliadau enwadol gwahanol hyd at ganol yr ugeinfed ganrif:

Ar Galfari, yng ngwres y dydd,
Y caed y gwystyl mawr yn rhydd,
   Trwy golli gwaed yn lli;
Does dim heb dalu, rhoddwyd Iawn,
Nes clirio llyfrau'r nef yn llawn,
   Heb ofyn dim i mi.

Cafwyd dau gyfieithiad Saesneg o'r emyn; un gan Bobi Jones, 'In Eden, sad indeed that day', yn y casgliad *Christian Hymns* (1977), a'r llall gan H. A. Hodges, 'Can I forget bright Eden's grace', yn y casgliad *Hymns and Psalms* (1983).

Tôn: 'Tresalem'

Cyfansoddwyd y dôn gan David Evans (gweler adran Y Cyfansoddwyr) oedd yn Arweinydd y Gân yng Nghapel Salem, Tresalem, Aberdâr a roes symbyliad i enw'r dôn. Ymddangosodd am y tro cyntaf yn Y *Caniedydd Cynulleidfaol Newydd* (1921), er iddi mae'n debyg gael ei chynnwys mewn rhaglenni Cymanfaoedd ardal Cwm Cynon cyn hynny. Cenir dwy dôn arall ar yr emyn hwn yn aml, sef 'Buddugoliaeth' gan Griffith William Hughes a'r hen alaw Gymreig 'St. John'.

Angharad Tomos

'Caed trefn i faddau pechod yn yr Iawn'

Un o Ddyffryn Nantlle yw Angharad Tomos sy'n awdures. Mae'n byw ym Mhenygroes efo'i gŵr a'i mab. Mae'n gyn-Gadeirydd Cymdeithas yr Iaith, a hi oedd ysgrifenyddes Capel Tŷ'n Lôn tan 2018 pan gaeodd y capel. Mae ganddi golofn yn *Yr Herald*, ac mae ganddi ddiddordeb mawr yn hanes a diwylliant Dyffryn Nantlle.

Byddai dydd Sul yn cychwyn nos Sadwrn yn tŷ ni efo Nhad, oedd yn godwr canu, yn byseddu dalennau tenau-fel-adenydd-gwybedyn y llyfrau emynau, ac yn potsian efo'r peiriant caset. Doedd neb i chwarae'r organ, ac roedd fy chwaer wedi recordio ei hun yn chwarae rhyw hanner cant o emynau ar gaset. Mater o ddewis tôn i emyn oedd hi wedyn, a gallai fod yn ddefod reit gymhleth.

Rydw i wedi dewis emyn lawen, fuddugoliaethus Gwilym Cyfeiliog, ac nid yn unig am ei fod yn gefnder i'm harwr mawr, SR Llanbrynmair. Yr hyn wna'r emynydd – fel y dylai pob emynydd da – yw crynhoi gwirionedd yr efengyl mewn ychydig linellau, sydd hefyd yn farddoniaeth dda. Mae'r emyn hwn yn dweud y cyfan.

Pan ddeuai'n amser i ganu hwn, neu unrhyw emyn yng Nghapel Wesla Tŷ'n Lôn, Llanwnda ein gweddi fwyaf oedd y byddai'r peiriant caset yn gweithio. Byddai Nhad yn pwyso'r botwm, a byddem yn dal ein gwynt fod y dôn iawn ar gyfer yr emyn yn dilyn – roedd o'n brawf mawr o'n ffydd. Nodau cyntaf ... pawb yn sefyll ... a dyna ni wedyn.

Dach chi'n gweld, roedden ni yn Nhy'n Lôn yn lecio canu. Doedden ni ddim yn gynulleidfa fawr, rhyw hanner dwsin ar y mwyaf tua'r diwedd. Roedden ni wedi rhoi *Caneuon Ffydd* o'r neilltu ac wedi mynd yn ôl i'r hen

Lyfr Emynau roedden ni'n gyfarwydd ag o. Ac wrth glywed nodau cyntaf rhyw hen dôn drom gyntefig, byddai'r pregethwr yn edrych ar y criw bach o'i flaen yn bryderus. Ond unwaith roedden ni'n dechrau canu, roedden ni yn ei morio hi. Roedden ni hyd yn oed yn ail ganu'r gytgan ar y diwedd, fel tasen ni'n rhan o'r mil o leisiau yn yr Albert Hall!

Dwi'n rhyw amau bod 'Caed trefn i faddau pechod' yn un o ffefrynnau'r Gymanfa ers talwm. Roedd rhywbeth yn ddramatig yn y ddeialog ar ddiwedd y pennill cyntaf. Roedd gen i ddarlun yn fy mhen o Dduw yn gweiddi 'Bodlon!' a Seion yn bloeddio 'Diolch byth!' ac roedd plentyn hyd yn oed yn gallu ymdeimlo bod rhywbeth mawr wedi digwydd, hyd yn oed os nad oedd gen i syniad am ystyr 'yr Iawn' yr adeg honno.

Mae'r dôn 'Cymod' yn gweddu'n berffaith a fydda i byth yn blino ar yr emyn.

Mae'n rhyfeddol tydi ein bod yn gallu canu geiriau gyfansoddwyd ddau can mlynedd yn ôl, a'u bod yn gwbl berthnasol. Mae cymaint o orfoledd yn y cwpled,

> ni chollir neb a gredo,
>   llawenhawn,

> a rydd obaith inni i gyd.

Wedi dyblu'r gytgan, gosodai Nhad ei fys ar fotwm y caset, a deuai'r hud i ben.

Roedden ni yn griw bach mewn hen gapel unwaith eto, ac yn ôl yn y presennol. Ond am rai munudau, roedden ni wedi cael ein dyrchafu i fod ymhlith angylion ac yn rhan o gymundeb gwirioneddol efo'r Tad. A dyna gyfrinach pob gwir emyn.

Caed trefn i faddau pechod
   yn yr Iawn;
mae iachawdwriaeth barod
   yn yr Iawn;
mae'r ddeddf o dan ei choron,
cyfiawnder yn dweud, "Digon,"
a'r Tad yn gweiddi, "Bodlon"
   yn yr Iawn;
a "Diolch byth," medd Seion,
   am yr Iawn.

Yn awr, hen deulu'r gollfarn,
   llawenhawn;
mae'n cymorth ar Un cadarn,
   llawenhawn:
mae galwad heddiw ato
a bythol fywyd ynddo;
ni chollir neb a gredo,
   llawenhawn,
gan lwyr ymroddi iddo,
   llawenhawn.

Gwilym Cyfeiliog, 1801–76
Caneuon Ffydd, 536

Emyn: 'Caed trefn i faddau pechod yn yr Iawn'

Emyn gan Gwilym Cyfeiliog (gweler adran Yr Emynwyr), a ddaeth yn boblogaidd iawn adeg Diwygiad Crefyddol 1859. Ymddangosodd am y tro cyntaf yn argraffiad 1849 o gasgliad Roger Edwards, *Y Salmydd Cymreig*. Ers hynny, mae wedi'i gynnwys yn yr holl gasgliadau enwadol.

Tôn: 'Cymod'

Cyhoeddwyd y dôn hon gan John Thomas (gweler adran Y Cyfansoddwyr) am y tro cyntaf yn 1920 yng nghasgliad David Evans, *Moliant Cenedl*, ond y casgliad enwadol cyntaf i'w chynnwys oedd *Llyfr Emynau a Thonau y Methodistiaid Calfinaidd a Wesleaidd* (1929). Roedd y dôn yn adnabyddus a phoblogaidd cyn hynny, ac wedi'i chynnwys mewn nifer o raglenni Cymanfaoedd Canu ledled Cymru. Yn ôl yr hanes, wedi clywed y Parch. John Jones, Blaenannerch, pentref genedigol John Thomas, yn gweiddi'r gair 'Iawn' wrth fynd i hwyl yn un o'i bregethau, cafodd John Thomas ei ysbrydoli i gyfansoddi'r dôn ar eiriau Gwilym Cyfeiliog.

Margaret Williams

'Bydd yn wrol, paid â llithro'

Yn wreiddiol o Frynsiencyn, Ynys Môn, mae gyrfa Margaret wedi amrywio o berfformio mewn sioeau cerdd i gyflwyno ei rhaglen deledu ei hun ar S4C. Dechreuodd ei gyrfa o ddifri yn 1964 wedi iddi ennill y Rhuban Glas yn Eisteddfod Genedlaethol Abertawe. Ar ôl symud i Gaerdydd a dechrau canu yn broffesiynol ar deledu, un o'r rhaglenni cyntaf y canodd arni oedd *Os Gwelwch Yn Dda*. Ymddangosodd hefyd ar y gyfres ddychan *Stiwdio B* a'r gyfres adloniant *Be Nesa?*, cyfres gyntaf Ryan Davies. Yn ystod ei gyrfa mae wedi ymddangos gyda rhai o brif sêr y llwyfan yng Nghymru a thu hwnt. Margaret oedd enillydd cyntaf Cân i Gymru pan ddechreuodd y gystadleuaeth yn 1969. Roedd ganddi ei chyfres ei hun, *Margaret* ar S4C rhwng 1982 a 1999.

Fy hoff emyn? 'Cwm Rhondda', 'Diadem', 'Rachie', 'Sirioldeb', 'Ellers', 'Blaenwern' ...

Ia, tonau, bob un ohonyn nhw, a dyna sy'n dod i'r meddwl gynta' bob tro bydd rhywun yn sôn am emyn hefo fi. Dwi'n siŵr fod hynny'n wir am y rhan fwyaf ohonon ni, yn enwedig os oedd rhywun yn organydd yn y capel neu'r eglwys! Cofio'r emyn, y dôn gyntaf i mi ei dysgu ar yr harmoniwm yn tŷ Nain, 'Bod Alwyn', roedd yn swnio cymaint yn well ar yr organ nag ar y piano yn tŷ ni! Cofio dysgu'r dôn 'Joanna', hefo'r tri 'sharp' sy' ynddi, a Mam yn gweiddi 'G sharp, G sharp' o'r gegin bach pan fyddwn i'n anghofio'r 'sharp'! Cofio'r canu dros tŷ pan oeddem i gyd fel teulu'n canu emynau hefo'n gilydd, mwynhau'r harmoni hefo 'mrodyr yn faswyr, Nhad a'i denor melys, Mam a Nain yn canu alto, finna'r alaw. Does ryfedd mod i mor hoff o gymanfaoedd canu!

Dwi'n ddyledus iawn i'r tonau a'r emynau am y cariad mawr gefais tuag at gerddoriaeth, a chanu'n gyffredinol. Y mwynhad enfawr o ganu yn yr Ysgol Sul yng nghapel Horeb Brynsiencyn, clywed a dysgu emynau newydd bob tro byddai Detholiad newydd ar gael, emynau fel 'Croeso i bawb a ddêl' wedi eu cyfansoddi'n arbennig ar gyfer plant. Dod ar draws emynau Saesneg am y tro cynta' 'rioed yn yr ysgol 'fawr' ym Miwmares, gwirioni'n lân ar eiriau a thôn 'There is a green hill far away' a'i chanu i Nhad bob un dydd ar ôl cyrraedd adre' o'r ysgol.

Emyn fu'n ffefryn am flynyddoedd gen i oedd geiriau'r Parchedig David Davies, Abertawe:

Anturiaf ymlaen
    drwy ddyfroedd a thân,
yn dawel yng nghwmni fy Nuw;
    er gwanned fy ffydd
    enillaf y dydd,
mae Ceidwad pechadur yn fyw.

Mae f'enaid yn llon
    a'm pwys ar ei fron;
er maint fy nhrallodion daw'r dydd
    caf hedeg yn glau
    uwch gofid a gwae
yn iach, a'm cadwynau yn rhydd!

Dwi'n dal i gofio'r tro cynta' 'rioed i mi ei chlywed yn cael ei chanu yn y capel, caru'r dôn o'r funud honno, 'Cefn-Bedd Llywelyn' o waith Alfred P. Morgan, ac am ryw reswm y geiriau'n apelio'n fawr ata i hefyd, dwi'n dweud 'am ryw reswm' oherwydd eu bod yn sôn am 'drallodion bywyd', ar yr olwg gynta' braidd yn drymaidd i bobol ifanc, ond emyn gobeithiol iawn sy' yma, a'r dôn yn priodi'n berffaith â'r geiriau. Dal yn hoff tu hwnt ohoni, er nad ydi hi'n cael ei chanu, i mi fod yn gwybod, ers blynyddoedd bellach.

Wrth sôn am obaith, bedair blynedd nôl roedd angen llawer iawn ohono arna i pan gefais wybod fy mod yn dioddef o ganser y fron. Amser dyrys, tywyll tu hwnt i mi a'r teulu. A dyna pryd gwnes i wir sylweddoli gwerth emynau, y cysur a'r cariad oedd ar gael ynddyn nhw, a lawer gwaith bûm i'n diolch am y dyddiau cynnar rheiny yn y capel yn Bryn pan oeddwn yn dysgu'r holl emynau ar fy nghof – doedd dim rhaid chwilio am lyfr emynau, roeddan nhw gen i'n barod. Ces fy nghynnal gan un emyn yn arbennig, tôn y cerddor gwych Arthur Sullivan (o'r bartneriaeth Gilbert a Sullivan), a chyfieithiad Ben Davies Pant-teg o emyn yr Albanwr Norman Macleod, 'Bydd yn wrol'.

Mae'n siŵr gen i fod llinell ola'r emyn yn gallu bod ag ystyr gwahanol i lawer un, ac ar daith hir y canser, taith oedd yn ymddangos yn ddiddiwedd ar brydiau, byddwn yn newid 'chydig ar y diwedd fel hyn:

Er i'r llwybyr dy ddiffygio,
  er i'r anial fod yn faith,
bydd yn wrol, blin neu beidio:
  cred yn Nuw, 'ar hyd y daith'.

Pedwar gair bach, ond yn golygu cymaint. Dwi'n siŵr na fyddai Ben Davies yn flin hefo fi o gwbwl – mae 'niolch i'n fawr iddo.

Bydd yn wrol, paid â llithro,
  er mor dywyll yw y daith
y mae seren i'th oleuo:
  cred yn Nuw a gwna dy waith.
Er i'r llwybyr dy ddiffygio,
  er i'r anial fod yn faith,
bydd yn wrol, blin neu beidio:
  cred yn Nuw a gwna dy waith.

Paid ag ofni'r anawsterau,
  paid ag ofni'r brwydrau chwaith;
paid ag ofni'r canlyniadau:
  cred yn Nuw a gwna dy waith.
Cei dy farnu, cei dy garu,
  cei dy wawdio lawer gwaith;
na ofala ddim am hynny:
  cred yn Nuw a gwna dy waith.

Norman Macleod, 1812–72 cyf. Ben Davies, 1864–1937
Caneuon Ffydd, 735

Emyn: 'Bydd yn wrol, paid â llithro'

Cyfieithiad Ben Davies, Pant-teg (gweler adran Yr Emynwyr) o emyn Saesneg Norman Macleod, 'Courage, brother, do not stumble'. Ymddangosodd yr emyn Saesneg gwreiddiol yn *The Edinburgh Christian Magazine* yn 1857, a chyfieithiad Ben Davies yn *Caniedydd yr Ysgol Sul* yn 1899.

Tôn: 'Bydd Yn Wrol/Courage Brother'

Cyfansoddwyd gan Arthur Sullivan (gweler adran Y Cyfansoddwyr) ar gyfer emyn Norman Macleod ac ymddangosodd am y tro cyntaf yn 1872 mewn cyhoeddiad o'r enw *Good Words*.

Casi Wyn

'Rho im yr hedd na ŵyr y byd amdano'

Cantores ac artist ifanc sy'n hanu o ardal Bangor yng Ngwynedd yw Casi Wyn. Mae hi wedi perfformio ei chaneuon gwreiddiol ar rai o lwyfannau amlycaf y byd, o BBC Proms Abertawe ynghyd â Cherddorfa Genedlaethol y BBC i ŵyl SXSW yn Austin, Texas gyda BBC Introducing. Mae ei chyfansoddiadau o 'Aderyn' i 'Eryri' yn cael eu chwarae'n gyson ar orsafoedd radio ledled Prydain. Yn fwy diweddar fe ryddhaodd ei llyfr cyntaf *Dawns y Ceirw*. Dangoswyd ei ffilm fer gerddorol animeiddiedig *Dawns y Ceirw* ar S4C dros noswyl Nadolig. Mae hi'n un o sefydlwyr y cylchgrawn a'r cyhoeddwr *Codi Pais*.

Roeddwn i'n siarad yn ddiweddar gyda'm ffrind a'r cerddor Lleuwen Steffan am werth yr emyn yng Nghymru a thu hwnt – a'r profiadau amrywiol ac eithriadol rheini sy'n cael eu dogfennu o fewn yr alaw a'r farddoniaeth.

Mae f'atgofion cerddorol i gyd wedi eu gwreiddio yn yr emynau, ac mae f'atgof cyntaf o ganu ar fy mhen fy hun ac fel rhan o gôr ynghlwm â'r capel a'r gwasanaethau boreol yn yr ysgol. Mae'n debyg mai'r alaw a'r geiriau lynodd gyda mi gyntaf oedd 'Dyro dy gariad i'n clymu, dy gariad fyddo i'n plith; dyro dy gariad i Gymru, bendithion gwasgar fel gwlith'. Fel sawl un ohonom mae gen i berthynas ddelweddol iawn gyda geiriau a dwi'n cofio dychmygu lliwiau glas a phobl yn dawnsio mewn rhubanau tra'n ei chanu. Ond nid tan yn ddiweddarach yn fy mywyd, bellach yn fy ugeiniau, y mae ystyr unrhyw emyn wedi golygu rhywbeth *gwirioneddol* imi.

Y peth mwyaf syfrdanol o ddarllen a chanu emynau rŵan ydi mawredd y profiad sy'n cael ei fynegi – ac mae'r profiad hwnnw wastad yn deillio o gariad. Yr hyn sydd hyd yn oed yn fwy dirdynnol wrth eu darllen wrth gwrs ydi, o le ddaeth yr ysbrydoliaeth i'w hysgrifennu? Pan fydda i'n pori drwy *Caneuon Ffydd*, mae hi'n amhosib peidio teimlo presenoldeb y Duwdod ei hun ar bapur a ninnau'n ddim ond offerynnau i ganu clod i gyffyrddiad a harddwch y grym hwnnw.

Mewn cyfnod dryslyd iawn yn fy mywyd beth amser nôl dois o hyd i 'Rho im yr hedd' ac rôn i'n gallu uniaethu a theimlo'r geiriau'n ddwys ar y pryd. Mae'n sôn am y 'nefol hedd' a ddaw 'drwy ddwyfol loes' ac felly'n awgrymu rhyw fath o dawelwch ar ddiwedd y dryswch. Er mod i wastad wedi canu am gariad drwy ngyrfa gerddorol, wnes i erioed feddwl llawer am fy mherthynas gyda'r dwyfol tan yn fwy diweddar. Mae tor calon yn gorfodi rhywun i gamu'n ôl ac adlewyrchu.

Mi fydd yr emyn yng Nghymru yn parhau i esblygu, ac yn y pen draw dathliad o fywyd a chariad yn ei holl ogoniant ydyw. Mi gyfansoddais 'Emyn i'r Gwanwyn' y llynedd, ac am beth cyffrous ydi ffydd a chariad – fel awen, yn ddirybudd gall ein taro ni o 'nunlle a chyflwyno i ni fath o ddwyfoldeb all drawsnewid ein perthynas gyda bywyd. Dyna yw'r emyn i mi, cipolwg ar wir brydferthwch y Ddaear Newydd sydd ar droed.

Rho im yr hedd na ŵyr y byd amdano,
    hedd, nefol hedd, a ddaeth drwy ddwyfol loes;
pan fyddo'r don ar f'enaid gwan yn curo
    mae'n dawel gyda'r Iesu wrth y groes.

O rho yr hedd na all y stormydd garwaf
    ei flino byth na chwerwi ei fwynhad
pan fyddo'r enaid ar y noson dduaf
    yn gwneud ei nyth ym mynwes Duw ein Tad.

Rho brofi'r hedd a wna im weithio'n dawel
    yng ngwaith y nef dan siomedigaeth flin;
heb ofni dim, ond aros byth yn ddiogel
    yng nghariad Duw, er garwed fyddo'r hin.

O am yr hedd sy'n llifo megis afon
　　drwy ddinas Duw, dan gangau'r bywiol bren:
hedd wedi'r loes i dyrfa'r pererinion
　　heb gwmwl byth na nos, tu hwnt i'r llen.

Elfed, 1860–1953
Caneuon Ffydd, 787

Emyn: 'Rho im yr hedd na ŵyr y byd amdano'

Ysgrifennwyd y geiriau gan Elfed (gweler adran Yr Emynwyr), ac ymddangosodd yr emyn am y tro cyntaf yn *Y Caniedydd Cynulleidfaol* yn 1895. Mae rhai wedi nodi tebygrwydd rhwng yr emyn hwn ac emyn Saesneg gan Jane Crewdson, 'O for the peace which floweth as a river', ond ar wahân i linell agoriadol y pennill olaf, 'O am yr hedd sy'n llifo megis afon', mae'r ddau emyn yn wahanol i'w gilydd o ran cynnwys a mynegiant.

Ceir tri diweddglo amrywiol i'r emyn mewn cyhoeddiadau gwahanol. Pan ymddangosodd yn gyntaf, mae'r cwpled olaf yn darllen fel hyn:

Yr hedd sy'n llanw bywyd yr angylion,
Yr hedd wna nefoedd inni byth – Amen.

Erbyn cyhoeddi'r *Caniedydd Cynulleidfaol Newydd* yn 1921, mae'n darllen fel hyn:

Hedd wedi'r loes i dyrfa'r pererinion;
Heb gwmwl byth na nos – tu hwnt i'r llen.

Yn *Llawlyfr Moliant Newydd* y Bedyddwyr a gyhoeddwyd yn 1955, ceid y cwpled hwn:

Yr hedd sy'n llenwi bywyd yr angylion:
Yr hedd fydd inni'n nefoedd byth. Amen.

Gan fod Elfed ei hun yn un o olygyddion *Y Caniedydd Cynulleidfaol Newydd* yn 1921, derbyniwn mai fersiwn 1921 yw'r agosaf at ddymuniad a bwriad yr awdur. Wrth feddwl am ddirywiad golwg Elfed a'i ddallineb cynyddol erbyn y cyfnod hwn, mae'r cyfeiriad at 'gwmwl' a 'nos' yn cymryd ystyr ac arwyddocâd ychwanegol i ddyhead yr emyn.

Tôn: 'Rhys'

Cyfansoddwyd y dôn 'Rhys' gan W. J. Evans (gweler adran Y Cyfansoddwyr), ac ymddangosodd am y tro cyntaf yn *Y Caniedydd Cynulleidfaol Newydd* yn 1921. Mae naws a theimlad y gerddoriaeth yn gweddu'n berffaith i eiriau Elfed ac yn briodas annatod rhwng emyn a thôn.

Enwyd y dôn ar ôl tad y cyfansoddwr, sef Rees Evans (1835–1917), brodor o Rydaman yn wreiddiol ond symudodd i Aberdâr a chyfrannu'n sylweddol i fywyd cerddorol yr ardal. Roedd y teulu'n addoli gyda'r Annibynwyr yn Siloa, Aberdâr.

Adroddir hanes am un o'r oedfaon yng Nghapel Seion, Baker Street, Aberystwyth yn ystod anterth brwydro'r Ail Ryfel Byd ar ddydd Sul 15 Awst 1943. Elfed oedd yn pregethu ac yntau'n ledio ei emyn ei hun, 'Rho im yr hedd na ŵyr y byd amdano', gyda W. J. Evans yn cyfeilio wrth yr organ i'w dôn ei hun.

YR EMYNWYR

Gwybodaeth o'r *Bywgraffiadur Cymreig* a *Cydymaith Caneuon Ffydd*

Alafon (Owen Griffith Owen), 1847–1916

Ganwyd Owen Griffith Owen (Alafon) ar 8 Tachwedd 1847 ym Mhantglas, Eifionydd, lle roedd ei dad yn cadw tafarn ar y pryd. Ychydig o addysg gynnar a gafodd, a dechreuodd weithio yn ifanc fel gwas ffarm. Symudodd pan oedd yn 12 oed i fyw gyda'i fodryb yn ardal Carmel, Arfon, ac aeth i weithio yn chwarel Dorothea, Tal-y-sarn. Bu wedyn yn glerc yn chwarel y Braich, Llandwrog Uchaf. Dechreuodd farddoni a chystadlu yn ifanc.

Pan oedd tua 29 oed penderfynodd fynd i'r weinidogaeth gyda'r Methodistiaid Calfinaidd. Aeth i astudio yn Ysgol Clynnog, yng Ngholeg y Bala, ac ym Mhrifysgol Edinburgh am ychydig, ond ni raddiodd. Yn 1883 cafodd alwad i fugeilio eglwys Ysgoldy ym mhlwyf Llanddeiniolen, Arfon; ordeiniwyd ef ym Mehefin 1885. Dyma'i unig ofalaeth, a bu yno hyd ei farwolaeth.

Bu'n cystadlu llawer fel bardd, ac yn agos at y gadair a'r goron genedlaethol fwy nag unwaith. Golygodd ddetholiad o weithiau llenyddol W. R. Jones (Goleufryn) yn 1904. O 1913 hyd ei farw bu'n golygu'r *Drysorfa*. Cyhoeddodd ddau lyfr, *Cathlau Bore a Nawn*, cyfrol o farddoniaeth, yn 1912, a *Ceinion y Gynghanedd* yn 1915. Bu farw ar 8 Chwefror 1916 ac fe'i claddwyd ym mynwent Bryn'rodyn, Arfon. Brawd iddo oedd William Griffith Owen (Llifon) 1857–1922, gweinidog gyda'r Bedyddwyr, bardd, ac arweinydd eisteddfodol adnabyddus.

Ambrose, William (gweler Emrys)

Ap Hefin (Henry Lloyd), 1870–1946

Ganwyd Henry Lloyd (Ap Hefin) ar 23 Mehefin 1870 yn Nhyddyn Ifan, Islaw'r Dref, Dolgellau, Meirionnydd, yn fab i David a Margaret Lloyd. Derbyniodd ychydig o addysg yn ysgol Arthog, ond mwy, medd ef, trwy gymdeithasau llenyddol yr eglwysi a'r Temlwyr Da. Symudodd i Gwm Bwlch-coch, Dolgellau, yn 1878. Ar ôl ei brentisio'n argraffydd yn swyddfa'r *Dydd* aeth i Aberdâr yn 1891 yn gysodydd i swyddfa'r *Darian*. Symudodd i Ferthyr yn 1893 i swyddfa'r *Tyst* ac yn 1902 dychwelodd i Aberdâr i swyddfa'r *Darian* a'r *Aberdare Leader*. Yn ddiweddarach sefydlodd ei fusnes argraffu ei hun a pharhau ynddo nes ymddeol yn 1940. Bu'n bregethwr cynorthwyol gyda'r Eglwys Fethodistaidd am dros hanner canrif ac yn ddarlithydd poblogaidd. Roedd yn fardd a chynganeddwr medrus iawn. Cyhoeddodd ddeunaw o lyfrau – cofiannau, pregethau, storïau, ond yn bennaf ei gerddi ei hun. Daeth ei englyn i 'Liwiau'r Hydref' yn adnabyddus, a rhai o'i emynau megis 'Arhosaf yng nghysgod fy Nuw' ac 'I bob un sy'n ffyddlon' yn boblogaidd iawn. Bu farw ar 14 Medi 1946 a'i gladdu ym mynwent Aberdâr.

Bowen, David (gweler Myfyr Hefin)

Charles, David, 1762–1834

Ganwyd David Charles ar 11 Hydref 1762 ym Mhant-dwfn, Llanfihangel Abercywyn, Sir Gaerfyrddin, yn fab i Rees a Jael Charles. Roedd yn frawd i Thomas Charles, Y Bala. Prentisiwyd ef yn wneuthurwr rhaffau yng Nghaerfyrddin, a bu am dymor yn ymarfer y grefft ym Mryste. Dychwelodd i Gaerfyrddin i ddilyn ei alwedigaeth. Ymunodd â chynulleidfa'r Methodistiaid yn Heol-y-dŵr, ac etholwyd ef yn flaenor yno. Daeth yn arweinydd yn fuan ymhlith Methodistiaid y De, a chymerodd ran flaenllaw yn sefydlu'r genhadaeth gartref a llunio Cyffes Ffydd y Methodistiaid Calfinaidd. Dechreuodd bregethu yn 1808, a'i ordeinio yn 1811 yn ordeiniad cyntaf y Methodistiaid yn Llandeilo Fawr. Cafodd ergyd o'r parlys yn 1828, a bu'n ddiymadferth weddill ei oes. Bu farw ar 2 Medi 1834 a'i gladdu yn Llangynnwr.

Davies, Ben, 1864–1937

Ganwyd Ben Davies yn Dôl-gam, Cwmllynfell yn 1864. Cafodd ei addysg yn ysgol y pentref a bu'n gweithio yn y gwaith glo o 13 i 21 oed. Dechreuodd farddoni yn ifanc, gan ennill yn aml yn y cyfarfodydd llenyddol a'r eisteddfodau; meistrolodd y gynghanedd yn 13 oed, ac enillodd gadair Tredegar am awdl 'Rhinwedd' yn 21 oed.

Aeth i ysgol baratoi Llansawel, Sir Gaerfyrddin yn 1885 a bu yng Ngholeg y Bala, 1886–88. Bu'n weinidog gyda'r Annibynwyr yn Bwlchgwyn a Llandegla, 1888–91, a Phant-teg, Ystalyfera, 1891–1926 ac o'i gyfnod yno adwaenid ef fel 'Ben Davies Pant-teg'.

Daeth yn amlwg fel un o'r 'Beirdd Newydd', 1890–96. Enillodd brif wobrwyon yn yr Eisteddfod Genedlaethol – y goron yn Rhyl (hanner y wobr) 1892, Pontypridd 1893, Caernarfon 1894, a'r gadair yn Llandudno 1896. Cyhoeddodd gyfrol o ganeuon, *Bore Bywyd*, yn 1896. Daeth yn un o brif bregethwyr ei enwad. Ef oedd Cadeirydd Undeb yr Annibynwyr ym Machynlleth yn 1928, a thraddododd anerchiad ar 'Yr Antur Ysbrydol'. Darlithiodd lawer ar Ann Griffiths, Twm o'r Nant, Watcyn Wyn, a.y.b. Argraffwyd amryw o ysgrifau o'i waith yn *Y Geninen*, *Y Dysgedydd*, a chyhoeddiadau eraill. Treuliodd flynyddoedd olaf ei oes yn Llundain gyda'i blant gan bregethu hyd y diwedd. Bu farw ar 2 Ionawr 1937.

Davies, J. Eirian, 1918–98

Ganwyd James Eirian Davies ar 28 Mai 1918 yn fab i Rachel a Dafydd Davies, y ddau yn enedigol o Frechfa ond wedi ymgartrefu yn y Llain, Nantgaredig. Addysgwyd Eirian yn ysgol gynradd Nantgaredig ac Ysgol Ramadeg y Frenhines Elizabeth, Caerfyrddin.

Astudiodd ar gyfer y weinidogaeth yn y Coleg Diwinyddol Unedig yn Aberystwyth ac ordeiniwyd ef yn weinidog gyda'r Methodistiaid Calfinaidd yn 1949. Gwasanaethodd mewn tair gofalaeth, sef Hirwaun a Phenderyn, Cwm Cynon (1949–54), Brynaman (1955–61) a Bethesda, yr Wyddgrug a Nercwys (1962–81).

Cyn dechrau ar ei yrfa fel gweinidog priodwyd ef yn 1949 â Jennie Howells o Lanpumsaint, gosododd hi yr enw Eirian yn rhan o'i henw ei hun a daeth Jennie Eirian Davies (1925–82) i sylw'r cyhoedd am ei gwaith hithau dros yr iaith Gymraeg a'r bywyd crefyddol yng Nghymru.

Ymddeolodd o'r fugeiliaeth yn yr Wyddgrug a symud i Langynnwr ger Caerfyrddin. Bu farw ar 5 Gorffennaf 1998.

Davies, W. Bryn, 1865–1921

Ganwyd William Bryn Davies yn ardal Sgeti, Abertawe yn 1865. Bu'n ddisgybl-athro am gyfnod cyn mynd i Goleg Normal Bangor. Penodwyd ef yn brifathro ysgol Y Felinheli, Caernarfon, ac yna'n brifathro yn ysgol Gendros ger ei fro enedigol yn Abertawe. Daeth yn arolygydd ysgolion Sir Forgannwg yn 1904 a symudodd i fyw i'r Barri. Bu'n ddiacon ac ysgrifennydd ar gapel Annibynnol Bethesda Y Barri. Roedd yn gerddor yn ogystal â bod yn fardd a chyfansoddodd nifer o donau hefyd. Ef oedd is-lywydd pwyllgor llên Eisteddfod Genedlaethol Y Barri, 1921. Bu farw ar 30 Tachwedd 1921.

Dyfed (Evan Rees), 1850–1923

Ganwyd Evan Rees (Dyfed) ar 1 Ionawr 1850 yn Casmael, Sir Benfro, yn fab i James ac Eunice Rees. Symudodd y teulu i Aberdâr pan oedd yn ddim ond naw mis oed. Ni chafodd fawr o addysg pan oedd yn ifanc. Aeth i weithio ym mhwll glo Blaengwawr, Aberdâr, yn wyth mlwydd oed. Symudodd i Gaerdydd pan oedd yn 23 mlwydd oed a dechrau pregethu yn eglwys Seion (Methodistiaid Calfinaidd), Caerdydd (Pembroke Terrace wedi hynny).

Daeth i sylw cenedlaethol fel bardd yn gynnar yn ei oes. Enillodd y prif wobrau mewn eisteddfodau taleithiol a chenedlaethol, e.e. Eisteddfodau Cenedlaethol Merthyr Tydfil 1881 ar 'Cariad'; Lerpwl 1884 ar 'Gwilym Hiraethog'; Aberhonddu 1889 ar 'Y Beibl Cymraeg'; Merthyr Tydfil eilwaith yn 1901 ar 'Y Diwygiwr'; Eisteddfod Gyd-genedlaethol Ffair y Byd Chicago 1893 ar 'Iesu o Nazareth'. Beirniadai bron bob blwyddyn yn yr Eisteddfod Genedlaethol yn ystod 40 mlynedd olaf ei fywyd. Gwasanaethodd fel Archdderwydd yng Ngorsedd y Beirdd am 21 mlynedd. Golygodd *Y Drysorfa* o 1918 hyd 1923. Bu farw ar 19 Mawrth 1923 a'i gladdu ym mynwent gyhoeddus Cathays, Caerdydd.

Ehedydd Iâl (William Jones), 1815–99

Ganwyd William Jones (Ehedydd Iâl) ar 15 Awst 1815 yn Cefn Deulin, Derwen, Sir Ddinbych. Mae'n debyg na chafodd ysgol o gwbl. Aeth pan oedd tua naw oed yn was ffarm i'r Llwyn Isaf, ac oddi yno at John Davies, Plas-yn-nerwen, lle y 'byddai yr hen ŵr a minnau yn prydyddu ei hochr hi' chwedl yntau ei hun. Oddi yno aeth i'r Hendre, Gwyddelwern, lle y cafodd gopi o ramadeg 'Bardd Nantglyn', ac ar ôl bod saith neu wyth mlynedd yma aeth i Lanelidan yn hwsmon at Mrs Davies, Rhydmarchogion. Yma y cyfansoddodd y pennill enwog sy'n dechrau 'Er nad yw'm cnawd ond gwellt'; disgrifia yn 'Adgofion fy Mywyd' sut y cyfansoddodd ef. O Rydmarchogion aeth i'r Green Parc, Llandegla ac oddi yno i Dafarn-y-Gath, tafarn a ffermdy ryw filltir o bentref Llandegla; ymhen wyth mlynedd ar ôl hyn trowyd y dafarn yn ffermdy. Yma y bu tan ei farwolaeth ar 15 Chwefror 1899. Cyhoeddwyd ei waith yn 1898: *Blodau Iâl, sef Cynyrchion Barddonol William Jones (Ehedydd Iâl), Wedi Eu Casglu a'u Trefnu gan y Parch. John Felix.*

Elfed (Howell Elvet Lewis), 1860–1953

Ganwyd Howell Elvet Lewis (Elfed) ar 14 Ebrill 1860 yn fab hynaf o ddeuddeg o blant i James ac Anna Lewis yn Y Gangell ger Blaen-y-coed, Sir Gaerfyrddin. Brawd iddo oedd Thomas Lewis. Prin fu cyfle Howell i addysg ym more oes. Aeth i Ysgol Ramadeg Castellnewydd Emlyn yn 14 oed a dechrau pregethu pan oedd yno, a'i adnabod fel y 'bachgen-bregethwr'. Ymhen dwy flynedd llwyddodd mewn arholiad am fynediad i Goleg Presbyteraidd Caerfyrddin yn ail o 14 o ymgeiswyr.

Yn 1880 derbyniodd alwad i eglwys Bwcle, Sir y Fflint, eglwys Saesneg o ran iaith ond Cymreig ei hysbryd. Ar ôl pedair blynedd yno aeth i Hull at eglwys Saesneg ei hiaith a'i hysbryd. Dyma'r cyfnod y troes ei feddwl a'i galon at Gymru, ac ymhyfrydu yn ei llên a'i barddas. Saif Eisteddfod Genedlaethol Wrecsam 1888 yn dystiolaeth i'w ddawn – fe'i gelwid yn 'Eisteddfod Elfed' gan iddo fod yn fuddugol ar y bryddest 'Y Sabbath yng Nghymru', y rhieingerdd 'Llyn y Morynion' a thraethawd ar 'Athrylith John Ceiriog Hughes'. Dyma'r adeg y cyfansoddodd nifer o'i emynau poblogaidd.

Troes yn ôl i Gymru yn 1891 i eglwys y Park, Llanelli, eglwys Saesneg, ond rhoes o'i wasanaeth yn fwyfwy i'w gyd-genedl. Enillodd y gadair yn 1894 ar 'Hunan-aberth'; bu'n gydolygydd *Y Caniedydd Cynulleidfaol* a'i gyhoeddi yn 1895; yr un flwyddyn fe wahoddwyd yr Eisteddfod Genedlaethol i Lanelli; cyhoeddwyd hefyd *Caniadau Elfed* a thair blynedd yn ddiweddarach ei gyfrol o bregethau *Plannu Coed*. Y flwyddyn honno, 1898, derbyniodd alwad i Harecourt, eglwys adnabyddus yn Llundain ag iddi gysylltiad â Chromwell a David Livingstone. Wedi aml gais, ildiodd i daerineb eglwys y Tabernacl, King's Cross yn 1904 i'w gwasanaethu, ac yno y bu hyd ei ymddeoliad yn 1940, pryd y symudodd i Erw'r Delyn, Penarth ac ymaelodi yn Ebeneser, Caerdydd.

Ef oedd y cyntaf i Brifysgol Cymru ei anrhydeddu â gradd driphlyg, M.A. (1906), D.D. (1933) ac LL.D. (1949). Derbyniodd bob anrhydedd y gellid eu cyflwyno iddo gan yr Eisteddfod fel cystadleuydd, ac yna fel beirniad ac Archdderwydd (1924–28). Fe'i hetholwyd yn Llywydd Cenedlaethol yr Eglwysi Rhyddion yn 1926 ac yn Gadeirydd Undeb Cynulleidfaol Lloegr a Chymru yn 1933. Bu'n Llywydd ar Undeb yr Annibynwyr yn 1923, a thraddododd araith gofiadwy yn Llangefni ar 'Yr Emyn Cymraeg'.

Bu farw ar 10 Rhagfyr 1953 a chladdwyd ei lwch ym Mlaen-y-coed.

Emrys (William Ambrose), 1813–73

Ganwyd William Ambrose (Emrys) ar 1 Awst 1813 ym Mangor yn unig fab i John ac Elizabeth Ambrose. Addysgwyd ef yn Ysgol y Friars ac wedi hynny yng Nghaergybi yn ysgol W. Griffith. Tua 1828 aeth yn brentis teiliwr i Lerpwl ac ymaelodi yn y Tabernacl, Great Crosshall Street, o dan weinidogaeth John Breese ar y pryd. Yn 1834 aeth i Lundain i wasanaethu mewn siop yn Borough Road. Ymunodd ag eglwys y Boro, ac yno y dechreuodd bregethu ac ymddiddori mewn cyfansoddi barddoniaeth. Ymhen dwy flynedd dychwelodd adref gyda'r bwriad o sefydlu busnes ei hun yn Lerpwl, ond yn y cyfamser aeth yn gydymaith i William Williams (Caledfryn) ar daith bregethu drwy Lŷn ac Eifionydd. Ar y daith honno cafodd gyfle i bregethu ym Mhorthmadog, ac o ganlyniad derbyn gwahoddiad i gymryd gofal yr eglwys yno am flwyddyn. Ar derfyn y flwyddyn, 7 Rhagfyr 1837, urddwyd ef yn weinidog cyflawn i'r eglwys, ac yno y bu hyd ei farwolaeth ar 31 Hydref 1873. Claddwyd ef ym mynwent Capel Helyg, Llangybi. Adeiladwyd y Capel Coffa ym Mhorthmadog yn 1879 er cof amdano.

Bu'n ffigwr amlwg yn enwad yr Annibynwyr – yn enwedig yn y Gogledd. Sefydlodd nifer o achosion gyda'r Annibynwyr gan gynnwys Penrhyndeudraeth, Penmorfa, Cricieth a Beddgelert. Ef oedd cynrychiolydd Y Feibl Gymdeithas yn y Gogledd am flynyddoedd. Cydolygodd Y *Dysgedydd* o 1853 hyd ei farwolaeth yn 1873.

Eryron Gwyllt Walia (gweler Robert Owen)

Evans, David, 1879–1965

Ganwyd David Evans ym Mlaenpennal, Ceredigion ar 26 Medi 1879. Addysgwyd ef yn ysgol fwrdd Tanygarreg lle y daeth yn ddisgybl-athro yn 1895 ar gyflog o £5 y flwyddyn. Wedi gadael yr ysgol dechreuodd ar yrfa fel athro ysgol. Bu'n athro cynorthwyol am gyfnod byr yng Nghwmcarn ger Casnewydd, ac yna'n brifathro ysgol y cyngor yng Nghynwil Elfed, Sir Gaerfyrddin hyd 1913.

Newidiodd llwybr ei yrfa, a safodd Arholiad y Gwasanaeth Sifil ar gyfer staff allanol Comisiwn Yswiriant Cenedlaethol Cymru gan ddechrau ar ei waith newydd yn 1914. Treuliodd y saith mlynedd nesaf yn gweithio ym Merthyr Tudful, Hwlffordd a Chaerfyrddin cyn cael ei ddyrchafu'n arolygydd rhanbarthol Caerdydd a Dwyrain Morgannwg yn 1921. Penodwyd ef yn Brif

Arolygydd Bwrdd Iechyd Cymru yn 1932. Ymddeolodd o'r Gwasanaeth Sifil yn 1944.

Yn ystod ei flynyddoedd yng Nghaerdydd bu'n flaenor ac yn ysgrifennydd ar gapel Presbyteraidd Crwys Road. Roedd yn aelod o gyngor Cymdeithas Cymmrodorion Caerdydd. Wedi ymddeol aeth ef a'i wraig i fyw yn Aberystwyth, ac yna i Borthcawl yn 1951 gan ddal yn weithgar ym mywyd y capel.

Pan fu farw ei dad-cu yn 1898 lluniodd farwnad 21 o benillion 8 llinell, a thua'r un adeg anfonodd 'Yng Nghôr Caersalem Lân' i *Trysorfa y Plant* lle'i cyhoeddwyd fis Medi 1899 dan yr enw barddol Aeronian. Cyfansoddodd Joseph Parry, na wyddai pwy oedd yr awdur, dôn fywiog a daeth dau bennill o'r gân wreiddiol ynghyd â'r gytgan yn ffefryn mawr mewn cymanfaoedd canu. Pan ymddangosodd yr emyn yn llyfr emynau'r Annibynwyr, *Y Caniedydd Cynulleidfaol Newydd*, yn 1921, cambriodolwyd y geirau i'r Parch. Thomas Levi (a fu farw yn 1916), golygydd *Trysorfa y Plant* pan gyhoeddwyd yr emyn gyntaf. Yr oedd yn 1940 cyn i'r Parch. J. Seymour Rees dadlennu yn y *Western Mail* pwy oedd Aeronian mewn gwirionedd. Bu farw David Evans ar 20 Awst 1965 yn 85 oed, a'i gladdu ym mynwent Porthcawl.

Evans, Evan (gweler Ieuan Glan Geirionydd)

Evans, William Hugh (gweler Gwyllt y Mynydd)

Griffiths, Ann, 1776–1805

Ganwyd Ann Griffiths ym mis Ebrill 1776 yn Dolwar Fach, Llanfihangel yng Ngwynfa, Sir Drefaldwyn, (bedyddiwyd 21 Ebrill 1776), yn ferch i John a Jane Thomas. Roedd ei rhieni yn mynychu eglwys y plwyf. Wedi clywed Benjamin Jones, Pwllheli, yn pregethu daeth Ann dan ddylanwad y Methodistiaid ac ymuno â'r seiat Fethodistaidd ym Mhontrobert yn 1797; daeth i gyswllt â John Hughes, athro a phregethwr, a bu'n gohebu llawer ag ef. Mynychai sasiynau'r Bala, a buan y gwelwyd ei bod yn ferch â doniau anghyffredin. Priododd Thomas Griffiths (1779–8 Ebrill 1808), ffermwr o Feifod, ar 10

Hydref 1804 a bu farw yn Awst 1805 ar ôl geni ei chyntaf-anedig; claddwyd hi yn Llanfihangel ar 12 Awst.

Arferai adrodd ei hemynau wrth Ruth Evans, ei morwyn; trysorodd hithau hwynt yn ei chof, ac ar ôl ei phriodas â John Hughes fe'u hysgrifennwyd hwy ganddo mewn dau ysgrif-lyfr. Ef, mae'n debyg, a'u rhoddodd i Thomas Charles o'r Bala, a chredir mai Robert Jones, Rhos-lan, a'u paratôdd i'w cyhoeddi. Cyhoeddwyd hwynt yn argraffiad 1805 o *Grawn-Syppiau Canaan*, ac wedyn (1806) yn *Casgliad o Hymnau*. Ymddangosodd argraffiad arall, dan yr un teitl, o wasg J. Evans, Caerfyrddin, yn 1807, ac un arall eto yn 1808 dan y teitl *Hymnau o Fawl i Dduw a'r Oen*. Cyhoeddwyd cynnwys ysgrif-lyfrau J. Hughes gan Syr O. M. Edwards yn *Gwaith Ann Griffiths* (Cyfres y Fil), 1905; yn hwnnw bellach y ceir testun gwreiddiol ei hemynau.

Gwili (John Gwili Jenkins), 1872–1936

Ganwyd John Gwili Jenkins (Gwili) yn Yr Hendy, Pontarddulais ar 8 Hydref 1872 yn fab i John ac Elizabeth Jenkins. Dechreuodd bregethu gyda'r Bedyddwyr yn 1891, ac wedi bod am dymor dan addysg Watcyn Wyn aeth yn 1892 i Fangor ac oddi yno yn 1896 i Goleg Caerdydd. Dychwelodd yn 1897 i gynorthwyo Watcyn Wyn yn Ysgol y Gwynfryn, Rhydaman ac aros yno tan 1905, gan ailafael yn y gwaith ar ôl bod yn Rhydychen.

Aeth i Goleg Iesu yn Rhydychen yn 1905, a graddiodd yn yr ysgol ddiwinyddol yno yn 1908 – yn ddiweddarach enillodd B.Litt. (1917) a D.Litt. (1932) Rhydychen. Penodwyd ef yn 1914 yn olygydd *Seren Cymru* – fe'i golygodd hyd 1927, ac ailgydiodd ynddi o 1933 hyd ei farw. Rhoes rhyfel 1914–18 derfyn ar ei ysgol, ac aeth yntau i Gaerdydd yn 1917, ar y cychwyn yn gynorthwywr i Thomas Powel, Athro Cymraeg y coleg, wedyn yn ddirprwy-athro pan oedd y gadair yn wag, ac yna yn 1919 yn ofalwr ar 'Llyfrgell Salesbury'. Etholwyd ef yn Athro'r Testament Newydd yng Ngholeg y Bedyddwyr (ac yng Ngholeg y Brifysgol) ym Mangor yn 1923. Gwnaeth swm enfawr o waith ym Mangor, gan gyhoeddi yn 1928 *Arweiniad i'r Testament Newydd*, yn 1934 gyfrol o *Ganiadau*, a golygu *Seren Gomer* o 1930 hyd 1933. Ei brif orchest oedd ei gyfrol ar hanes diwinyddiaeth Cymru a gyhoeddwyd yn

1931 dan y teitl *Hanfod Duw a Pherson Crist*. Ceir rhestr o'i weithiau eraill, yn farddoniaeth ac yn rhyddiaith, gyda detholiad o'i bregethau, yn y *Cofiant* iddo gan E. Cefni Jones (1937). Etholwyd ef yn Archdderwydd yn 1931. Bu farw ar 16 Mai 1936, a'i gladdu ym mynwent hen gapel Annibynnol Llanedi.

Gwilym Cyfeiliog (William Williams), 1801–76

Ganwyd William Williams (Gwilym Cyfeiliog) ar 4 Ionawr 1801 yn y Winllan, Llanbryn-mair. Addysgwyd ef yn ysgol ei ewythr y Parch. John Roberts, Llanbryn-mair, ac yn ysgol William Owen, Y Trallwng. Dychwelodd gartref i'r Winllan i helpu ei dad ar y ffarm ac ym musnes melinydd gwlanenni, a symudodd i Bont Dolgadfan yn 1822. Am gyfnod bu'n glerc festri, goruchwyliwr cynorthwyol, a chofrestrydd y plwyf. Mae ei emyn 'Caed trefn i faddau pechod yn yr Iawn' yn adnabyddus, ac fe'i cyfieithwyd i iaith brodorion Bryniau Khasia. Bu farw ar 3 Mehefin 1876 ym Mhont Dolgadfan, Llanbryn-mair. Cyhoeddwyd casgliad o'i weithiau yn 1878 o dan y teitl *Caniadau Cyfeiliog* gan ei fab, Richard Williams, Y Drenewydd.

Gwilym Hiraethog (William Rees), 1802–83

Ganwyd William Rees (Gwilym Hiraethog) yn Chwibren Isaf, fferm wrth droed Mynydd Hiraethog, plwyf Llansannan, Sir Ddinbych ar 8 Tachwedd 1802 yn ail fab i Dafydd ac Ann Rees – ei frawd hŷn oedd Henry Rees, gweinidog enwog gyda'r Methodistiaid Calfinaidd. Ychydig o dymhorau yn ysgol y pentref oedd yr unig addysg a gafodd, ac aeth i ffermio a bugeilio'n ifanc.

Magwyd ef gyda'r Trefnyddion Calfinaidd, ond fe'i derbyniwyd yn aelod gan yr Annibynwyr pan gychwynasant achos yn Llansannan yn 1828. Dechreuodd bregethu'n fuan, ac aeth yn weinidog i Mostyn yn 1831. Symudodd i Lôn Swan, Dinbych yn 1837, a daeth i amlygrwydd mawr fel pregethwr. Yn 1843 aeth i'r Tabernacl, Lerpwl yn olynydd i'w gyfaill William Williams o'r Wern, ac i Salem yn yr un dref yn 1853, a chodwyd capel Grove Street yn ei le yn 1867. Ymddeolodd yn 1875 ac ymgartrefu yng Nghaer hyd ei farw ar 8 Tachwedd 1883; fe'i claddwyd yn Smithdown Road Cemetery, Lerpwl.

Y mae swm ei farddoniaeth yn enfawr. Cyhoeddodd *Gweithiau Barddonol Gwilym Hiraethog* yn 1855, lle ceir ei awdl i 'Heddwch' sy'n cynnwys y cywydd enwog i'r gof, a'r gân 'Atgofion Mebyd'.

Gwyllt y Mynydd (William Hugh Evans), 1831–1909

Mab i Ioan Tachwedd (John Evans, 1790–1856), a brawd i Cynfaen (John Hugh Evans) oedd Gwyllt y Mynydd (William Hugh Evans). Ganwyd ef yn y Maenllwyd Mawr, Ysgeifiog, Sir y Fflint ar 13 Ionawr 1831; gadawodd yr ysgol yn gynnar am nad oedd ei dad am iddo ddysgu catecism yr Eglwys Sefydledig. Dechreuodd bregethu yn 1850, fe'i derbyniwyd i'r weinidogaeth gyda'r Wesleaid yn 1855, a galwyd ef i waith cylchdaith Caergybi yn 1856. Gwasanaethodd gylchdeithiau Caernarfon, Abergele, Biwmares, Llanfair Caereinion, Dinbych (a'r Rhyl), Llangollen, Dolgellau, yr Wyddgrug, Llanrwst, Porthmadog, Abermaw, Lerpwl (Shaw Street), Bagillt, a'r Rhyl. Cychwynnodd achos newydd yn Nolwyddelan, a chapeli newydd yn Borth-y-Gest a'r Rhyl (Soar).

Bu'n allweddol wrth sefydlu cynghorau Wesleaidd, gan rannu'r dalaith yn adrannau, a sefydlodd gynadleddau Ysgolion Sul. Cyfrannodd i'r *Eurgrawn* am 60 mlynedd, ac i'r *Winllan* (a olygodd o 1864 hyd 1867) am 57 mlynedd; yr oedd yn un o gychwynwyr *Y Gwyliedydd* (1877), ac yn ddiweddarach bu'n olygydd iddo am 13 mlynedd (yn y Rhyl). Cyfrannodd hefyd i'r *Traethodydd*, *Y Geninen*, a'r *Athronydd*. Cyhoeddodd amryw esboniadau a holwyddoregau, a chasglodd emyniadur i'r Ysgolion Sul. Yn 1888 cyhoeddodd gofiant i'w frawd Cynfaen. Bu farw ar 28 Mehefin 1909.

Howell, J. M., 1855–1927

Ganwyd John Morgan Howell yn Aberaeron yn 1855 a bu'n cadw siop yn y dref honno ar hyd ei oes. Bu'n aelod gyda'r Methodistiaid Calfinaidd yn Y Tabernacl ac yn bregethwr lleyg. Roedd yn weithgar yn wleidyddol ac yn gynghorydd sirol dros y Blaid Ryddfrydol a chafodd ei benodi'n Ynad Heddwch. Gwelir enghreifftiau lu o'i erthyglau a'i lythyron wrth iddo gyfrannu'n gyson i'r *Cambrian News* dros gyfnod o 40 mlynedd. Cyfrannodd yn aml i gylchgronau megis *Y Goleuad*, *Cymru* a'r *Welsh Outlook*.

Hughes, T. Rowland, 1903–49

Ganwyd Thomas Rowland Hughes ar 17 Ebrill 1903 yn 20 Goodman Street, Llanberis, Sir Gaernarfon. Derbyniodd ei addysg yn ysgol elfennol Dolbadarn, ysgol sir Brynrefail a Choleg y Brifysgol, Bangor lle y graddiodd yn 1925 gydag anrhydedd y dosbarth cyntaf yn y Saesneg a'r Gymraeg. Ym mis Medi 1926 aeth yn athro i ysgol sir y Bechgyn, Aberdâr. Graddiodd yn M.A. ac ar bwys cymrodoriaeth a gafodd gan ei hen goleg aeth i Rydychen lle yr enillodd radd B.Litt. am waith ymchwil ar lenyddiaeth gyfnodol Lloegr yn y 19eg ganrif. Bu'n ddarlithydd mewn Saesneg a Chymraeg yng Ngholeg Harlech, 1930–33. Yn haf 1934 dewiswyd ef yn bennaeth y Mary Ward Settlement, Llundain, ac yn 1935 yn drefnydd rhaglenni nodwedd i'r Gorfforaeth Ddarlledu Brydeinig, Caerdydd.

Enillodd gadair Eisteddfod Genedlaethol Machynlleth 1937 am awdl 'Y Ffin', a chadair Eisteddfod Genedlaethol y radio (a oedd i'w chynnal yn Aberpennar) yn 1940 am awdl 'Pererinion'. Tua 1937 goddiweddwyd ef gan afiechyd blin y sglerosis ymledol. Yn ystod ei waeledd y dechreuodd ysgrifennu nofelau. Cyhoeddwyd y gyntaf, O Law i Law, yn 1943 a dilynwyd hi gan nofelau eraill a gyhoeddid bob Nadolig – William Jones, Yr Ogof, Chwalfa, ac Y Cychwyn. Ac eithrio Yr Ogof, y chwareli yw cefndir y nofelau a cheir yn William Jones fywyd cymoedd y de. Yn 1949 cafodd radd D.Litt. (er anrhydedd) Prifysgol Cymru. Bu farw ar 24 Hydref 1949.

Ieuan Glan Geirionydd (Evan Evans) 1795–1855

Ganwyd Evan Evans (Ieuan Glan Geirionydd) yn Tan-y-celyn, Trefriw, Sir Gaernarfon ar 20 Ebrill 1795. Roedd ei dad, Robert Evans, oedd yn fardd a llenor gwlad, a'i fam, Elizabeth, ymhlith cychwynwyr Methodistiaeth Galfinaidd yn Nhrefriw.

Enillodd yn eisteddfod Wrecsam 1820 ar awdl, 'Hiraeth Cymro am ei wlad mewn bro estronawl', a daeth i gysylltiad â rhai gwŷr bonheddig, ac offeiriaid fel Richards, Caerwys, a Jenkins, Ceri, a'r rhain a'i perswadiodd ef i fynd yn offeiriad. Aeth i Aberriw at y Parch. Thomas Richards am ychydig, ac oddi yno i Goleg St Bees. Cafodd urddau eglwysig gan esgob Caerlleon, a thrwydded i ddarllen y gwasanaeth Cymraeg yn eglwys St Martin, Caerlleon ar 19 Chwefror 1826, ac ar 17 Rhagfyr cafodd guradiaeth Christleton. Bu yn Christleton tan 21 Ebrill 1843, a symud i guradiaeth Ince. Gadawodd Ince tua diwedd 1852 ac aeth adref i Drefriw. Yng Ngorffennaf 1854 cafodd guradiaeth yn eglwys y Rhyl. Bu farw ar 21 Ionawr 1855, a chladdwyd ef ym mynwent eglwys Trefriw.

Lluniodd awdlau, cywyddau, englynion, pryddest, cerddi rhydd ac emynau. Perthynai i ysgol ryddfrydol Gwallter Mechain, yr ysgol honno a ymosodai ar y mesurau caeth, ac a gychwynnodd lunio pryddestau a thelynegion. Y mae dylanwad yr 'ysgol fynwentig' yn Lloegr – Gray, Robert Blair ac Edward Young – ar ei waith, a dylanwad emynwyr Lloegr fel Watts ac eraill ar ei emynau.

Ieuan Gwyllt (John Roberts), 1822–77

Ganwyd John Roberts (Ieuan Gwyllt) ar 27 Rhagfyr 1822 yn Tanrhiwfelen ger Aberystwyth yn fab i Evan ac Elizabeth Roberts. Yn 1823 symudodd y teulu i fyw i Ty'nyffordd, Penllwyn, Aberystwyth, ac yn 1829 i Pistyllgwyn yn nyffryn Melindwr. Cafodd addysg am rai blynyddoedd yn ysgol Lewis Edwards, Penllwyn. Dechreuodd gyfansoddi barddoniaeth yn ifanc, a rhoddodd ffugenw 'Ieuan Gwyllt Gelltydd Melindwr' wrth ei waith, ac wedi hyn galwyd ef yn 'Ieuan Gwyllt'. Yn 1852 penodwyd ef yn is-olygydd *Yr Amserau* i gynorthwyo Hiraethog, a pharhaodd ei gysylltiad â'r papur hyd 1858. Yn 1858 symudodd i Aberdâr i olygu *Y Gwladgarwr*. Dechreuodd gyfansoddi yn ifanc, ac yn 1852 dechreuodd ar waith mawr ei fywyd o gasglu a dethol tonau cynulleidfaol at wasanaeth ei genedl. Ar ôl llafurio am chwe blynedd cyhoeddwyd *Llyfr Tonau Cynulleidfaol* yn Ebrill 1859, a chyda'r llyfr hwn cychwynnwyd cyfnod newydd yng nghaniadaeth grefyddol Cymru.

Yn 1859 derbyniodd alwad i fugeilio eglwys Pant-tywyll, Merthyr, ac ordeiniwyd ef yn weinidog yng nghymdeithasfa Castellnewydd ar 7 Awst 1861. Ym mis Mawrth 1861 cyhoeddodd y rhifyn cyntaf o *Y Cerddor Cymreig*, ac am bedair blynedd golygodd a chyhoeddodd ef ar ei liwt ei hun. Yn 1865 ymgymerodd Hughes a'i Fab, Wrecsam, â'i gyhoeddi, ond parhaodd Ieuan Gwyllt i'w olygu hyd 1873.

Cychwynnodd *Cerddor y Tonic Solffa* yn 1869, a golygodd y cylchgrawn hwnnw hyd 1874. Derbyniodd alwad i fugeilio Capel Coch (Methodistiaid Calfinaidd), Llanberis yn 1865, a gwasanaethodd yno nes symud i'r Fron, Llanfaglan ger Caernarfon yn 1869. Ef oedd ysgrifennydd pwyllgor *Llyfr Emynau y Methodistiaid Calfinaidd*, 1869. Yn 1874 cyhoeddodd *Sŵn y Juwbili*, sef trefniant o emynau a thonau Sankey a Moody yn y Gymraeg. Yr oedd yn enwog fel beirniad ac arweinydd cymanfaoedd canu. Bu farw ar 14 Mai 1877 a chladdwyd ef ym mynwent Caeathro ger Caernarfon.

Jenkins, John Gwili (gweler Gwili)

Jones, E. Cefni, 1871–1972

Ganwyd Edward Cefni Jones ym mis Hydref 1871 yn fab hynaf deg o blant John ac Anne Jones, Rhostrehwfa, Sir Fôn. Bedyddiwyd ef yn 15 mlwydd oed yng nghapel Cil-dwrn, ac o fewn tair blynedd traddododd ei bregeth gyntaf yng nghapel Pisgah, Rhostrehwfa. Aeth i Goleg y Bedyddwyr ym Mangor, ac wedi iddo raddio fe'i sefydlwyd yn weinidog gyda'r Bedyddwyr yn Llanberis a Llanrug (1896–98). Wedi hynny bu'n gweinidogaethu mewn sawl ardal yn y gogledd – Calfaria Ffestiniog a Moriah Tanygrisiau (1898–1911); Ramoth, Hirwaun a Phontbrenllwyd (1911–20) a Phenuel Bangor (1920–41). Bu'n Llywydd Undeb Bedyddwyr Cymru yn 1935. Bu farw ar 9 Medi 1972 ym Mangor ar drothwy ei ben-blwydd yn 101 oed.

Jones, Edward (gweler Myfyr Elfed)

Jones, Josiah, 1807–87

Un o feibion Llanbryn-mair oedd Josiah Jones (Brynmair) a elwid yn 'Pantycelyn America'. Fe'i ganwyd ar 4 Gorffennaf 1807 yn fab i Josiah Jones, Braichodnant a'i wraig Mary. Ar ochr ei fam, hanai o linach Daniel Davies, tad Mynyddog.

Priododd yntau Mary hefyd, sef Mary Hughes, Bryn-coch, Llanbryn-mair ar 17 Ebrill 1833, a chawsant wyth o blant. Pan oedd yn 34 mlwydd oed etholwyd ef yn ddiacon yn Yr Hen Gapel, Llanbryn-mair, ond erbyn diwedd y flwyddyn 1850 ymfudodd i Gomer, Ohio. Amaethu oedd ei alwedigaeth yng Nghymru ac yn America, a bu'n drefnydd angladdau yn ogystal yn America. Bu farw ar 15 Hydref 1887, a'i gladdu ym mynwent Tawelfan, Gomer, Ohio.

Jones, Thomas, 1756–1820

Ganwyd Thomas Jones ym Mhenucha, Caerwys, a chafodd addysg yn ysgolion Caerwys a Threffynnon. Yn 1772 ymunodd â'r Methodistiaid, ac yn 1783 dechreuodd bregethu. Gofalai am achosion yn yr Wyddgrug (1795–1804), Rhuthun (1804–09), a Dinbych (1809–20) ac fel 'Thomas Jones, Dinbych' y cyfeirir ato rhan amlaf. Priododd y tro cyntaf yn 1795 ag Elizabeth Jones o'r Wyddgrug, merch gyfoethog a fu farw yn 1797 gan adael y rhan fwyaf o'i heiddo i'w gŵr; am yr ail dro yn 1804 ag A. Maysmor o Lanelidan; ac am y trydydd tro yn 1806 â Mary Lloyd o Lanrwst. Yn 1784 cyfarfu â Thomas Charles, a thrwy eu cyfeillgarwch daeth i gyffyrddiad â'r byd crefyddol tu allan i Gymru, a mudiadau megis y Feibl Gymdeithas, Cymdeithas Genhadol Llundain, a'r ysgolion rhad cylchynol. Ysgrifennodd gofiant Charles, 1814.

Roedd Thomas Jones yn un o arweinwyr mwyaf medrus a dysgedig ei enwad yn y Gogledd, a chafodd ei ordeinio gyda'r to cyntaf o weinidogion yr Hen Gorff yn 1811. Argraffwyd y rhan fwyaf o'i waith yn y wasg a osododd yn ei dŷ yn Rhuthun yn 1804, a gludodd gydag ef i Ddinbych, ac a brynwyd gan ei argraffydd, Thomas Gee, yn 1813. Bu farw yn Ninbych ar 16 Mehefin 1820.

Jones, William (gweler Ehedydd Iâl)

Lewis, Howell Elvet (gweler Elfed)

Lewis, John Saunders, 1893–1985

Ganwyd y dramodydd, bardd, nofelydd, ysgolhaig, beirniad llenyddol a gwleidydd John Saunders Lewis ar 15 Hydref 1893 i deulu o Gymry oedd yn byw yn Wallasey ger Lerpwl. Roedd yn ail o dri mab i'r gweinidog Methodist Calfinaidd, y Parch. Lodwig Lewis (1859–1933), oedd yn hanu o Sir Gaerfyrddin. Ganwyd ei fam Mary Margaret (née Thomas, 1862–1900) yn Llundain ond roedd y teulu'n hanu o Sir Fôn. Roedd yn un o brif sylfaenwyr Plaid Genedlaethol Cymru yn 1925, ac ar 19 Ionawr 1937 dedfrydwyd ef i naw mis o garchar am ei ran yn llosgi ysgol fomio Penyberth yn Llŷn gyda D. J. Williams a Lewis Valentine. Bu ei ddarlith radio enwog 'Tynged yr Iaith' a draddodwyd yn 1962 yn sbardun i sefydlu Cymdeithas yr Iaith Gymraeg.

Mynychodd ysgol y bechgyn yn Liscard, sef rhan o dref Wallasey. Roedd Saunders yn astudio Saesneg a Ffrangeg ym Mhrifysgol Lerpwl pan gychwynnodd Y Rhyfel Byd Cyntaf. Cofrestrodd fel gwirfoddolwr gyda Chatrawd y Brenin, Lerpwl ym Medi 1914, ac yn Ebrill 1915 ceisiodd am gomisiwn gyda Chyffinwyr De Cymru. Ar ôl gadael y fyddin, dychwelodd i'r Brifysgol i orffen ei radd yn Saesneg. Yn 1922, fe'i apwyntiwyd yn ddarlithiwr yn y Gymraeg yng Ngholeg Prifysgol Cymru, Abertawe. Cafodd ei benodi'n Uwch-ddarlithydd ym Mhrifysgol Caerdydd ac yn 1957 ymddeolodd i'w gartref ym Mhenarth ger Caerdydd ac ymroddodd i ysgrifennu ar gyflwr gwleidyddol ac ieithyddol Cymru. Enwebwyd Saunders Lewis am wobr lenyddol Nobel yn 1971.

Priododd Margaret Lewis (née Gilcriest) (1891–1984) ar 31 Gorffennaf 1924 yn eglwys Gatholig Our Lady and St Michael yn Workington, Cumberland. Ymunodd â'r Eglwys Babyddol yn 1932, yn bennaf oherwydd dylanwad ei wraig Margaret. Bu farw wedi salwch hir yn Ysbyty St Winifred, Caerdydd ar 1 Medi 1985.

Lloyd, Henry (gweler Ap Hefin)

Myfyr Elfed (Edward Jones), 1868–1934

Ganwyd Edward Jones (Myfyr Elfed) ym mhlwyf Cynwyl Elfed yn 1868. Collodd ei dad yn ifanc, a symudodd gyda'i fam i Pentre, Rhondda yn 1874. Daeth yn aelod gyda'r Bedyddwyr ym Moriah, Pentre. Bu'n gweithio dan ddaear ac ennill tystysgrifau mewn ysgol nos. Maes o law, fe'i penodwyd yn llyfrgellydd Ton Pentre ac roedd yn aelod yng nghapel Hebron. Etholwyd ef i Gyngor Ardal Rhondda yn 1899 a daeth yn Gadeirydd yn 1908. Roedd yn eisteddfodwr brwd ac yn feirniad adrodd. Fe'i derbyniwyd i'r Orsedd i Urdd Bardd trwy arholiad yn 1909. Bu farw yn 1934 yn 65 oed.

Myfyr Hefin (David Bowen), 1874–1955

Ganwyd David Bowen (Myfyr Hefin) ar 20 Gorffennaf 1874 yn fab i Thomas a Dinah Bowen, Treorci, Morgannwg, a brawd hŷn i Ben Bowen ac i Thomas (Orchwy) Bowen (tad yr Archdderwydd Geraint Bowen a'r bardd Euros Bowen) ac i fam Syr Ben Bowen Thomas. Addolai'r teulu yng Nghapel y Bedyddwyr Moriah, Pentre. Addysgwyd ef yn ysgol fwrdd Treorci, ac yn ddeuddeg oed aeth i weithio ym mhwll Ty'n-y-bedw. Troes i bregethu yn ystod diwygiad 1904–05. Mynychodd ysgol baratoi Pontypridd ac aeth am y flwyddyn 1908–09 i Goleg y Brifysgol Caerdydd. Cafodd alwad i fod yn weinidog Bethel, Capel Isaf ger Aberhonddu, ac ymroddodd i adfer y Gymraeg yno.

Symudodd yn 1913 i gapel Horeb, Pum Heol ger Llanelli. Ef oedd golygydd Cymraeg y *Llanelly Mercury* rhwng 1915 ac 1942, a golygydd *Seren yr Ysgol Sul* o'r un swyddfa, 1916–50. Sefydlodd Urdd y Seren Fore yn 1929. Bu'n aelod o Orsedd y Beirdd o 1897 hyd ddiwedd ei oes. Bu'n llywydd Cymrodorion Llanelli a Chylch Awen a Chân y dref. Bu farw ar 22 Ebrill 1955, a chladdwyd ef ym mynwent newydd Horeb, Pum Heol, Llanelli.

Nicholas, W. Rhys, 1914–96

Ganwyd W. Rhys Nicholas ar 23 Mehefin 1914 yn nhyddyn Pen-parc, Tegryn, Sir Benfro, y pumed o naw plentyn William Nicholas (bu farw 1933) a'i wraig

Sarah. Cefnder i'w dad oedd y bardd-bregethwr T. E. Nicholas. Cafodd ei addysg yn yr ysgol leol a phan oedd yn 14 oed anfonwyd ef i Ysgol Ramadeg enwog John Phillips yng Nghastellnewydd Emlyn. Yn ystod ei gyfnod yno dioddefodd o'r diciáu, a'i gorfododd i dreulio cyfnod hir yn ysbyty Sealyham ac yn sanatoriwm Bronllys ger Talgarth.

Addolai'r teulu yng nghapel Annibynnol Llwyn-yr-hwrdd, a phan oedd yn ei ugeiniau cynnar, dan arweiniad ei weinidog, Stanley Jones, penderfynodd Rhys ei gyflwyno ei hun i'r weinidogaeth. Aeth i Goleg Presbyteraidd Caerfyrddin ac oddi yno yn 1938 i Goleg y Brifysgol yn Abertawe, lle y graddiodd yn y Gymraeg yn 1941 a gwasanaethu fel Llywydd y Myfyrwyr, cyn dychwelyd i Gaerfyrddin i wneud gradd mewn diwinyddiaeth. Ordeiniwyd ef yn weinidog ar 7 Tachwedd 1945 yn Llwyn-yr-hwrdd cyn ei benodi yn gynorthwy-ydd i Ysgrifennydd Cyffredinol yr Annibynwyr, E. Curig Davies. Yn ystod ei gyfnod yno gwasanaethodd fel ysgrifennydd i'r pwyllgor a oedd yn paratoi argraffiad newydd *Y Caniedydd*, emyniadur yr Annibynwyr Cymraeg, a ymddangosodd maes o law yn 1960. Ond yn 1947 ymadawodd i fod yn weinidog ar eglwys Annibynnol y Bryn, Llanelli, cyn symud yn 1952 i weinidogaethu yn Horeb a Bwlch-y-groes yng Ngheredigion. Oddi yno symudodd i'r Tabernacl, Porth-cawl hyd ei ymddeoliad yn 1982, gan barhau i fyw yn yr ardal honno. Ym Mhorth-cawl yn arbennig bu'n gefn i fudiadau Cymraeg, gan hyrwyddo sefydlu ysgolion Cymraeg a sylfaenu papur bro *Yr Hogwr*.

Bu hefyd yn gyd-olygydd cylchgrawn *Y Genhinen*. Bu'n olygydd *Cyfansoddiadau a Beirniadaethau* yr Eisteddfod Genedlaethol am ddeng mlynedd, a thraddodi darlith lenyddol yr Eisteddfod yng Nghwm Rhymni 1990 ar 'Crwys y Rhamantydd'. Bu'n arolygydd Gwasg yr Annibynwyr, Gwasg John Penry, am rai blynyddoedd, a bu'n Llywydd Undeb yr Annibynwyr yn 1981–82, gan draethu ei anerchiad ar y testun 'Maen Prawf ein Cristnogaeth'.

Cysylltir ef yn fwyaf arbennig â byd yr emyn, ac ef oedd yr amlycaf o emynwyr Cymru yn chwarter olaf yr ugeinfed ganrif. Cyfrifir ei emyn arobryn 'Tydi a wnaeth y wyrth, O Grist, Fab Duw' a enillodd iddo wobr Eisteddfod Rhys Thomas James yn Llanbedr Pont Steffan yn 1967 ac a genir ar dôn M. Eddie Evans 'Pantyfedwen' ymhlith y mwyaf poblogaidd o emynau diweddar Cymru. Ceir 23 o'i emynau yn y casgliad cydenwadol *Caneuon Ffydd* a gyhoeddwyd yn 2001. Dysgodd lawer am emynau trwy wasanaethu pwyllgor *Y Caniedydd* yn ei ieuenctid, a bu'n gadeirydd ar y pwyllgor hwnnw yn ddiweddarach. Ef hefyd a lywiodd y gwaith o baratoi'r casgliad newydd *Caniedydd yr Ifanc* a ymddangosodd yn 1980. Bu'n weithgar iawn gyda Chymdeithas Emynau Cymru ac fe'i hurddwyd yn Gymrawd y Gymdeithas.

Yn 1946 priododd ag Elizabeth Dilys (Beti) Evans (1921–85) o Rydargaeau. Bu farw Rhys Nicholas ar 2 Hydref 1996, a chynhaliwyd ei angladd ar 7 Hydref. Claddwyd ei lwch gyda llwch ei briod ym mynwent gyhoeddus Porth-cawl.

Owen, Mary, 1796–1875

Ganwyd Mary Owen yn 1796 yn Ynys-y-maerdy, Llansawel, Sir Forgannwg, yn ferch i David a Mary Rees. Roedd ei thad yn ddiacon yng nghapel Maesyrhaf, Castell Nedd. Cynhelid cyrddau crefyddol yn ei chartref a dysgodd garu emyn yn ifanc.

Perswadiodd William Williams (Caledfryn) hi i gyhoeddi cynnyrch ei hawen, *Hymnau ar Amryw Destunau* (1839) gydag argraffiadau eraill yn 1840, 1841 ac 1842. Cyfansoddodd dros gant o emynau – yn eu plith y mae 'Caed modd i faddau beiau' a 'Dyma gariad, pwy a'i traetha?'

Priododd y tro cyntaf â Thomas Davies, Castell Nedd, capten llong; ac am yr ail dro â'r Parch. Robert Owen, gweinidog gyda'r Annibynwyr yn Seion, Cwmafan (a fu farw yn 1857). Cafodd amser anodd a thrist yn ystod ei hail briodas am fod Robert Owen yn gaeth i'r ddiod ac wedi troi'n grwydryn. Serch hynny i gyd, gofalodd Mary Owen am ei gŵr yn ystod ei gystudd olaf.

Bu farw ar 26 Mai 1875 a chladdwyd hi yn Llansawel.

Owen, Owen Griffith (gweler Alafon)

Owen, Robert (Eryron Gwyllt Walia), 1803–70

Ganwyd Robert Owen (Eryron Gwyllt Walia) ar 3 Ebrill 1803 yn Ffridd-bala-deulyn, yn agos i Dal-y-sarn, Dyffryn Nantlle, Sir Gaernarfon, yn fab i Griffith Owen, brodor o'r Waunfawr, ac Anne Owen, gynt Roberts, merch y Ffridd a chwaer y pregethwyr Robert Roberts, Clynnog, a John Roberts, Llangwm. Aeth ei rieni i fyw i Gaernarfon yn fuan wedi ei eni ef, ac yno y'i magwyd. Derbyniodd addysg well na'r cyffredin yn ysgol y Parch. Evan Richardson, ac wedyn fe'i prentisiwyd yn beintiwr, a dilynodd alwedigaeth peintiwr hyd ychydig cyn ei farw. Yn llanc yng Nghaernarfon profodd ddylanwad Diwygiad Beddgelert (1817–18), a gwnaeth John Elias argraff ddofn arno. Tua'r un amser dechreuodd ymddiddori mewn llenyddiaeth; cymdeithasodd â rhai o feirdd y gymdogaeth a chafodd gyfarwyddyd a chefnogaeth gan Dewi Wyn o Eifion.

Yn 21 oed (tua diwedd mis Ebrill 1824) aeth i Lundain. Ymaelododd yng nghapel Jewin Crescent a daeth i'r amlwg fel athro yn yr Ysgol Sul ac wedyn fel arolygwr. Yn 1832 priododd ag Ellen Owen; chwaer iddi hi oedd gwraig Griffith Davies, yr 'actuary' enwog. Ordeiniwyd ef yng nghymdeithasfa Treffynnon yn 1859. Ymddengys ei fod yn enwog am ei anerchiadau. Ei hynodrwydd oedd ei wybodaeth drylwyr o'r Beibl a'i allu i'w chymhwyso, a hefyd ei ddiddordeb yn niwinyddiaeth y Piwritaniaid. Cyfansoddodd lawer o farddoniaeth yn y mesurau caeth a rhydd, y rhan fwyaf o natur grefyddol. Gwrthododd am beth amser fynd i berthyn i Gymdeithas y Gwyneddigion oherwydd ei hawyrgylch anghrefyddol; ond yn 1833 ef oedd ei 'bardd' swyddogol. Am yr un rheswm nid âi i eisteddfodau er ei fod yn cystadlu ynddynt weithiau. Un o'i gyfeillion llenyddol oedd Thomas Edwards (Caerfallwch). Bu farw ar 22 Awst 1870.

Pantycelyn (gweler William Williams)

Rees, Evan (gweler Dyfed)

Rees, William (gweler Gwilym Hiraethog)

Robert ap Gwilym Ddu (Robert Williams), 1766–1850

Ganwyd Robert Williams (Robert ap Gwilym Ddu) ar 6 Rhagfyr 1766 yn unig blentyn William Williams a Jane (Parry) o'r Betws Fawr, ffermdy ym mhlwyf Llanystumdwy. Mae'n debyg mai yn un o ysgolion y gymdogaeth y cafodd addysg gyffredinol, ac mai gan rai o feirdd Eifionydd y dysgodd gelfyddyd barddoniaeth. Treuliodd y rhan fwyaf o'i oes yn amaethwr, ond cafodd hamdden i ddilyn diddordebau megis llenyddiaeth Gymraeg, diwinyddiaeth, cerddoriaeth a hynafiaethau. Daeth ei gartref yn gyrchfa Cymry diwylliedig, ac adwaenid ef yng Ngwynedd fel bardd a gŵr gwybodus ac annibynnol ei farn.

Roedd Robert Williams tua 50 oed pan briododd â merch ifanc a wasanaethai (mae'n debyg) mewn plasty cyfagos. Ganwyd iddynt un ferch, Jane Elizabeth, ond bu hi farw yn 1834 yn 17 oed. Un o alarnadau dwysaf yr iaith yw'r awdl a ganodd ei thad ar ei hôl. Roedd yn gyfeillgar â beirdd yr eisteddfod, ond ni fynnodd gystadlu wedi'r un tro y collodd y wobr. Dywedwyd ar gam iddo ennill mewn eisteddfod arall. Bu'n gyfaill ffyddlon i J. R. Jones, Ramoth, a bu'n cynorthwyo'r gŵr hwnnw i gyhoeddi llyfrau emynau. Coffeir ei gysylltiad ef a Dewi Wyn, ei gymydog a'i gyn-ddisgybl, â'r lle yr addolent gan yr enw 'Capel y Beirdd'.

Bardd crefyddol oedd ef yn bennaf, a'i brofiadau crefyddol a'i symbylodd ef i ganu, ond ni chymerodd Robert Williams mo'i fedyddio, ac ni fu'n aelod eglwysig. Ychydig cyn diwedd ei oes symudodd ef a'i wraig i dŷ a elwid Mynachdy Bach, ac yno y bu farw ar 11 Gorffennaf 1850 yn 83 oed. Claddwyd ef ym mynwent Abererch ger Pwllheli.

Roberts, John (gweler Ieuan Gwyllt)

Roberts, John, 1910–84

Ganwyd John Roberts ar 2 Mehefin 1910 yn Llanfachraeth, Sir Fôn, yn unig fab William Roberts a'i wraig Elizabeth a ymgartrefodd yn fuan wedi i'r mab gael ei eni yng Nglan-yr-afon yn Llanfwrog. Mynychodd Ysgol Ffrwd Win ar ôl troi'r saith mlwydd oed, ac yna dilynodd gwrs clercyddol yn yr hyn a elwid yn 'Owens' College' yng Nghaergybi. Gweithiodd am gyfnod byr mewn swyddfa insiwrin yn Wrecsam, ond er yn gynnar ar fynd yn bregethwr yr oedd ei fryd, ac yn 1928 aeth yn fyfyriwr i ysgol baratoawl y Cyfundeb yn y Gogledd, Ysgol Clynnog, a symudodd y flwyddyn ganlynol i'r Rhyl. Rhwng 1931 a 1937 bu'n fyfyriwr yng Ngholeg Prifysgol Gogledd Cymru, Bangor, lle graddiodd yn y Gymraeg ac mewn Diwinyddiaeth. Treuliodd y flwyddyn ganlynol yn dilyn y cwrs bugeiliol yng Ngholeg y Bala. Cyn iddo orffen y cwrs hwnnw yr oedd eisoes yn bregethwr cyrddau pregethu ac eisoes wedi cael galwad i fod yn weinidog yn y Carneddi, Bethesda, Arfon. Ar 23 Awst 1938, ychydig cyn dechrau ar waith y weinidogaeth, priododd â Jessie Martin, Kingsland, Caergybi.

Yn y Gogledd y treuliodd ei weinidogaeth. Symudodd i'r Garth, Porthmadog, ddechrau 1945. Aeth oddi yno i Gapel Tegid, Y Bala yn 1957, ac oddi yno i Foriah, Caernarfon yn 1962, lle bu tan ei ymddeoliad yn 1975. Ymddeolodd i Lanfwrog, Môn, ac fel 'John Roberts, Llanfwrog' yr adwaenid ef.

Bu farw yn Ysbyty Stanley, Caergybi ar 22 Tachwedd 1984, a chladdwyd ef ym mynwent yr Eglwys yn Llanfwrog.

William, Dafydd, 1720/21–94

Ganwyd Dafydd William ym mhlwyf Llanedi, Sir Gaerfyrddin. Trigai yn Llandeilo Fach (Llandeilo Tal-y-bont) yn Sir Forgannwg. Bu'n athro cylchynol yma a thraw am rai blynyddoedd ac yn pregethu gyda'r Methodistiaid Calfinaidd, ond trodd at y Bedyddwyr a bedyddiwyd ef wrth bont Llanbedr-y-fro, Morgannwg, ar 29 Mehefin 1777. Yr oedd yn un o sefydlwyr eglwys Fedyddiedig Croes-y-parc ac yn bregethwr ynddi. Bu farw yn Hydref 1794, a'i gladdu yng Nghroes-y-parc.

Williams, Robert (gweler Robert ap Gwilym Ddu)

Williams, W. Nantlais, 1874–1959

Ganwyd William Nantlais Williams ar 30 Rhagfyr 1874 yn Llawr-cwrt, Gwyddgrug, ger Pencader, Sir Gaerfyrddin, yn ieuengaf o ddeg plentyn Daniel a Mari Williams. Cafodd addysg yn ysgol elfennol New Inn, ac yn 12 oed prentisiwyd ef yn wehydd gyda'i frodyr. Magwyd ef yn eglwys y New Inn, ac yno y dechreuodd bregethu yn 1894. Addysgwyd ef ar gyfer y weinidogaeth yn Ysgol Ramadeg Castellnewydd Emlyn ac yng Ngholeg Trefeca. Ymddiddorai mewn barddoniaeth yn ifanc a chyhoeddodd gasgliad o'i ganeuon, *Murmuron y Nant* (1898) pan oedd yn fyfyriwr. Enillodd gadair mewn eisteddfod yn Rhydaman yn 1899 dan feirniadaeth Watcyn Wyn, a chafodd alwad yn fuan ar ôl hynny i fugeilio eglwys ifanc Bethany yn y dref honno. Ordeiniwyd ef yn 1901, ac ym Methany y llafuriodd o'r flwyddyn 1900 hyd ei ymddeoliad yn 1944 (eithr bu'n bwrw golwg dros eglwys fechan y MC yn Llandybïe ym mlynyddoedd cyntaf y ganrif). Ei uchelgais oedd bod yn bregethwr cyrddau-mawr ac yn fardd llwyddiannus mewn eisteddfodau. Bu'n gyd-fuddugol ar chwech o delynegion yn Eisteddfod Genedlaethol Bangor (1902); cafodd gadair eisteddfod Meirion yn 1903, a chadair eisteddfod y Queen's Hall, Llundain yn 1904. Y flwyddyn honno daeth y Diwygiad i Rydaman, a daeth Nantlais dan ddylanwad y cyffro hwnnw yn drwm. Priododd ddwywaith; y tro cyntaf yn 1902 ag Alice Maud Jones (wyres yr hynod Thomas Job, Cynwyl), a ganwyd tri o feibion a dwy ferch o'r briodas – bu hi farw yn 1911; a'r ail dro yn 1916 ag Annie Price (prifathrawes ysgol Aberpennar a merch T. Price, gweinidog Brechfa). Bu Nantlais farw ar 18 Mehefin 1959, a chladdwyd ei weddillion o flaen capel newydd Bethany.

Bu llwyddiant mawr ar ei lafur ym Methany; codwyd ysgoldy ym Mhantyffynnon yn 1904, ac un arall yn Nhir-y-dail yn 1906 (corfforwyd eglwys yno yn 1911 [gweler W. N. Williams, *Y Deugain Mlynedd Hyn*, Rhydaman, 1921]). Adeiladwyd capel hardd newydd ym Methany yn 1930. Dyrchafwyd Nantlais i gadair Sasiwn y De (1943) ac yn Llywydd y Gymanfa Gyffredinol (1940).

Er i Nantlais ymwrthod â chystadlu mewn eisteddfodau ar ôl y Diwygiad daliodd ati i lenydda, gan gysegru'i ddoniau a'i awen bellach i genhadaeth yr Efengyl. Bu'n un o olygyddion *Y Lladmerydd* (1922–26), ac yn olygydd *Yr Efengylydd* (1916–33) a *Trysorfa'r Plant* (1934–47). Cyfansoddodd lawer o emynau ar gyfer y plant – yn wir ni bu nemor neb yn fwy llwyddiannus nag ef fel emynydd y plant. Ceir y rheini mewn tri chasgliad: *Moliant Plentyn*, rhan I (1920); *Moliant Plentyn*, rhan II (1927); a *Clychau'r Gorlan* (1942). Ceir casgliad o'i brif emynau yn *Emynau'r Daith* (1949), ac yn y casgliad *Clychau Seion* (a olygwyd ganddo *c.* 1952). Cyhoeddodd hefyd (gyda chydweithrediad Daniel Protheroe, David Evans a J. T. Rees) nifer o ganeuon i blant ynghyd â gweithiau cerddorol eraill. Ceir trafodaeth arno fel emynydd a bardd, ynghyd â rhestr o'i holl gynhyrchion o'r wasg, ym *Mwletin Cymdeithas Emynau Cymru*, I, rhif 4 (1971), tt. 77–99. Ceir penodau o atgofion oes yn *Y Goleuad* (1955), a chyhoeddwyd y rheini yn 1967 dan y teitl *O Gopa Bryn Nebo*.

Williams, William (Pantycelyn), 1717–91

Ganwyd William Williams (Pantycelyn) yn 1717 yng Nghefn-coed, Llanfair-ar-y-bryn, Sir Gaerfyrddin yn fab i John a Dorothy Williams. Yr oedd ei dad yn henuriad llywodraethol yn eglwys Annibynnol Cefnarthen. Addysgwyd ef, gyda'r bwriad o fod yn feddyg, yn athrofa Llwyn-llwyd, ac yn ystod ei dymor yno cafodd dröedigaeth o dan weinidogaeth Howel Harris ym mynwent Talgarth. Ymunodd â'r Eglwys Sefydledig ac ordeiniwyd ef yn ddiacon yn 1740; bu'n gurad i Theophilus Evans yn Llanwrtyd, Llanfihangel a Llanddewi Abergwesyn hyd 1743. Bu mewn helbul yn llys yr esgob ac o ganlyniad gwrthododd esgob Tyddewi ei ordeinio'n offeiriad yn 1743. Trodd gydag eraill, megis Daniel Rowland a Peter Williams, i'r mudiad Methodistaidd, a daeth yn un o brif arweinwyr y mudiad hwnnw yng Nghymru. Priododd *c.* 1748 â Mary Francis o Lansawel ac aeth i fyw i hen gartref ei fam ym Mhantycelyn. Bu farw ar 11 Ionawr 1791, ac fe'i claddwyd yn Llanfair-ar-y-bryn.

'Williams Pantycelyn' oedd prif emynydd y deffroad Methodistaidd yng Nghymru, a gellir priodoli llawer o lwyddiant Methodistiaeth Gymreig i'r bri a fu ar ganu ei emynau. Ar gyfrif ei emynau y cofir amdano heddiw, ond ymddiddorir o'r newydd yn ei farddoniaeth yn gyffredinol, yn ogystal ag yn ei ryddiaith. Ef oedd bardd rhamantus cyntaf Cymru, ac fel y cyfryw bu ei ddylanwad yn drwm ar ei gyfoeswyr ac ar y rhai a ddaeth ar ei ôl.

Williams, William (gweler Gwilym Cyfeiliog)

Y CYFANSODDWYR

Gwybodaeth o'r *Bywgraffiadur Cymreig* a *Cydymaith Caneuon Ffydd*

Bliss, P. P., 1838–76

Ganwyd Philip Paul Bliss ar 9 Gorffennaf 1838 yn Clearfield County, Pensylfania, UDA. Bu'n gerddor proffesiynol ac yn efengylydd yn Chicago. Daeth nifer o'i emynau yn boblogaidd yn ymgyrchoedd efengylu Sankey a Moody a'u cynnwys yn eu llyfrau o emynau a thonau. Daeth y rheiny i sylw'r Cymry gyda chyfieithiadau Ieuan Gwyllt yn ei gasgliad *Sŵn y Juwbili* a chynhwyswyd nifer ohonynt yn y casgliadau enwadol gwahanol. Lladdwyd P. P. Bliss mewn damwain trên ger Ashtabula, Ohio ar 29 Rhagfyr 1876, a hynny wrth geisio achub ei wraig.

Brierley, John Michael, ganwyd 1932

Ganwyd John Michael Brierley yng Nghaerlŷr yn 1932. Roedd yn offeiriad gyda'r eglwys Anglicanaidd ac yn organydd. Cafodd ei ordeinio yn 1960 a bu'n gurad ac yn ficer mewn plwyfi yn Swydd Caerwrangon. Cydweithiodd gyda Patrick Appleforth, Geoffrey Beaumont ac eraill wrth arwain y 20th Century Church Light Music Group o'r 1950au ymlaen. Cynhwyswyd nifer o'i emyn-donau yn *Thirty 20th Century Hymn Tunes* (1960). Graddiodd mewn Diwinyddiaeth o Brifysgol Llundain yn 1971.

Davies, Davey, 1901–64

Ganwyd David Davies yn Y Garnant, Sir Gaerfyrddin a derbyniodd ei addysg gynradd yn Ysgol Glanaman cyn mynd yn ei flaen i Ysgol Sir Dyffryn Aman.

Treuliodd ddwy flynedd yn gweithio dan ddaear, a chyfnod yn y gweithfeydd tun. Pan oedd yn 33 mlwydd oed llwyddodd i ennill gradd Cerddoriaeth o Goleg Prifysgol Cymru, Aberystwyth. Bu'n beiriannydd rhaglenni gyda'r BBC yng Nghaerdydd, ac yn 1947 priododd â Mai Jones o Gasnewydd, hithau'n gynhyrchydd rhaglenni ysgafn gyda'r BBC a chyfansoddwraig caneuon adnabyddus megis 'We'll Keep a Welcome in the Hillside', 'Nos da' ac eraill.

Davies, E. T., 1878–1969

Ganwyd Evan Thomas Davies ar 10 Ebrill 1878 yn 41 Pontmorlais, Merthyr Tudful, Morgannwg, yn fab i George (barbwr gyda'i siop yn South Street, Dowlais) a Gwenllian (ganwyd Samuel) ei wraig. Fe'i magwyd yn Nowlais, ond symudodd i Ferthyr Tudful yn 1904. Yr oedd ei rieni'n gerddorol; roedd ei dad yn arwain y canu yn Hermon, Dowlais, am bron chwarter canrif, ac roedd ei fam o linach y cyfansoddwr caneuon R. S. Hughes ac yn gantores dda. Addysgwyd ef yn breifat a daeth yn drwm dan ddylanwad Harry Evans ac eraill. Bu'n organydd capel Pontmorlais, Merthyr Tudful, 1903–17, ac yn athro canu rhan-amser yn ysgol ganolraddol Merthyr Tudful, 1904–20.

Ar ôl ennill diploma FRCO bu galw mawr am ei wasanaeth fel unawdydd organ, a dywedir iddo agor tua chant o organau newydd yng Nghymru a Lloegr. Yn 1920 penodwyd ef yn gyfarwyddwr cerdd llawn-amser cyntaf yng Ngholeg y Brifysgol, Bangor, lle y bu'n gyfrifol am sefydlu llu o weithgareddau cerddorol, ac y bu'n cydweithio â Walford Davies i ledaenu gwybodaeth gerddorol i gylch eang o dan nawdd Cyngor Cerdd y Brifysgol. Ymddeolodd yn 1943 a symud i fyw i Aberdâr, lle y treuliodd weddill ei oes yn cyfansoddi, beirniadu a darlledu.

Daeth i sylw fel cyfansoddwr ar ôl ennill y wobr gyntaf am yr unawd 'Ynys y Plant' yn Eisteddfod Genedlaethol Llundain, 1909. Heblaw am ysgrifennu nifer fechan o ganeuon, cyfansoddodd hefyd ranganau, anthemau a gweithiau ar gyfer gwahanol offerynnau a chyfuniadau offerynnol, a cheir ganddo tua 40 o donau, siantiau ac anthemau mewn gwahanol gasgliadau tonau. Bu farw yn ei gartref yn Aberdâr ddydd Nadolig 1969.

Evans, David, 1869–1944

Brodor o ardal Tresalem, Aberdâr oedd David Evans. Bu'n athro ymroddgar yng nghylch Aberdâr am flynyddoedd. Priododd ei ferch Marian gyda'r Arglwydd Goronwy Roberts, Aelod Seneddol Llafur dros Sir Gaernarfon o 1945 hyd 1974.

Evans, D. Emlyn, 1843–1913

Ganwyd David Emlyn Evans ar 21 Medi 1843 yn ffermdy Penralltwen, ger y Dre-wen, Castellnewydd Emlyn, Ceredigion. Prentisiwyd Emlyn Evans gyda dilledydd yng Nghastellnewydd Emlyn pan oedd yn ifanc. Dechreuodd addysgu ei hun gyda chymorth yr ychydig lyfrau Cymraeg ar gerddoriaeth y gellid eu cael ar y pryd a chael gwersi yn achlysurol gan John Roberts (Ieuan Gwyllt). Enillodd lawer o wobrwyon mewn eisteddfodau am gyfansoddi. Daeth yn drafaeliwr masnachol, gan barhau i roddi sylw i gyfansoddi, beirniadu a beirniadaeth, serch bod ei iechyd yn fregus a'i fod yn gorfod teithio llawer. Ymysg ei lu cyfansoddiadau y mae llawer o ganeuon, anthemau, canigau, rhanganau a thonau – daeth y tonau 'Trewen' ac 'Eirinwg' yn bur adnabyddus mewn cylchoedd Cymreig.

Cyfansoddodd dri gwaith gweddol hir i gorau – 'Y Tylwyth Teg', opereta yn defnyddio melodïau Cymreig; 'Gweddi'r Cristnogion', cantata; ac 'Y Caethgludiad', gwaith mwy uchelgeisiol ar ffurf oratorio. Trefnodd 'Ystorm Tiberias' gan Edward Stephen (Tanymarian), yr oratorio Gymraeg gyntaf, ar gyfer cerddorfa. Fel golygydd a beirniad gwnaeth Emlyn Evans gyfraniad pwysig i gerddoriaeth yng Nghymru. Bu iddo ran yng ngolygyddiaeth *Y Gerddorfa*, 1872, *Y Cerddor*, 1880–1913, ac amryw lyfrau tonau, gan gynnwys *Y Caniedydd Cynulleidfaol*, 1895, *Y Salmydd*, a *Llyfr Tonau ac Emynau y Wesleyaid*. Roedd yn llawdrwm ar yr arferiad o gyfansoddi canigau ar gyfer cystadlaethau mewn eisteddfodau yn unig ac ar y diffyg dewis a chwaeth a oedd yn bod mewn cysylltiad â chaniadaeth emynau yng Nghymru. Cyhoeddodd werslyfr, *Llawlyfr ar Gynghanedd*, a fu'n bur llwyddiannus. Bu farw ar 19 Ebrill 1913 yng Nghastellnewydd Emlyn ac fe'i claddwyd ar 24 Ebrill yn Llandyfrïog.

Evans, M. Eddie, 1890–1984

Ganwyd Eddie Evans ar 5 Hydref 1890 yn Nhal-y-sarn, Dyffryn Nantlle, yn unig blentyn i William Owen Evans a'i wraig Catherine A. Evans. Cadwai'r teulu siop groser Cloth Hall ac yn ddiweddarach Paris House yn Nhal-y-sarn, a derbyniodd y mab wersi harmoniwm a sol-ffa gan gerddorion lleol. Symudodd y teulu i Lerpwl yn 1904, lle cafodd Eddie hyfforddiant gan y cerddor a'r cyfansoddwr John Henry Roberts (Pencerdd Gwynedd). Bu'n organydd capel Edge Lane yn Lerpwl am 36 mlynedd ac arweiniodd Gôr Cymysg Gwalia a Chôr Meibion ATM. Gweithiai ar hyd ei oes fel gwerthwr a gyrrwr gyda chwmni cig y Brodyr Hughes, Aintree. Bu'n byw mewn sawl man yng nghyffiniau Lerpwl a Manceinion ac am gyfnod byr ym Mhrestatyn.

Dechreuodd gystadlu'n ifanc ac enillodd nifer dda o wobrau eisteddfodol am emyn-donau, gan gynnwys gwobrau'r Eisteddfod Genedlaethol yn 1937 (Machynlleth) ac 1977 (Wrecsam); ond y dôn a enillodd iddo anfarwoldeb yw 'Pantyfedwen', i'r geiriau 'Tydi a wnaeth y wyrth, O Grist, Fab Duw' gan W. Rhys Nicholas (1914–1996), a enillodd iddo wobr o £300 yn Eisteddfod Rhys Thomas James, Pantyfedwen yn Llanbedr Pont Steffan yn 1968. Trefnwyd y dôn i leisiau meibion a chyfuniadau eraill o leisiau, a daeth yn adnabyddus y tu allan i Gymru, gan ymddangos mewn rhai casgliadau Saesneg ac mewn cyfieithiad i iaith Fiji. Ceir casgliad llawysgrif o'i donau yn Llyfrgell Genedlaethol Cymru (NLW 22360D), sydd hefyd yn cynnwys rhai cyfansoddiadau i organ a manion eraill.

Priododd yn 1921 â Louise Pierce o Fôn, a chawsant un ferch, Megan. Bu farw ei wraig gyntaf yn 1934, ac yn 1944 priododd â Gwyneth Mills Jones (1910–1981) o Lerpwl, a chawsant un ferch, Ann. Yn 92 mlwydd oed priododd ag Ethel Dunkerley. Erbyn hynny roedd yn byw yn Oldham yn Sir Gaerhirfryn, ac yno y bu farw ar 30 Mai 1984. Amlosgwyd ei weddillion yn Amlosgfa Oldham.

Evans, T. Hopkin, 1879–1940

Ganwyd Thomas Hopkin Evans ar 6 Mawrth 1879 yn Resolfen, Sir

Forgannwg, yn fab i David ac Ann Evans. Cafodd ei addysg gerddorol i gychwyn o dan yr Athro David Evans (1874–1948), a dechreuodd ei yrfa fel organydd Eglwys Bresbyteraidd London Road, Castell-nedd, ac arweinydd y Neath Choral Society. Arweiniodd y côr cenedlaethol Cymreig yn y Festival of Empire a gynhaliwyd yn y Crystal Palace, Llundain, 1911, a chôr yr eisteddfod yn Eisteddfod Genedlaethol Penbedw, 1917; ef a ddilynodd Harry Evans yn arweinydd Undeb Corawl Cymreig Lerpwl yn 1919. Daeth yn ŵr blaenllaw ym mywyd cerddorol Cymru ar gyfrif ei bersonoliaeth fagnetig a'i feistrolaeth lwyr ar iaith, boed Saesneg neu Gymraeg; rhoes y ddeubeth hyn werth arbennig ar ei feirniadaethau mewn eisteddfodau a'i erthyglau ar gerddoriaeth Cymru. Rhoddwyd cydnabyddiaeth gyhoeddus i'w ddawn fel arweinydd pan dderbyniodd neges bersonol oddi wrth Delius yn ei longyfarch ar ôl perfformiad nodedig o 'Mass of Life' y cerddor hwnnw yn un o gyngherddau Eisteddfod Genedlaethol Wrecsam, 1933. Anrhydeddodd Cymdeithas Delius ef trwy ei wneud yn is-lywydd, a derbyniodd wahoddiad i ymweld ag America ac arwain cyngherddau yno. Ymysg ei gyfansoddiadau mae 'A Cymric Suite', 'A Brythonic Overture', 'Three Preludes on Welsh Hymn-tunes for orchestra', dau waith i gôr a cherddorfa – 'Kynon' a 'Salm i'r Ddaear', heblaw caneuon, anthemau, rhanganau, a darnau ar gyfer y piano. Yr oedd yn Mus.Doc. o Brifysgol Rhydychen. Ei wraig oedd Adelina Powel. Bu farw ar 23 Mawrth 1940.

Evans, W. J., 1866–1947

Ganwyd William John Evans ar 29 Tachwedd 1866 yn Aberdâr. Yn gynnar yn ei fywyd dechreuodd ennill ei fywoliaeth yn teilwra fel ei dad Rhys Evans (1835–1917). Cafodd bob mantais i feithrin a datblygu'r dalent gerddorol yn ei gartref, a llwyr ymroddodd yntau i wasanaethu cerddoriaeth. Penodwyd ef yn organydd capel Siloa, a gelwid am ei wasanaeth yn y de i roi perfformiadau ar yr organ. Gwasanaethodd fel beirniad mewn amryw eisteddfodau. Roedd yn un o arweinyddion mwyaf poblogaidd cymanfaoedd canu, a bu'n arwain cannoedd ohonynt yng Nghymru. Gwnaeth wasanaeth arbennig i gerddoriaeth trwy ffurfio cerddorfa yn Aberdâr, a chynnal cyngherddau cerddorfaol o weithiau'r meistri. Enillodd y gerddorfa yn Eisteddfod Genedlaethol Pontypridd. Enillodd Côr Meibion Aberpennar o dan ei arweiniad yn eisteddfod yr Albert Hall, Llundain yn 1909. Yr oedd yn un o olygyddion *Y Caniedydd Cynulleidfaol Newydd*, 1921, a *Caniedydd Newydd yr Ysgol Sul*, 1930. Ceir pump o donau o'i waith yn *Y Caniedydd Cynulleidfaol Newydd*, ac y mae ei dôn 'Rhys' (a gyfansoddodd er cof am ei dad) ar yr emyn 'Rho im yr hedd' yn boblogaidd dros ben. Perfformiwyd llawer o gyfanweithiau ganddo ef a'i dad yn Aberdâr. Wedi colli ei briod, ac ymddiswyddo o'i fasnach, aeth i fyw at ei fab – y Prifathro Ifor L. Evans, Aberystwyth, ac yno y bu farw ar 12 Rhagfyr 1947. Claddwyd ef ym mynwent Aberdâr.

Gabriel, C. H., 1856–1932

Ganwyd Charles Hutchinson Gabriel yn Wilton, Iowa, UDA ar 18 Awst 1856. Mab ffarm ydoedd, a dysgodd ei hun i ganu'r organ yn y cartref teuluol. Yn 16 oed roedd yn cyfansoddi caneuon Cristnogol ac yn hyfforddi cantorion. Yn 1889 aeth yn athro cerdd ac yn gyfarwyddwr cerdd yr Ysgol Sul yn Grace Methodist Episcopal Church yn San Francisco, ac erbyn 1892 roedd wedi ymsefydlu yn Chicago. Symudodd i Galiffornia i fyw yn 1925, ac yno y bu farw ar 14 Medi 1932. Dywedir ei fod wedi cyfansoddi rhwng 7,000 ac 8,000 o emynau a chaneuon crefyddol yn ystod ei fywyd, llawer ohonynt yn dal yn boblogaidd heddiw. Defnyddiodd sawl ffugenw, gan gynnwys Charlotte G. Homer, H. A. Henry, ac S. B. Jackson.

Gabriel, Jacob, 1879–1950

Ganwyd Jacob Gabriel ar 20 Awst 1879 yn Argoed, Sir Fynwy. Hanai o deulu cerddorol gyda'i dad, John Gabriel (1844–1913) yn gyfansoddwr nifer o emyn-donau ac anthemau. Roedd brawd Jacob sef Tom Gabriel yn gerddor ac yn gyfansoddwr hefyd. Daeth Jacob Gabriel i amlygrwydd fel pianydd ac organydd medrus. Gwasanaethodd fel organydd yn Eglwys y Bedyddwyr, Argoed am flynyddoedd wedi'i benodi yn arweinydd y gân yno yn 19 mlwydd oed.

Yn 1930 symudodd i fod yn organydd a chôr-feistr Eglwys Bedyddwyr Y Tabernacl, Pontypridd. Bu'n boblogaidd iawn fel arweinydd cymanfaoedd canu yn ei ddydd.

Hartsough, Lewis, 1828–1919

Ganwyd Lewis Hartsough ar 31 Awst 1828 yn Ithaca, talaith Efrog Newydd, UDA. Derbyniodd ei addysg yn Ngholeg Diwinyddol Cazenovia a chafodd ei ordeinio'n weinidog gyda'r Methodistiaid Esgobol yn 1853. Symudodd tua'r flwyddyn 1868 i fod yn arolygwr Cenhadaeth Utah ac wedi hynny i Wyoming ac Epworth, Iowa gan ddal swyddi gwahanol o fewn yr Eglwys Fethodistaidd Esgobol.

Roedd yn emynydd ac yn gerddor dawnus a chynhyrchiol gan ysgrifennu geiriau a chyfansoddi tonau. Bu farw ddydd Calan 1919 a'i gladdu ym mynwent Mount Vernon, Iowa.

Hughes, Arwel, 1909–88

Ganwyd Arwel Hughes ar 25 Awst 1909 yn Arwelfa, Rhosllannerchrugog yn un o naw plentyn William a Catherine Hughes. Brawd iddo oedd y cerddor John Hughes (1896–1968). Addysgwyd ef yn Ysgol Ramadeg Rhiwabon ac yn y Coleg Cerdd Brenhinol yn Llundain lle bu'n astudio cyfansoddi gyda C. H. Kitson a Ralph Vaughan Williams. Bu'n organydd eglwys St Margaret's, Westminster ac eglwys St Philip a St James yn Rhydychen. Yn 1935 penodwyd ef i swydd gyda'r BBC yng Nghymru a daeth yn gynhyrchydd yn yr Adran Gerddoriaeth o dan Mansel Thomas. Olynodd Mansel Thomas fel Pennaeth yr Adran o 1965 hyd 1971. Bu'n arwain Cerddorfa Gymreig y BBC o 1950 ymlaen, a gwnaeth lawer i hyrwyddo gwaith cerddorion ac artistiaid Cymru drwy berfformiadau radio a theledu. Bu'n Gyfarwyddwr Cerdd Eisteddfod Gydwladol Llangollen o 1978 hyd 1986. Ef a drefnodd y gerddoriaeth ar gyfer seremoni arwisgo Tywysog Cymru yng Nghaernarfon yn 1969, a derbyniodd yr OBE yn y flwyddyn honno. Yng Nghaerdydd gwasanaethodd am flynyddoedd fel organydd a chôr-feistr capel y Tabernacl gyda'r Bedyddwyr ac arwain nifer o berfformiadau corawl yno. Ef hefyd oedd Cadeirydd y Pwyllgor Cerdd yn Eisteddfodau Cenedlaethol Caerdydd yn 1960 ac 1978.

Daeth i'r amlwg fel cyfansoddwr yn Eisteddfod Genedlaethol Machynlleth yn 1937 pan berfformiwyd ei *Fantasia for Strings on an Old Ecclesiastical Welsh Melody* dan arweiniad Adrian Boult. Cyflwynwyd y gwaith hwn i J. Lloyd Williams (1854–1945) a roesai'r alaw iddo. Fe'i cyhoeddwyd dan y teitl *Fantasia for Strings* yn 1949 a daeth yn ddarn poblogaidd i gerddorfa. Cyfansoddodd ddau waith corawl nodedig i libretti gan ei gydweithiwr yn y BBC, Aneirin Talfan Davies (1909-1980), sef *Dewi Sant* ar gyfer Gŵyl Prydain yn 1951 a *Pantycelyn* a berfformiwyd yn Eisteddfod Genedlaethol Abertawe yn 1964. Lluniodd hefyd ddwy opera a lwyfannwyd gan Gwmni Opera Cenedlaethol Cymru, sef *Menna* (1954) i libretto gan Llewelyn Wyn Griffith, a berfformiwyd yn Sadler's Wells, a *Serch yw'r Doctor* (1960) i libretto gan Saunders Lewis ar sail drama Molière, *L'amour médecin*. Ymhlith ei weithiau llai daeth *Gweddi* (1944) i soprano, corws a llinynnau yn boblogaidd, yn ogystal â'i osodiad o eiriau T. Rowland Hughes, 'Tydi a roddaist'. Darlledwyd y gosodiad hwn ar ddiwedd rhaglen nodwedd ar Gymru yn 1938, ac fe'i trefnwyd gan y cyfansoddwr i gorau meibion yn ddiweddarach.

Bu farw yng Nghaerdydd ar 23 Medi 1988 ac amlosgwyd ei weddillion yn Amlosgfa Thornhill.

Hughes, John, 1873–1932

Brodor o Ddowlais, Sir Forgannwg oedd John Hughes. Fe'i ganwyd ar 22 Tachwedd 1873, ond symudodd y teulu i Lanilltud Faerdref ger Pontypridd yn 1874, ac yno yr arhosodd am weddill ei oes.

Aeth i weithio yn y pwll glo yn 12 oed, ac yn ddiweddarach fe'i penodwyd yn swyddog ym mhwll glo'r Great Western ym Mhontypridd. Roedd ei dad, Evan Hughes yn gerddor ac yn ddiacon a chodwr canu yn eglwys y Bedyddwyr Salem, Llanilltud Faerdref. Dilynodd John ei dad, ac fe'i gwnaed yntau yn ddiacon ac yn arweinydd y gân yn Salem. Heb os, ei gyfansoddiad enwocaf yw'r dôn 'Cwm Rhondda'. Bu farw yn Nhon-teg, Llanilltud Faerdref ar 14 Mai 1932.

Hughes, John, 1896–1968

Ganwyd John Hughes ar 16 Tachwedd 1896 yn 6 Broad Street, Rhosllannerchrugog, Sir Ddinbych yn un o naw plentyn William Hughes a'i wraig Catherine. Addysgwyd ef yn ysgol y Grango, Rhosllannerchrugog; gadawodd yr ysgol i dreulio wyth mlynedd yng nglofa'r Hafod ger ei gartref. Ymgollai mewn cerddoriaeth yn ifanc, a bu'n arwain corau yn y Rhos, gan astudio cynghanedd a gwrthbwynt gyda'r Dr J. C. Bridge, organydd eglwys gadeiriol Caer. Aeth i Goleg y Brifysgol, Aberystwyth yn 1921, ac ar ôl graddio mewn cerddoriaeth yn 1924 arhosodd yno am flwyddyn yn ychwanegol i astudio llenyddiaeth Gymraeg gyda Thomas Gwynn Jones. Bu'n llywydd Cymdeithas Geltaidd y coleg. Bu'n organydd a chôr-feistr eglwys y Bedyddwyr Noddfa, Treorci, 1925–42, ac yna fe'i penodwyd yn drefnydd cerdd Sir Feirionnydd, ac ymgartrefodd yn Nolgellau. Ef oedd y cyntaf i'w benodi'n drefnydd cerdd llawn-amser gan awdurdod addysg yng Nghymru.

Erbyn iddo ymddeol yn 1961 daethai i gryn amlygrwydd fel arweinydd, beirniad a darlithydd. Llwyddodd i godi corau ymhob rhan o Sir Feirionnydd, a threfnodd nifer o wyliau cerddorol llwyddiannus yn y sir. Arweiniodd 50 o berfformiadau o 20 o wahanol weithiau corawl rhwng 1942 ac 1961, ac oherwydd y gweithgarwch hwnnw y penderfynwyd sefydlu Gŵyl Gerdd Dyfrdwy a Chlwyd yng Nghorwen (1955) – gŵyl y bu ef yn gwasanaethu fel côr-feistr iddi am yr wyth mlynedd cyntaf. Bu'n weithgar hefyd gyda'r eisteddfod; gofalai am yr ochr gerddorol yn Eisteddfod Genedlaethol Dolgellau (1949), ac ef oedd yn gyfrifol am baratoi corau'r Eisteddfod ym Mae Colwyn (1947), Llanrwst (1951), Dyffryn Maelor (1961) a Llandudno (1963). Gwasanaethodd hefyd fel beirniad, ac yn ystod blynyddoedd olaf ei oes bu'n golygu'r trosiadau Cymraeg yn adran gerddoriaeth y brifwyl.

Roedd yn Fedyddiwr selog, ac etholwyd ef yn Llywydd Undeb Bedyddwyr Cymru, 1963–64. Cymerai ddiddordeb arbennig ym mawl yr eglwys, ac ystyrid ef yn gryn awdurdod ar hanes cerddoriaeth eglwysig. Golygodd *Llawlyfr Moliant Newydd* (1955) a *Mawl yr Ifanc* (1968), ac yr oedd yn aelod o fwrdd golygyddol y *Baptist Hymn Book* (1962). Golygodd hefyd y gerddoriaeth yn *Llyfr Gweddi a Mawl i Ysgolion* (1958) i bwyllgorau addysg siroedd Caernarfon, Meirionnydd a Cheredigion. Cynhwyswyd amryw o'i donau gwreiddiol a'i drefniadau o emyn-donau a charolau yn *Rhaglen Goffa John Hughes, 1896–1968.* Erys ei dôn 'Arwelfa' yn boblogaidd, er iddo ef ei hun ystyried 'Maelor' fel ei dôn orau.

Bu farw mewn ysbyty yng Nghaerdydd ar 14 Tachwedd 1968 a'i gladdu ym mynwent Rhosllannerchrugog.

Ioan Rhagfyr (gweler John Williams)

Isalaw (gweler John Richards)

Jackson, William, 1815–66

Ganwyd William Jackson ar 9 Ionawr 1815 ym Masham, gogledd Swydd Efrog. Roedd yn gerddor hunanddysgedig a enillai ei fywoliaeth fel melinydd a gwneuthurwr canhwyllau. Dywedir ei fod yn gallu canu pymtheg o offerynnau cerdd gwahanol. Bu'n organydd yn eglwys y plwyf, Masham a dysgodd ei hun sut i adeiladu organau. Symudodd i Bradford yn 1852 ac fe'i penodwyd yn organydd eglwys Sant Ioan (1852–6), ac wedi hynny am ddeng mlynedd yn eglwys Gynulleidfaol Horton Lane (1856–66). Daeth i amlygrwydd fel arweinydd corawl a chyfansoddodd nifer o emyn-donau a darnau lleisiol eraill. Bu farw ar 15 Ebrill 1866 yn Ashgrove, Bradford.

Jones, M. O., 1842–1908

Ganwyd Moses Owen Jones ar 31 Hydref 1842 yn Gallt-y-foel, Dinorwig, Sir Gaernarfon yn fab i Owen ac Ellen Jones. Dechreuodd ei yrfa yn ddisgybl-athro yn Ysgol Frutanaidd Deiniolen. Yn 1861 aeth i Goleg Borough Road, Llundain am gwrs o addysg. Yn Ionawr 1862 penodwyd ef yn is-athro yn Ysgol y Carneddi, Bethesda. Ym Mai 1863 penodwyd ef yn bennaeth ysgol yn Treherbert, Rhondda, Sir Forgannwg, ac yno y treuliodd ei oes. Dechreuodd ddysgu cerddoriaeth gydag Evan Jones, arweinydd canu capel Annibynnol Ebeneser. Yn y coleg yn Llundain daeth i wybod am gyfundrefn y Tonic Sol-ffa, ac ymroddodd i'w dysgu. Yn 1868 penodwyd ef yn arweinydd y canu ac organydd capel Annibynwyr Carmel, Treherbert, a chyflawnodd y gwaith tra bu byw. Cyfansoddodd nifer fawr o anthemau, rhanganau, caneuon ac emyn-donau; ceir amryw o'i donau yn *Y Caniedydd Cynulleidfaol*. Yr oedd yn un o olygyddion *Y Caniedydd Cynulleidfaol*, 1895, a hefyd *Caniedydd yr Ysgol Sul*. Golygodd adran y sol-ffa o *Cronicl y Cerddor* o dan olygyddiaeth D. Emlyn Evans. Perfformiodd côr o dan ei arweiniad amryw gyfanweithiau a llwyddo i ennill gwobrwyon mewn llawer o eisteddfodau. Gelwid hefyd am ei wasanaeth fel beirniad ac arweinydd cymanfaoedd canu.

Yr oedd M. O. Jones yn hanesydd a thraethodwr a lwyddodd droeon yn yr eisteddfodau cenedlaethol. Ei draethawd mwyaf adnabyddus, efallai, yw hwnnw a enillodd yn Eisteddfod Genedlaethol Llundain yn 1887 ac a gyhoeddwyd yn 1890 gan Gymdeithas yr Eisteddfod Genedlaethol, sef *Bywgraffiaeth Cerddorion Cymreig*. Bu farw ar 27 Gorffennaf 1908.

Jones, R. L., 1896–1953

Ganwyd Richard Llewelyn Jones ar 26 Ebrill 1896 yn Heol Winifred, Sgiwen. Derbyniodd ei addysg sylfaenol yn Ysgol Coed-ffranc, Sgiwen, a chafodd addysg gerddorol bellach gan Jonah Morgan, Castell-nedd. Magwyd ef yn eglwys y Bedyddwyr Horeb, Sgiwen, ond symudodd ei aelodaeth i eglwys Annibynnol Maes-yr-haf, Castell-nedd pan ddaeth yn arweinydd y gân yno. Pan ymddiswyddodd, dychwelodd at eglwys ei febyd yn Horeb. Bu farw ar 1 Tachwedd 1953 a'i gladdu ym mynwent Coed-ffranc, Sgiwen.

Lloyd, J. Ambrose, 1815–74

Ganwyd John Ambrose Lloyd ar 14 Mehefin 1815 yn yr Wyddgrug yn fab i Enoch a Catherine Lloyd. Gwneuthurwr dodrefn oedd y tad, a phregethai gyda'r Bedyddwyr; yn 1830 ordeiniwyd ef yn weinidog ar eglwys Hill Cliffe ger Warrington.

Pan symudodd y teulu i Hill Cliffe anfonodd Isaac Lloyd, ei frawd, a oedd erbyn hyn yn athro ysgol yn Lerpwl, am ei frawd John i'w gynorthwyo.

Yn Lerpwl y cyfansoddodd ei dôn gyntaf yn 1831 ac yntau yn 16 oed; ymddangosodd yn Y *Gwladgarwr*, 1835, dan yr enw 'Wyddgrug'. Wedi i Isaac ymadael â Lerpwl aeth John yn athro cynorthwyol i ysgol breifat ac wedi hynny i Ysgol Picton, ac yn 1838 penodwyd ef yn athro yn y Liverpool Mechanics Institute. Yn 1849 rhoddodd y gorau i fod yn athro oherwydd afiechyd a chychwynnodd ef a chyfaill iddo fusnes fel 'lithographers', ond daeth i ben pan drodd yr anturiaeth yn golled ariannol. Penodwyd ef yn gynrychiolydd masnachol dros Ogledd Cymru i Francis Firth, Lerpwl, a dilynodd ei alwedigaeth fel trafaeliwr hyd 1871 pan roes y swydd i fyny oherwydd afiechyd.

Pan aeth i Lerpwl gyntaf mynychai eglwys Dewi Sant gyda'i frawd, ond ymunodd yn 1835 ag eglwys Annibynnol y Tabernacl, lle yr oedd ei gefnder Emrys (y Parch. William Ambrose) yn aelod. Yn 1835 priododd Catherine, merch Edward ac Elizabeth Evans, aelodau yn y Tabernacl, ac fel yntau yn enedigol o'r Wyddgrug. Yn 1841, wedi adeiladu capel Annibynwyr Brownlow Hill, symudodd yno o'r Tabernacl; gwnaeth waith mawr yn y ddwy eglwys gyda chaniadaeth y cysegr. Yn 1851 symudodd i fyw i Bwlch Bach, rhyw ddwy filltir o dref Conwy; yno y cyfansoddodd yr anthem 'Teyrnasoedd y Ddaear'. Yn 1852 aeth i Gaer i fyw, ac yn 1864 i'r Rhyl lle y bu'n byw weddill ei oes.

Yn 1843 cyhoeddodd *Casgliad o Donau*; ceir 27 (a dwy anthem) o'i waith ef yn y casgliad. Tonau gwael a geir yn y casgliad hwn – y rhai a genid yng Nghymru yn y diwygiadau, ac a ddygwyd o Loegr. Clywodd J. Ambrose Lloyd ganu y rhai hyn pan oedd yn blentyn, ac efelychodd yntau yr arddull. Yn 1873 cyhoeddodd gasgliad arall o donau, *Aberth Moliant* – o'r 27 a gyfansoddodd i gasgliad 1843 ni chafodd ond dwy le yn *Aberth Moliant* sef 'Wyddgrug' ac 'Eifionydd'. Y mae'r tonau a gyfansoddodd wedi ymddangosiad *Casgliad o Donau*, 1843, yn urddasol a defosiynol, ac yn y wir arddull eglwysig. Dyna ei wasanaeth mawr, sef rhoddi i'w genedl donau teilwng yn gyfryngau mawl.

Rhifa ei gyfansoddiadau dair cantawd, 28 o anthemau, dros 90 o donau (gweler rhestr ohonynt yn ei gofiant gan ei fab, C. Francis Lloyd). Bu farw ar 14 Tachwedd 1874 ac fe'i claddwyd yn Lerpwl.

Morris, Wyn, 1929–2010

Ganwyd Wyn Morris ar 14 Chwefror 1929 yn Nhre-lech, Sir Gaerfyrddin yn fab i'r cerddor adnabyddus Haydn Morris a Sarah Eluned Phillips. Addysgwyd ef yn Ysgol Ramadeg Llanelli ac yn yr Academi Gerdd Frenhinol, Llundain. Treuliodd gyfnod hefyd yn y Mozarteum yn Salzburg. Daeth i amlygrwydd fel arweinydd cerddorfaol, gan ddechrau yn 1950 fel arweinydd dan hyfforddiant gyda cherddorfa symffonig Swydd Efrog. Sefydlodd y gerddorfa symffonig Gymreig yn 1954, ac aeth ymlaen i arwain rhai o brif gerddorfeydd a chorau Prydain a'r Unol Daleithiau. Cyfrifid ef yn un o'r arbenigwyr a'r arweinyddion gorau ar arwain cerddoriaeth Mahler. Fe'i gwnaed yn FRAM yn 1964. Bu farw ar 23 Chwefror 2010.

Parry, Joseph, 1841–1903

Ganwyd Joseph Parry ar 21 Mai 1841 ym Merthyr Tudful. Roedd yn ddeg oed pan aeth i weithio mewn pwll glo, a 12 oed yn dechrau gweithio mewn gwaith haearn. Fe'i magwyd mewn awyrgylch gerddorol; canai alto mewn oratorïau a berfformid gan gôr Rosser Beynon. Yn 1854 ymfudodd gyda'i rieni i Danville, Pensylfania, UDA, lle y bu'n gweithio mewn melinau-rholio-haearn hyd 1865, ac astudio harmoni yn ei oriau hamdden. Enynnodd ei fedr yn ennill ar gyfansoddi mewn eisteddfodau cenedlaethol yn 1863 a 1864 frwdfrydedd y cyhoedd, a chodwyd cronfa a'i galluogodd i fynd i'r Academi Gerdd Frenhinol (1868–71). Wedi iddo ddychwelyd i Danville sefydlodd ysgol gerdd yno. Dewiswyd ef yn bennaeth yr adran gerdd newydd yng Ngholeg y Brifysgol, Aberystwyth; daliodd y swydd hon o 1874 hyd 1880. Yn 1878 graddiodd yn Mus. Doc. (Caergrawnt). Erbyn hyn yr oedd yn cael galwadau mynych i weithredu fel beirniad cerddorol; roedd hefyd yn brysur gyda'i ddisgyblion ac yn cynnal cyngherddau y cynhwysid ynddynt lawer o'i gyfansoddiadau ef ei hun. O 1881 hyd 1888 bu'n gweithio yn Abertawe – yn organydd capel Annibynnol Ebenezer ac yn bennaeth coleg cerdd a sefydlwyd ganddo yno. Yna, o 1888 hyd y bu farw, bu'n ddarlithydd mewn cerddoriaeth yng Ngholeg Prifysgol Caerdydd.

Roedd Joseph Parry yn gyfansoddwr toreithiog – yn cynhyrchu (a hynny gyda rhwyddineb) caneuon, cytganau, anthemau, tonau, a rhai gweithiau offerynnol. Cyfansoddodd amryw operâu; cawsai ei opera 'Blodwen' (1880) ei pherfformio tua phum cant o weithiau erbyn 1896. Ymysg ei weithiau mwyaf y mae oratorïau ('Emmanuel', 1880; 'Saul', 1892) a chantata ('Nebuchadnezzar', 1884). Darlithiai lawer ac ysgrifennai'n fynych i gylchgronau. Yr oedd ei yrfa ramantus, ei ddiwydrwydd diflino, ei dalent rwydd a'i addysg broffesiynol yn ei wneud yn ffigur blaenllaw ym myd cerddorol Cymru yn ei gyfnod. Daeth nifer o'i donau megis 'Aberystwyth', 'Sirioldeb', 'Gwengar', 'Blaen-y-coed' a 'Chôr Caersalem' yn boblogaidd iawn. Bu farw ar 17 Chwefror 1903 ym Mhenarth gerllaw Caerdydd a'i gladdu ym mynwent Eglwys St Augustine yn y dref honno.

Phillips, J. Haydn, 1917–85

Ganwyd John Haydn Phillips yn Aber-fan ger Merthyr Tudful. Roedd ei dad, David Phillips, yn arweinydd y gân yn eglwys y Methodistiaid Calfinaidd yno, a chafodd Haydn ei godi a'i drwytho yn nhraddodiad caniadaeth y cysegr ac yn y Tonic Sol-ffa. Cyfansoddodd nifer helaeth o emyn-donau, llawer ohonynt yn ymddangos yn y detholiadau blynyddol ar gyfer cymanfaoedd canu y Presbyteriaid. Bu'n arweinydd Côr Meibion Ynysowen am gyfnod, ac roedd galw mawr arno fel arweinydd cymanfaoedd canu trwy Gymru gyfan.

Propert, William, 1884–1959

Brodor o Lan-y-môr, Llanelli ac organydd ym Methel gyda'r Bedyddwyr oedd William Propert. Gweithiodd fel pwyswr a gwerthwr glo ar hyd ei oes. Ymddiddorai'n fawr ym myd cerddoriaeth a bu'n godwr canu yng nghapel Bethel am 44 mlynedd. Roedd hefyd yn arweinydd Côr Meibion Glan-y-môr. Roedd yn hyddysg yn nodiant y Tonic Sol-ffa ac enillodd nifer o dystysgrifau o Goleg y Tonic Sol-ffa gan gynnwys LTSC. Cyfansoddodd nifer helaeth o emyn-donau, er mai'r dôn 'Y Faenol' yw'r mwyaf adnabyddus a phoblogaidd.

Richards, John (Isalaw), 1843–1901

Ganwyd John Richards ar 13 Gorffennaf 1843 mewn tŷ a elwid y King's Head (gosodwyd tabled goffa ar ei gartref yn 1931), Hirael, Bangor, Sir Gaernarfon yn fab i Richard a Mary Richards. Hanai'r tad o Aberdaugleddau, Sir Benfro a'r fam o Langwnadl, Llŷn. Addysgwyd ef yn Ysgol y Garth, Bangor; wedi hynny cafodd ddwy flynedd yn Ysgol Shoreland Road, Birmingham, ac yno, o dan gyfarwyddyd Mr Andrew Deakin, organydd, y dechreuodd astudio cerddoriaeth. Ysgrifennodd lawer o ysgrifau i gylchgronau ar gerddoriaeth, ac ysgrifennodd ffug-chwedl, 'Teulu Min y Môr', i'r Cymro. Cyfansoddodd nifer mawr o ddarnau cerddorol, a chyhoeddodd *Caneuon Isalaw*, 'Mola'r Iôr, O Jerusalem', ac amryw eraill. Canwyd llawer ar ei ganig, 'Seren Unig', ac ar ei ranganau ar emynau Ann Griffiths a Ieuan Glan Geirionydd – 'Bydd melus gofio y cyfamod' ac 'Enaid cu, mae dyfroedd oerion'. Cyfansoddodd lawer o donau, a cheir hwy yng nghasgliadau tonau yr enwadau crefyddol. Cenir ei dôn 'Sanctus', 8.7.D., gan Gymry ym mhob rhan o'r byd. Yr oedd ar gais Côr Philharmonic Lerpwl yn cyfansoddi gwaith ar gyfer y Pasg, 'Thy task is ended', ond ni chafodd orffen y gwaith. Bu farw ar 15 Medi 1901 a chladdwyd ef ym mynwent gyhoeddus Glanadda, Bangor.

Roberts, Caradog, 1878–1935

Ganwyd Caradog Roberts ar 30 Hydref 1878 yn Rhosllannerchrugog, Sir Ddinbych yn fab i John a Margaret Roberts. Daeth y dalent gerddorol i'r golwg ynddo yn ifanc, ac enillodd nifer o wobrwyon mewn eisteddfodau. Am gyfnod bu'n ddisgybl-athro yn yr ysgol elfennol; wedi hynny prentisiwyd ef yn saer a gweithiodd y grefft am dair blynedd, ond rhoddodd y gorau i'r gwaith hwn ac aeth ati i astudio cerddoriaeth. Cafodd ei wersi cyntaf ar y piano a'r organ gan Dan C. Owen, Rhos, ac wedi hynny bu dan addysg Norton Bailey, Dr J. C. Bridge, organydd eglwys gadeiriol Caerlleon, a Herr Johannes Weingartner.

Yn 1894 penodwyd ef yn organydd capel Annibynwyr Mynydd Seion, Ponciau, a gwasanaethodd am naw mlynedd yno. Enillodd y radd o ARCO yn 1899, FRCO yn 1900, ARCM yn 1901, LRAM yn 1902. Ym mis Tachwedd

1905 cafodd radd Mus. Bac. yn Rhydychen. Yn 1911 derbyniodd y radd o Ddoethur mewn Cerddoriaeth, y Cymro ieuengaf, a'r cyntaf o Ogledd Cymru, i dderbyn y radd. Yn 1904 penodwyd ef yn organydd a chôr-feistr capel Annibynwyr Bethlehem, Rhosllannerchrugog, a llanwodd y swydd hyd ei farwolaeth.

Bu'n gyfarwyddwr cerddorol Coleg y Brifysgol, Bangor, o 1914 hyd 1920, ac yn arweinydd cymdeithasau corawl y Rhos a Llandudno. Golygodd *Y Caniedydd Cynulleidfaol Newydd*, 1921, a *Caniedydd Newydd yr Ysgol Sul*, 1930. Gwasanaethodd yn gyson fel beirniad, organydd, ac arweinydd cymanfaoedd canu. Cyfansoddodd lawer o ddarnau cerddorol, a bu ei gân 'Bore'r Pasg'; 'Crossing the Bar' (darn prawf yn Eisteddfod Genedlaethol Castell-nedd, 1934); 'Cleddyf yr Ysbryd' (Eisteddfod Caernarfon, 1935); a'i anthem 'Yr Arglwydd yw fy Mugail', yn boblogaidd. Cyfansoddodd a threfnodd lawer o donau, ac erys 'Rachie', 'In Memoriam' (a gyfansoddodd er cof am Harry Evans, Lerpwl), 'Berwyn' ac amryw eraill o'i donau i gael eu canu gan ein cynulleidfaoedd crefyddol.

Bu farw ar 3 Mawrth 1935, a chladdwyd ef ym mynwent gyhoeddus Rhosllannerchrugog.

Roberts, L. J., 1866–1931

Ganwyd Lewis Jones Roberts ar 29 Mai 1866 yn Aberaeron, Sir Aberteifi yn fab i Lewis Roberts a'i wraig Margaret (Jones). Cafodd ei addysg yng Ngholeg Dewi Sant, Llanbedr Pont Steffan a Choleg Exeter, Rhydychen (M.A.). Priododd Mary Noel Griffiths, merch Capten a Mrs Griffiths, Old Bank, Aberaeron yn 1888; bu iddynt dair merch a chwe mab. Bu'n ddarlithydd am gyfnod yn ei hen goleg yn Llanbedr Pont Steffan. Daeth yn arolygwr ysgolion yng Nghymru, yn Aberystwyth i gychwyn ac yna yng ngogledd Cymru (gan fyw yn y Rhyl ac, yn ddiweddarach, yn Llandudno); maes o law fe'i trosglwyddwyd i Sir Forgannwg, a bu'n byw am tua saith mlynedd yn Abertawe cyn ymddeol a dychwelyd i fyw yn Aberaeron. Yr oedd yn eisteddfodwr pybyr; bu'n beirniadu mewn Eisteddfodau Cenedlaethol yn fynych. Am tua 30 mlynedd bu'n cydweithredu gyda J. M. Howell, Aberaeron, i baratoi carol Nadolig i'w chyhoeddi bob blwyddyn yng nghylchgrawn *Cymru* (O. M. Edwards) – y geiriau gan Howell a'r gerddoriaeth gan Roberts; gofalai am gerddoriaeth *Cymru* a *Cymru'r Plant*. Ceir carolau o'i waith mewn newyddiaduron hefyd, a chyhoeddwyd llawer ohonynt ar wahân (yng Nghaernarfon, a.y.b.). Fe'i coffeir hefyd fel cyfansoddwr y dôn (i blant ac oedolion) ar y geiriau sy'n dechrau 'Bydd canu yn y nefoedd'. Bu farw ar 20 Rhagfyr 1931, a chladdwyd ef ym mynwent Henfynyw gerllaw Aberaeron.

Roberts, Owen, 1853–1938

Nid oes llawer o wybodaeth am y cerddor hwn. Mae'n debyg ei fod yn byw yn South Castle Street, Lerpwl am gyfnod, cyn bod cofnod ohono yn byw yn Neuadd Wepre, Cei Connah, Sir y Fflint erbyn diwedd yr 1920au.

Roberts, T. Osborne, 1879–1948

Ganwyd Thomas Osborne Roberts ar 12 Chwefror 1879 yn Weston Rhyn ger Croesoswallt yn fab i Evan Thomas a Hephsibah Roberts. Yn 1890 symudodd y rhieni i Ysbyty Ifan, Sir Ddinbych i gadw siop. Cafodd ei addysg yn Ysgol Sir Llanrwst, ac wedi hynny yn y Salop School, Croesoswallt, Ysgol Sir Porthmadog a Choleg y Brifysgol, Bangor. Wedi ei gwrs addysg prentisiwyd ef yn swyddfa breifat ystad y milwriad Barnes yn y Waun, ac yno y dechreuodd astudio cerddoriaeth a chanu'r piano o dan D. Knight Bearnard. Dechreuodd gyfansoddi, a gelwid am ei wasanaeth fel cyfeilydd. Yn 1902 symudodd i fyw i Landudno, a phenodwyd ef yn organydd capel y Bedyddwyr Saesneg, a phenderfynodd roi ei holl amser i gerddoriaeth. Cyfansoddodd y caneuon 'Y Mab Afradlon' a'r 'Good Shepherd', a darn i gôr meibion, 'Brwydr y Baltic' a ddewiswyd yn un o'r darnau prawf yn Eisteddfod Genedlaethol Bae Colwyn, 1910. Penodwyd ef yn organydd capel Saesneg Castle Square, Caernarfon, a symudodd yno i fyw. Yn ddiweddarach penodwyd ef yn organydd a chôr-feistr capel Moreia (M.C.), Caernarfon. Cyfansoddodd y caneuon 'Y Nefoedd', 'Pistyll y Llan', a 'Cymru Lân' ac eraill a ddaeth yn boblogaidd. Beirniadai yn Lerpwl ym mis Mehefin 1948, cymerwyd ef yn wael, ac aethpwyd ag ef i Ysbyty Wrecsam, a bu farw yno ar 21 Mehefin 1948; claddwyd ef ym mynwent Eglwys Ysbyty Ifan ar 25

Mehefin. Bu'n briod ddwywaith, ei ail wraig oedd y gantores adnabyddus Leila Megane. Anfarwolir ei enw gyda chystadleuaeth a gwobr goffa T. Osborne Roberts (Y Rhuban Glas) i gantorion dan 25 yn yr Eisteddfod Genedlaethol.

Rowlands, W. Penfro, 1860–1937

Ganwyd William Penfro Rowlands ar 19 Ebrill 1860 ar fferm Dan-y-coed, Cwmderi yn ardal y Preseli, Sir Benfro. Magwyd ef, yn gerddorol, yng nghapel y Methodistiaid Calfinaidd yn Y Gwastad, ac erbyn ei fod yn 16 oed roedd yn arwain côr plant y capel, ac yn 17 oed fe'i penodwyd yn godwr canu. Daeth i Dreforys yn 1881 ar ôl ei benodi'n athro yn ysgol Pentre-poeth, lle daeth yn brifathro'n ddiweddarach hyd ei ymddeoliad yn 1924. Bu'n arweinydd y gân yng nghapel enwog Y Tabernacl, Treforys rhwng 1892 a 1919. Bu galw mawr arno fel arweinydd cymanfaoedd canu a beirniad eisteddfodol. Bu farw ar 22 Hydref 1937.

Sullivan, Arthur, 1842–1900

Ganwyd Arthur Seymour Sullivan yn Lambeth, Llundain ar 13 Mai 1842. Treuliodd dair blynedd yn canu yng nghôr y Chapel Royal pan oedd yn ifanc. Cafodd addysg gerddorol o'r safon uchaf gan gynnwys astudio yn yr Academi Gerdd Frenhinol yn Llundain (1856–58) ac yna yn Leipzig (1858–61). Bu'n organydd mewn eglwysi gwahanol yn Llundain cyn troi at ddysgu. Rhwng 1876 a 1881 bu'n bennaeth yr ysgol gerdd a ddaeth, maes o law, yn sylfaen i'r Coleg Cerdd Brenhinol. Roedd yn gyfansoddwr ac yn arweinydd profiadol. Cydweithiodd â'r dramodydd W. S. Gilbert i gyfansoddi cyfres o operâu ysgafn, a daeth y bartneriaeth yn enwog fel operâu 'Gilbert and Sullivan'. Cyfansoddodd 56 o emyn-donau a bu'n olygydd y *Church Hymns* (1874). Cafodd ei urddo'n farchog yn 1883. Bu farw ar 22 Tachwedd 1900, a'i gladdu yng Nghadeirlan Sant Paul, Llundain.

Terry, Richard Runciman, 1864–1938

Ganwyd Syr Richard Runciman Terry ar 3 Ionawr 1864. Roedd yn organydd a chôr-feistr amlwg yn ei ddydd ac yn adnabyddus am ei waith yn codi ymwybyddiaeth o gerddoriaeth o'r cyfnod Tuduraidd.

Dechreuodd ganu'r organ yn ifanc a daeth yn ysgolor corawl yng Ngholeg y Brenin, Caergrawnt. Bu'n organydd am gyfnod yn Eglwys Gadeiriol Gatholig Westminster. Derbyniodd radd Doethur mewn Cerddoriaeth o Brifysgol Durham yn 1911. Cyfansoddodd nifer o emyn-donau, llawer ohonynt yn gyfarwydd heddiw, yn enwedig yn y traddodiadau Catholig ac Anglicanaidd. Cafodd ei urddo'n farchog am ei gyfraniad i gerddoriaeth yn 1922.

Watkins, Sol, 1870–1935

Ganwyd Solomon Watkins yn Ystradgynlais yn 1870. Erbyn 1881 roedd y teulu wedi symud i'r Rhondda ac ymgartrefu ym Mlaen-cwm ac yna yn Nhreherbert. Bu'n gweithio dan ddaear am gyfnod cyn sefydlu ei hun fel groser a dilledydd yn Nhreherbert. Bu'n aelod ac yn ddiacon gyda'r Bedyddwyr yn Soar, Blaen-cwm ac yn arwain côr plant yno cyn ymaelodi â'r Bedyddwyr Saesneg ym Methany, Treherbert. Derbyniodd gymhwyster FYSC yn 1904. Bu farw ar 20 Ionawr 1935.

Williams, D. Christmas, 1871–1926

Ganwyd David Christmas Williams ar 12 Medi 1871 yn Llanwrtyd, Sir Frycheiniog yn fab i Gruffydd Christmas ac Elizabeth (gynt Evans). Roedd y fam yn gantores dda, ac etifeddodd y mab y dalent gerddorol, ac erbyn ei fod yn 14 roedd wedi dechrau cyfansoddi. Yn 17 oed aeth i Gaerdydd at Joseph Parry am gwrs o addysg gerddorol. Yn 1890 penodwyd ef yn athro cynorthwyol i Parry yng Ngholeg Cerddorol y De, ac yn organydd a chôr-feistr ym Mhenarth. Daeth i sylw yn fuan fel cyfansoddwr. Enillodd wobr am gyfansoddi rhangan, 'O agor fy llygad', allan o 27 o ymgeiswyr, a £20 a thlws am y gantawd 'Traeth Lafan' yn Eisteddfod Genedlaethol Rhyl,

1892. Perfformiwyd gwaith byr o'i eiddo, 'Brwydr yr Hafren' yn Eisteddfod Genedlaethol Casnewydd, a chyfansoddodd waith cerddorol i'w berfformio yn Eisteddfod Genedlaethol Llandudno, 1895. Bu ei 'Destruction of Pompeii', 'Homeward Bound' a 'Charge of the Light Brigade' yn ddarnau prawf yn yr Eisteddfod Genedlaethol. Cyfansoddodd lawer o anthemau a thonau. Yn 1895 ymsefydlodd yn athro cerdd ym Merthyr Tudful, a phenodwyd ef yn organydd capel Hope yn 1898. Yn 1905 sefydlodd Gymdeithas Offerynnol Gogledd Morgannwg. Yn 1912 enillodd y radd o faglor cerddoriaeth yng Nghaergrawnt, ac, yn ddiweddarach, radd doethur mewn cerddoriaeth ym Mhrifysgol Dulyn. Yn 1913 penodwyd ef yn arweinydd anrhydeddus Cymdeithas Gorawl Merthyr, ac am flynyddoedd perfformiwyd y prif gyfanweithiau gan y côr. Bu farw ar 21 Mawrth 1926, a chladdwyd ef ym mynwent eglwys y plwyf, Llanwrtyd.

Williams, John (Ioan Rhagfyr), 1740–1821

Ganwyd John Williams (Ioan Rhagfyr) ar 26 Rhagfyr 1740 yn Hafoty Bach, plwyf Celynnin, Meirionnydd yn fab i William Robert Williams, a'i fam yn berthynas i Edward Samuel, Llangar. Symudodd y teulu i fyw i Dal-y-waen ger Dolgellau. Gwneuthurwr hetiau brethyn oedd y tad, a dysgodd y mab y grefft. Arferai masnachwyr gwlân o Amwythig letya yn Nhal-y-waen, a thynnwyd eu sylw at ddawn John Williams i ddysgu, a thalasant am dri mis o addysg iddo yn Amwythig. Cafodd wersi mewn cerddoriaeth, a dysgodd ganu'r trwmped a'r ffliwt. Wedi dychwelyd adref dechreuodd gyfansoddi cerddoriaeth a barddoniaeth. Yn 1763 priododd â Jane, merch William Jones, Bryn Rhyg, Dolgellau. Yn 1772 rhoddodd ei grefft i fyny ac aeth yn glerc at Edward Anwyl, cyfreithiwr, ac wedi hynny bu'n cadw ysgolion yn Nhrawsfynydd, Abermaw, Dolgellau a Llanelltyd. Ef oedd cerddor enwocaf ei gyfnod, a chyfansoddodd lawer iawn o gerddoriaeth offerynnol, anthemau a thonau. Bu rhai o'i anthemau yn boblogaidd am amser hir, a cheir ei donau 'Sabath', 'Cemaes', 'Dyfroedd Siloah' a 'Brynhyfryd' yn ein casgliadau enwadol a thair ohonynt yn *Caneuon Ffydd*. Ceir ei ddarnau offerynnol – yr ymdeithganau, gavottes a minuets – yn *Y Cerddor Cymreig* (Ieuan Gwyllt). Yn llyfr Ffoulk Robert Williams (Eos Llyfnwy) *Cerddoriaeth o Gerddi Seion* mewn llawysgrif sydd yn y Llyfrgell Genedlaethol, ceir 59 o donau a 21 o anthemau o waith John Williams. Bu farw ar 11 Mawrth 1821 a chladdwyd ef ym mynwent Llanfair Bryn Meurig.

Williams, T. J., 1869–1944

Ganwyd Thomas John Williams yn Ynysmeudwy ger Pontardawe yn yr hen Sir Forgannwg. Ym myd yswiriant yr oedd ei waith bob dydd ond ymddiddorai'n fawr yng nghaniadaeth y cysegr ac roedd yn organydd medrus. Bu'n organydd yng nghapel Mynydd Elim, Pontardawe, ac wedi iddo symud i Lanelli yn 1903 fe'i penodwyd yn organydd Seion ac yna yng Nghalfaria, Llanelli o 1913 hyd 1931. Cyfansoddodd nifer o emyn-donau ac anthemau, ac astudiodd gyfansoddi gyda David Evans yng Nghaerdydd. Bu farw yn Llanelli ar 24 Ebrill 1944.

LLYFRYDDIAETH

Llyfrau:

Y *Bywgraffiadur Cymreig Hyd 1940*, gol. John Edward Lloyd ac R. T. Jenkins (Llundain, 1953)

Y *Bywgraffiadur Cymreig 1941–1950*, gol. R. T. Jenkins ac E. D. Jones (Llundain, 1970)

Y *Bywgraffiadur Cymreig 1951–1970*, gol. E. D. Jones a Brynley F. Roberts (Llundain, 1997)

Cleaver, Emrys, *Gwŷr y Gân* (Llyfrau'r Dryw, Llandybie, 1964)

Davies, T. J., *Ieuan Gwyllt* (Gwasg Gomer, Llandysul, 1977)

Edwards, O. T., *Joseph Parry* (Gwasg Prifysgol Cymru, Caerdydd, 1970)

Evans, Evan, *John Thomas, Llanwrtyd* (Argraffdy'r Methodistiaid, Caernarfon, 1927)

Evans, Keri, *Cofiant D. Emlyn Evans* (Gwasg y Brython, Lerpwl, 1919)

Evans, Keri, *Cofiant Joseph Parry* (The Educational Publishing Co., Caerdydd, 1921)

Griffith, R. D., *Hanes Canu Cynulleidfaol Cymru* (Gwasg Prifysgol Cymru, Caerdydd, 1948)

Jones, J. Eiddon, *Ieuan Gwyllt* (P. M. Evans, Treffynnon, 1881)

Jones, M. O., *Bywgraffiaeth Cerddorion Cymreig* (D. Duncan, Caerdydd, 1890)

Lewis, Idris, *Cerddoriaeth Yng Nghymru* (Trosiad Cymraeg gan Enid Parry / Gwasg y Brython, Lerpwl, 1945)

Lloyd, C. Francis, *Cofiant J. Ambrose Lloyd* (Cyfieithwyd a Golygwyd gan Elfed / Hughes, Wrecsam, 1921)

Morgans, Delyth G., *Cydymaith Caneuon Ffydd* (Argraffwyr Cambrian, Aberystwyth, 2006)

Thickens, John, *Emynau a'u Hawduriaid* (Argraffiad diwygiedig Gomer Roberts, Caernarfon, 1961)

Williams, A. Tudno, *E. T. Davies, Arloeswr Cerdd* (Gwasg Gee, Dinbych, 1981)

Williams, Gwynne, *Rhaglen Deyrnged Dr. Caradog Roberts* (Gwasg John Penry, Abertawe, 1973)

Williams, Huw, *Canu'r Bobol* (Gwasg Gee, Dinbych, 1978)

Williams, Huw, *Tonau a'u Hawduron* (Llyfrfa'r M.C., Caernarfon, 1967)

Williams, Huw, *Rhagor am Donau a'u Hawduron* (Llyfrfa'r M.C., Caernarfon, 1969)

Cylchgronau a Newyddiaduron:

Bwletin Cymdeithas Emynau Cymru

Y Cerddor

Y Cerddor Cymreig

Cerddoriaeth Cymru

Y Cerddor Newydd

Cerddor y Cymry

Cerddor Y Tonic Sol-ffa

Cronicl y Cerddor

Cymru

Y Goleuad

Y Greal

Y Gwladgarwr

Y Gwyliedydd

Seren Cymru

Y Solffaydd

Y Tyst